孤竹 崔慶昌 詩 譯解

宋寯鎬 編著

三唐詩人 번역총서 2

孤竹 崔慶昌 詩 譯解

宋寯鎬 編著

학자원

머리글

三唐詩人들의 詩에서 공통적으로 확인되는 것은 이들이 한자와 한문장의 완전한 自我化로 恨과 興의 자유자재로운 노래를 부르고 그림을 그리며 唐 詩人들의 영역에 들어갔다는 것이다. 나아가 이들은 이런 차원을 넘어서 우리말의 다양하고 심층적인 의미 양상과 그 표현의 복잡 미묘한 언어적 구조의 특성들에 맞게, 시상의 다양한 변조 그리고 그에 따른 심기적 활성화를 내적으로 살려서 그것을 오히려 言外的·文外的으로 담아 형상화한 漢詩를 창작하였다. 이 漢詩 작품들은 唐詩의 어떤 작품보다 오히려 더욱 새롭게 살려진 작품들로 창작된 것이다.

孤竹의 시에서도 이런 구상과 수법이 참신하고 놀랍게 활용·수행되고 있다. 단적으로 五言絶句인 〈簡交河倅求蟹〉와 七言絶句인 〈贈行思〉 등을 실례로 확인할 수 있다. 따라서 이 머리글도 작품들에 대한 이상의 특질들을 점검하고 확인하는 실례들과 그 성향들의 풀이로 대신하기로 한다.

孤竹은 蓀谷 李達의 시에서 확인되는 바와 같은 절절한 對自의 내적 정감화와는 달리, 고도의 시청각적 印象化를 통해, 지적 정조를 기조로 한 對他의 보다 명료한 외향 제시화를 도모하고 있다. 그래서 五言絶句의 첫 작품인 〈白苧辭〉와 둘째 작품인 〈三淸洞口占〉 등에서 보는 바와 같이 "淸新(말끔하고 산뜻함)"한 정감적 인상과 "俊逸(아주 훌쩍 빼어남)"한 문맥적 인상을 기막히게 잘 살려 보여주고 있다. 七言絶句의 〈武陵溪〉와 〈奉恩寺 僧軸〉·〈寄玉峯〉, 五言律詩의 〈御題擣紈〉·〈留別高霽峯而順〉, 七言律詩의 〈送李益之往長沙〉·〈端午帖子〉, 五言古詩의 〈拾栗〉·〈野望〉 같은 작품들에서도 이와 같은 양상을 잘 보여주고 있다.

시적 제재는 물론 시상의 품격, 수사의 성향을 온통 唐詩 그대로 재현한 듯하여 감탄하게 하는 손곡의 시와는 달리, 고죽의 시는 착상이나 발상, 구상의 참신성이나 수사의 세련미가 唐詩의 그것들이 이뤄낸 경지를 자기적으로 숙달하고, 唐詩의 風格인 邊塞·宮詞·閨怨 등의 詩風을 모두 작품으로 읊어 남기고 있으면서도, 앞에서 언급한 〈白紵辭〉와 칠언절구 〈邊思〉·〈昭君怨〉·〈宮怨〉·〈閨思〉·〈映月樓〉·〈出塞〉 등에서 보는 바와 같이 공간도 주인공도 거의 중국이 아닌 우리여서, 중국이나 唐詩의 특질에 대한 단순한 모의나 蹈襲을 거의 하지 않고 있다. 뿐만 아니라 고죽의 시는 관습적으로 무절제한 한애나 흥취의 감정을 노출하고 있지도 않으며, 오히려 조금은 사유적으로 조절하고 있는 인상의 매우 지적인 자세를 보이고 있다.

그래서 五言絶句의 〈送別金士晦〉·〈次張甫寄季涵韻〉·〈贈天齡上人〉·〈重別愼評事〉·〈寄安四耐〉·〈僧軸〉 등과 七言絶句의 〈別徐君受〉·〈別愼評事〉·〈送鄭繡衣季涵之北關〉·〈贈寶雲上人〉·〈寄玉峯〉·〈別玉峯〉·〈贈僧性眞〉·〈贈行思〉·〈送僧歸山〉·〈贈別〉 등의 작품에서 보는 바와 같이 지극히 감정적이면서 편향적일 수 있는 寄贈詩와 送別詩 등에 있어서도 지적인 자세가 유지된다. 五言絶句 작품들에서는 작별하는 자신과 상대의 감정을 말하지 않고 작별 후 고독해질 상황들의 제시로 감정을 대신 말하고 있으며, 七言絶句 작품들에서도 역시 이별하는 사신과 상대의 현재 심성을 말하지 않고 이별 후 외로워질 상황이나 변해질 형편 등을 추정해보고 있을 뿐이다. 이처럼 고죽의 시는 감정의 직설적 표출을 자제하고 좀 더 애틋하게 서로 더욱 그리워하거나 상상하기를 유도하며 감정을 지적으로 사유하는 자세를 보이고 있는데, 이렇게 해서 오히려 참으로 진실한 인정을 수수할 뿐 결코 감정적 무절제와 과잉의 인상을 보이지 않고 있다.

이런 자세는 五言絶句의 〈楚調〉와 〈感興〉, 七言絶句의 〈大隱巖〉·〈題張東海書〉·〈昭君怨〉 등에서 보는 바와 같이 속일 수 없고 억제할 수도 없을 만큼의 감동적 진실이나 완전한 공감의 기막힌 한탄이나 기막힌 감흥의 경우에도 자기감정의 직접적 개입이나 토로를 가능한 한 피하고 상황이나 緣由의 대리 제시를 통하여 감정적 동감의 유도를 효과적으로 수행하였다.

그러면서도 五言絶句의 〈武夷洞〉 끝 首, 七言絶句의 〈贈別〉 두 首·〈箕城聞白評事〉, 五言律詩의 〈挽玉峯〉·〈挽白四宰〉·〈留別高霽峯而順〉, 七言律詩의 〈次寄玉峯〉·〈寄人〉·〈奉別白評事赴關西〉 등에서 보는 바와 같이 참으로 속일 수 없는 자아 진정의 경우거나 상황에 대해서는 자신의 진실한 감정을 숨김없이 한껏 담아 거침없이 한껏 읊어내고 있다. 특히 〈送李益之往長沙〉에서는 기막힌 동정과 연민으로 공유하는 정한을 넋두리하듯 달래듯 한껏 풀어 읊고 있다.

앞에서 말한 바와 같이 孤竹은 많은 작품을 사유적인 인상의 지적인 서정시로 남기고 있는데, 예를 들어 五言絶句의 〈古墓(옛 무덤을 보고)〉에서 "古墓無人祭 牛羊踏成道 年年野火燒 墓上無餘草(옛 무덤엔 제사 지낼 사람도 없고, 소·염소 떼 밟아 길이 나버린 채로, 매해마다 들판불에 그을려져서, 무덤 위엔 남아 있는 풀도 없구나!)"라고 읊은 것처럼 을씨년한 풍경만을 그냥 옮겨 보이면서 荒凉孤寂한 한 폭의 그림처럼 제시하고 있을 뿐이다. 그래도

千言萬語의 弔慰보다 단 한 마디의 감정적 言表 없이 풍경과 상황만을 그려 보인 이 작품이 오히려 무한한 애상과 연민의 순수 진실한 인간적 동정을 사뭇 환기시키는 참된 시가 되었다.

孤竹의 사유적인 인상의 지적인 서정시는 때로는 오히려 무의식인 양의 인상으로 포착된 서경시로 묘사되고 있다. 五言絶句의 〈高峯山齋(고봉산의 서재에서)〉 같은 작품에서 孤竹은 "古郡無城郭 山齋有樹林 蕭條人吏散 隔水擣寒砧(오래된 고을이라 성곽도 없고, 산속 서재 두른 숲만 있을 뿐인데, 고적하게 사람들 다 흩어져 가고, 물 건너서 찬 다듬질 소리뿐일세!)"라고 읊고 있다. 이 작품은 기막힌 풍광이나 절실한 정감을 새롭게 살려 읊어낸 시가 아니다. 그냥 늦가을이거나 초겨울을 맞아 어설픈 채로의 오랜 마을, 엉성한 숲만 둘려 있는 산 속 서재, 저녁을 맞으며 사람들도 다 흩어져 간 고적한 주위, 저 물 건너편에서 아마도 겨울옷을 다듬질하는 소리만 들릴 뿐인 풍경 등으로 꾸려진 시간과 공간을 배치하여 點描畵처럼 이루어 놓은 시이다.

그런데 이 작품이 『箕雅』에서부터 이후 學人들에게까지 작자의 대표적 작품의 하나로 선정되어 있는 까닭이 무엇인지를, 우리는 이 작품이 함유하고 있는 내적 자질로 검토하고 감상해 봐야 한다. 이를 전제로 이 작품의 실제를 이루고 있는 시·공간의 풍경이나 상황들이 빚어내는 심기를 점검해 보면, 늦가을이거나 초겨울일 계절에다 저녁을 맞은 시간대일 것이라 심신이 함께 쓸쓸할 것이며, 오래된 지역에다 성곽도 없고, 화자가 있는 서재마저 숲만 둘러 있는 데에다, 고적하게 사람들도 다 흩어져 가버리고, 냇물 건너에서 겨울옷을 다듬이질 하는 소리만 들려서, 역시 심신이 함께 여위어질 듯한 심기를 느낄 것이 분명하다.

이는 이렇게 쓸쓸하고 여위어질 듯한 심기를 유도하는 풍경이나 상황들을 작자가 선택하거나 수사적으로 조작한 것도 전혀 없이, 그냥 우연처럼 작자와 이런 풍경이나 상황들이 시청각적으로 조우하면서 거의 무자각적인 직감으로, 이렇게 쓸쓸하고 여위어질 듯한 심기의 인상으로 자연스럽게 유발되어 시화된 것이다.

이 작품은 시적 대상과 작자 자아의 우연한 조우를 계기로 하여 시종 무작위로 창작되었으면서도, 唐詩 風格의 한 典型으로 宋의 蘇軾이 〈祭柳子玉文〉에서 "郊寒島瘦(孟郊 詩의 쓸쓸함과 賈島 詩의 여위어질 듯함)"라고 한 것을 그대로 닮은 심기의 인상이지만, 이것은 작자가 이런 風格을 體得하여 作詩의 모범으로 삼은 것도 아니고 그냥 卽景을 直感으로 模寫하듯 읊었을 뿐인 것이 분명하다.

그러나 결과적으로 이 작품의 이상과 같은 특질은 『箕雅』나 이후 學人들은 물론 지금의 독자들에게도 작자의 시적 감성이나 그 창작의 능숙한 수완을 높이 사게 만들었고, 그래서 모두의 애송시가 되게 하였다.

양적으로 孤竹의 시는 손곡이나 옥봉의 시에 비해 뒤져 있으며, 문예적 다양성에 있어서도 상대적으로 미흡함을 보이고 있는 것은 사실이지만, 그럼에도 그 개개 작품들의 문예적 성취도에 있어서는 결코 우열을 논할 수 없는 독자적인 경지를 이뤄내고 있다.

孤竹은 동일한 제재에 대해서도 착상이나 발상의 태도가 다르고 또한 이에 따른 수사도 보다 새롭게 구성하고 있다. 예컨대 〈感興(느꺼운 회포)〉 같은 작품에서는 세상에서 인간들의 간절한 소망인 長生이라는 제재를 "採藥求長生 何如孤竹子 一食西山蕨 淸風猶不死(약 캐 먹고 오래 살기 추구해 본들, 그 누구가 孤竹君의 아들만 하랴? 서산서 캔 고사리만 한번 먹고도, 맑은 바람 외려 사뭇 살아 있으니!)"라고 읊어, 흔히 세상에서 육체적 수명으로만 이해하는 "長生"이라는 개념을 節概라는 정신적 가치의 무한한 수명이라는 고도의 인간적 정신 개념으로 풀어 "淸風"이라는 새로운 심상으로 살려 대용하고 있다.

또한 시상의 내적 자질에 상응하여 그 수사도 문맥의 내부적 굴절과 외부적 굴절을 文外로 살려 읊어냄으로써, 독자들에게 주의 깊은 이해를 요구하고 있다. 예컨대 이미 서두에서 언급한 바대로 〈簡交河倅求蟹(교하 원님에게 편지 삼아 글을 보내며 게를 물어보다)〉에서 "昨夜新霜降 平原早蟹肥 溪梁官有禁 下渚得來稀(어젯밤에 첫서리가 내린 걸 보니, 너른 들판 올게들이 살졌겠소만, 통발 놓길 관청에서 금지한다니, 물가 가도 잡아 오긴 드물겠구려!)"라고 읊어, 이 시를 각 구마다 서술어가 文外로 갈무리고 있는 우리말로의 어미 양태를 잘 읽어내야 하는 구조로 구성하였다. 이렇게 우리말의 복합적이고 오묘한 문맥 구조를 文外로 하여 이루어진 작품으로는 五言絶句의 〈楚調〉, 七言絶句의 〈大隱巖〉 같은 많은 작품들이 있다.

그리고 三唐詩人들의 시에서 공통적으로 확인되는 바이지만, 앞에서 보아온 것처럼 孤竹의 시도 착상 혹은 발상과 함께 전개를 거쳐 결상에 이르는 창작의 과정이나 수완이 아주 능숙함을 보여주고 있다.

〈武夷洞(무이동)〉 "제5수"의 "佳會此時最 豪歌千古情 歌竟忽辭去 萬壑餘松聲(좋은 모임 바로 지금 최고인 때라, 호탕하게 천고의 정 노래 부르니, 노래 끝나 홀연 떠나 가버린 뒤엔, 수만 골짝 솔바람만 남아 있겠지!)"는 거침없는 몸짓에 거나한 흥취로 천고의 정을 호탕하게 노래하고는 이내 못 잊는 아쉬움을 뒷맛으로 반추하는 자세가 눈길에 서언하게 집히면서, 동시에 그냥 시원하게 울려나는 가락을 함께 타고 넘으며 읊어진다.

또한 〈大隱巖(이른바 壯洞八景 중의 하나로 지금의 서울 종로구 청운동에 있으며, 謙齋 鄭敾을 위시한 화가들이 그림으로 그려서 남긴 큰 바위의 풍경)〉에서는 "門前車馬散如煙 相國繁華未百年 深巷寥寥過寒食 茱萸花發古牆邊(문 앞 있던 말·마차들 연기처럼 흩어지고, 정승님의 그 영화는 백년도 다 못 이은 채, 깊은 골목 적막 속에 한식날은 넘어가고, 산수유만 옛담 가에 꽃을 한껏 피웠구나!)"라고 읊어, 문면상으로는 그냥 안타까운 동정의 인상이 읽혀질 뿐이다. 그러나 己卯士禍의 원흉이었던 南袞이 사는 집을 친구인 朴誾이 "大隱巖(크게 숨는 바위)"이라고 찬양하여 붙여준 이 명칭을 孤竹이 시의 제목으로 삼은 것은 그 자체가 역설적인 암시를 하는 것으로서, 朴誾을 향한 譏弄과 南袞을 향한 一喝을 無言으로 수행하고 있는 것이다.

따라서 이 작품은 文面의 표현적 의미를 넘어서 文外로 함축한 裏面의 의미를 읽어내야 하는 높은 수사적 수완을 보여주는 시로서, 매우 지적인 비판의식을 천연스럽고 서정적인 회고풍의 자연스런 문면으로 읊어 놓은 높은 수법의 작품이 되는 것이다. 그러나 이 작품 전구의 "過寒食"은 문집에는 물론 『國朝詩刪』과 『箕雅』에서도 이대로 기록되어 있지만, "寒"자가 평성이라 簾法의 平仄에 맞지 않으며, "過"자가 仄聲인 "넘어가다(越)"의 뜻으로 쓰였을 것으로 판단된다는 점에서 이 "過寒食"은 아마도 孤竹의 原作에서는 "寒食過"였던 것이 "過寒食"으로 誤記된 것이 아닐까 추정이 되기도 한다.

律詩인 〈挽白四宰 仁傑(白參贊 仁傑 어른을 추모하는 만사)〉에서는 "擧世悠悠裏 先生獨抱眞 山河正寂寞 忠直日沈淪 試看安危際 誰爲社稷臣 一生憂國淚 今夜重沾巾(온 세상이 그저 그냥 그런 속에서, 선생만이 홀로 진실 품으셨건만, 온 산하는 바로 그냥 적막해진 채, 忠臣·直士 날로 차츰 몰락해 가니, 시험 삼아 나라 安危 살피어 볼 제, 그 누구가 社稷 지킬 신하가 될까? 한 평생을 나라 걱정하신 눈물로, 오늘 밤엔 거듭 수건 적시시리다!)"라고 하였는데, 이 시는 당시의 지성을 대표하는 正士로서 나라 위한 큰 뜻을 다 펴지 못한 채 궂기신 休庵 白仁傑 先生의 서거를 진정으로 애통해 하는 기막힌 挽詩다.

이 작품의 전체적인 시상 구성의 틀을 분해해 보면, 수련과 미련만으로 한 수의 五言絶句가 됨직하다. 여기에 또 한 수의 五言絶句가 됨직한 함련과 경련이 안으로 잘 싸여져 있으면서, 시적 주체를 향한 화자 자신의 애통한 심정은 단 한 마디의 언급도 없이 오로지 시종 시적 주인공의 人品과 名望과 精神과 영혼만을 추모하고 연민하고 있을 뿐이다. 이 작품이 단 한 마디의 직설적인 哀傷의 언표 없이 이렇게 작자 孤竹의 기막힌 애통의 정을 유감없이 풀어낸 좋은 輓詩가 된 것은 작품 자체의 유기적 시상 구조와 효율적 어휘 선택, 그리고 適正한 造句·配字로 인한 결과라고 할 수 있다.

이상에서 보는 바와 같이 絶句나 律詩 같은 近體詩에서도 그 구상이나 수사에 난삽하거나 괴벽한 作爲의 흔적이 없지만, 古詩에서는 더욱 쉽고 자연스런 시상의 구성과 수사의 수법을 보여주고 있다.

〈到廬(나의 집에 도착해서)〉에서는 "貧居西崗遠 依依樹林翳 獨經磎谷澁 途涫方褰揭 行行近墟里 僕夫候田際 下馬憩茅簷 心閑遺塵世 青松列舊壑 黃花滿後砌 對此令人悅 足以慰荒歲(언덕 멀리 가난하게 사는 터지만, 휘늘어진 나무 숲에 가리워져서, 시내 골짝 애써 겨우 동과하고선, 물 깊은 길 누자 옷을 걷고 건너서, 가다가다 마을 근처 가까워지니, 남자 종이 밭 끝에서 기다리는데, 말

내려서 처마 밑에 쉬고 있자니, 마음 편해 속세 온통 잊게 된 채로, 푸른 솔은 옛 골짝에 늘어서 있고, 노란 국환 뒤 뜨락에 가득 폈으니, 이걸 보자 사람 마음 즐겁게 하여, 이로 족히 흉년 위안 받을 만하네!)"라고 읊어, 중국 晉나라 陶淵明의 〈還舊居(옛 집으로 돌아와서)〉를 본 따서 지은 시로 추정된다. 陶淵明의 시를 닮은 것으로 추정되는 시들로는 〈次陶穫稻韻 廣其意(도연명의 시 '벼를 거두어 들임'의 운을 따라 지으면서, 그 의의를 넓히다)〉와 〈野望(들판 멀리를 바라보며)〉, 〈汝順兄弟觀刈禾 乘月携酒見訪(여순 형제가 벼 베는 것을 보고나서, 달빛을 받으며 술을 갖고 와서)〉 등이 있다.

古詩 작품 중 洪娘에 대한 孤竹의 애틋한 사랑의 진정과 실상을 숨김없이 보이고 있는 〈飜方曲(한글을 번역한 노래)〉에서 孤竹은 "折楊柳 寄與千里人 爲我試向庭前種 須知一夜新生葉 憔悴愁眉是妾身(버들 가질 꺾어서, 천리 멀리 계신 분께 부쳐 보내니, 날 위해서 시험삼아 뜰 앞에다 심으시고, 모름지기 아옵소서 하룻 밤 새 새로 난 잎, 시름으로 야윈 눈썹 바로 이 첩 몸인 것을)"이라고 漢譯하고 있는데, 이것은 사랑하던 洪娘이 지어 보낸 "산버들 가려 꺾어 보냅니다 서방님께"라는 시조를 漢譯한 것이다. 洪娘을 사랑하는 진정을 담아 읊은 孤竹의 시들로는 역시 古詩인 〈古意(옛적을 그려보는 생각)〉 두 수가 또 남아 있다.

지성적 비판의 눈길에 비친 시대적 상황과 여기에 놓인 자아를 포함한 지식인들의 고뇌와 비탄을 담은 孤竹의 五言古詩로 〈感遇十首 寄鄭季涵(만난 상황에 너무 切感하면서 지은 열 수의 시를 정계함에게 부치며)〉가 있는데, 그 첫수에서 "盈盈谷中蘭 鬱鬱山上松 貞脆固有異 馨香乃相同 感玆鶗鴂鳴 霜露悴孤叢 芳意竟蕭索 零落隨蒿蓬 歲暮獨如何 虯枝多北風(골짝 속에 잘랑잘랑 꽃 핀 난초와, 꽉 우거져 산 위에 선 푸른 소나문, 곧고 여림 실로 서로 다름 있지만, 향긋 냄샌 이내 서로 같은 바로서, 접동새의 울음 소리 함께 느끼다, 서릿발에 시들어진 외론 처지 돼, 곱던 의지 마침내엔 쓸쓸해진 채, 시들어져 쑥대처럼 돼버렸으니, 이 한 해가 저물면 어떻게 하나? 굼튼 가지 북풍만이 많이 불 텐데!)"라고 읊었다. 이 시에서 孤竹은 자신과 벗인 鄭澈의 인품을 蘭草와 老松이라는 식물에 비기고, "노송 같이 곧고 난초 같이 여려 성품으론 서로 다르지만, 솔잎과 난초 꽃 같이 풍기는 향기 같은 인품은 서로 같건만, 서릿발 속에 난초나 한 겨울 북풍을 맞을 노송은 어떻게 해야 하느냐"며 이 난초와 노송에 대입된 자신들 스스로에게, 또 세상을 향해서 호소하며 탄식하였다.

이 작품의 제목인 〈感遇(만난 상황에 너무 切感하면서)〉에서 추정되는 바대로, 벗인 鄭澈과 함께 孤竹 자신도 정치적 곤경에 처해져 있었던 것이 사실이다. 그래서 다음 작품들에서는 "北風何慘烈(북녘 바람 그 얼마나 사나울 건가?)"와 "淳風去已遠 世道日幽昧(순박 풍속 벌써 멀리 사라져 갔고, 세상 도린 날로 어둑 캄캄해져서)" 등의 절박한 상황의식을 절감하면서 "吾從西山客(우린 西山 伯夷・叔齊 따라가리라)"라는 소망과 함께 "綱常以扶持(三綱・五倫 그래 남아 있게 하겠네!)"라고 다짐 하고서는, 이내 자신의 호인 "孤竹"을 자신의 의지와 인품의 상징으로 설정하여 다음과 같이 작품화하였다.

"孤竹無枝葉 寄生海上山 年年霜雪埋 崖傾根未安 豈是材可用 所貴能傲寒 鳳鳥日已遠 舊實日已殘 仙人從空下 見之爲悲歎 斲作綠玉杖 携去朝雲關 雲關萬里阻 恐此中路還(외로운 대 가지와 잎 없는 신세로, 바다 위에 있는 산에 붙어살면서, 매해마다 눈・서리 속 묻혀 있으니, 둑 기울까 뿌린 사뭇 편할 수 없네! 어찌 바로 재목으로 쓰임 바라랴, 귀히 여김 능히 추월 이기는 거지. 봉황새는 볼 날 이미 멀어져 갔고, 옛 그 열맨 본 날 벌써 끝나갔으니, 신선들이 하늘에서 내려와서는, 이걸 보고 슬퍼 탄식하게 됐네만, 이걸 깎아 綠玉 같은 지팡일 삼아, 짚고 가서 구름 성문 조회하려니, 구름 낀 관 만 리 거리 막혀 있어서, 가다 도중 돌아오게 될까 두렵네!)"라고 읊은 것이다.

이 작품은 고고하게 곧은 채 굽히지 않는 절개의 상징이며 자신을 상징하는 호인 "孤竹(고고한 대나무)"을 시적 주체로 삼아, 작자 자신이 지금까지 살아온 삶의 역정과 현재의 상황, 그리고 예견되는 내일의 자아상을 추상하면서, 끝없는 우수와 한탄을 실어 읊은 시다. 그래서 이 시는 당시 한 선비의 좌절하는 상황의식을 잘 보여주는 것으로 우리 知性史의 한 단면을 읽어낼 수 있는 작품이라 하겠다.

차례

三. 七言絶句

四. 五言律詩

五. 七言律詩

六. 三五七言

七. 五言古詩

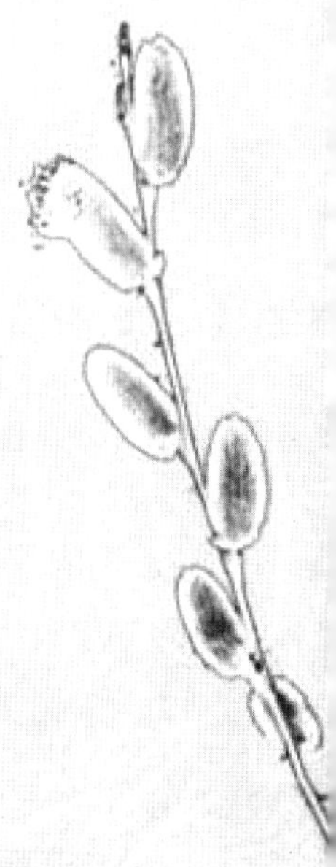

八. 七言古詩

九. 附錄

一. 序文

孤竹集序

余少也 則聞孤竹詩詞 是近世絶調 時余未能曉事 不知他求於公也 壯歲得依金文敬公門墻 獲與公嗣孫鎭安公父子遊 因想像公家法之懿 風流之美 而惜其只以詩聞也 及其老也 又從先輩長者 得公之事蹟尤詳 然後乃喟然而歎曰 是將以人掩詩 而乃反以詩而掩人耶 自恨其淺之爲知公也 盖撮而言之 則公之所與遊 牛栗兩先生也 朴思庵鄭松江辛白麓諸公也 古語云不見其山 願見其木 斯實語也 栗谷嘗以氷霜素履稱公 盖其淸苦之節 人有所不堪 而處之悠然 見山海等閃姦之狀 便絶舊要 以故玉堂湖堂銓郎之選 皆被阻遏 而終不悔焉 其以先見之明 諷切栗谷 又似獻可之於司馬文正 而其言之符合如左契焉 然則公之爲人 不待臚列而可知也 公之詩雖逼於天寶元和 豈足以掩其人乎 抑公之詩 栗谷先生稱之以淸新俊逸 有人合刊於白玉峯之詩 則崔簡易岦以爲非所班 而著說以難之 華使朱給事之蕃歎賞不已 並與鄭圃隱諸賢之作 刊布於中朝 若是者詩可以掩人乎 人可以掩詩乎 必有能辨之者矣 公海州人 諱慶昌 字嘉運 孤竹其號也 隆慶戊辰及第 官止鐘城府使 鎭安公諱振海 今收輯公詩 而繡梓者其季胤碩英 嘗遊文敬公門下者也 鎭安公亦淸疎喜爲詩 文敬公嘗稱其固窮之節云 時

崇禎癸亥仲夏 恩津宋時烈敍

고죽집의 서문

내가 소년이었을 적에, 고죽의 시는 이 근세에 있어서 가장 뛰어난 가락의 작품들이라는 것만 들어 알았을 뿐, 내 자신이 아직 사물리에 밝지 못해서 공께 대해서 또 다른 점을 찾아 알아야 할 줄은 몰랐었다. 장성하게 되어 김 문경공의 문하에 가서 공부하게 되었을 적에 공의 사손인 진안공 부자와 교유하면서, 이내 공의 훌륭한 집안 법도와 아름다운 풍류의 멋을 상상 추정하면서 다만 시만으로 알려지신 것을 애석해 하게 되었다. 그러다가 노년에 와서 공이 남기신 사연들을 두루 열람하고, 또 선배 어른들께로부터 공이 평생 남기신 사업과 발자취들에 대해서 자세히 들어 알게 된 뒤에는, 이내 탄식하며 "인품이 시를 가려버리는 것을 가지고, 도리어 시가 인품을 가려버리는 것으로 알고 있었던가?"라고 하고, 너무도 얄팍한 식견으로 공을 안다고 한 것을 한스럽게 여기게 되었다.

대체로 요약해서 말하면 공께서 더불어 교유하신 분들은 우계와 율곡 두 선생님과 박 사암 · 정 송강 · 신 백록 같은 여러 분들이었다. 옛말에 이르기를 "그 산을 알아보지 못하겠거든, 그 나무를 보라"했으니, 이것이 바로 진실한 말이다. 율곡 선생께서 공을 일컬어 "어름과 서릿발 같이 그대로인 바탕"이라고 하셨거니와,

그 맑고 깨끗하게 곤궁함을 견뎌내신 절조는 보통 사람들로서는 당해낼 수 없는 것인데 이것을 유유하게 대처하셨다.

이산해 등의 간교한 행태를 보시고는 바로 예부터의 교유 관계를 끊으셨다. 그래서 옥당과 호당이나 이조의 정랑 후보 선발에서 모두 저지를 받았으나 끝내 후회하지 않으셨다. 그 선견지명으로 율곡 선생께 풍자로 간절하게 건의한 것은, 마치 저 송나라의 헌가가 문정공인 사마광에게 말한 것과 꼭 같아서, 그 말한바 내용이 마치 증서처럼 딱 맞았다. 그러므로 공의 인품에 대해서는 일일이 열거할 필요도 없이 알 수 있다.

공의 시가 비록 중국의 당나라 천보·원화 시대 작품들의 수준에 이르러 있지만, 그것이 어찌 그 인품을 가리울 수야 있겠는가? 공의 시에 대해서는 율곡 선생께서 "淸新俊逸하다(말끔하고 산뜻하며 아주 훌쩍 뛰어나다)"라고 하셨다. 그래서 어떤 이가 백 옥봉 시집과 합쳐서 발간하려 하자, 최 간이 립공이 "그와 같은 반열을 넘는 바라"라며 설명을 더하여 논란하였고, 명나라 사신인 급사 주지번은 감탄해 마지않으면서, 정 포은 등 여러 현인들의 시 작품들과 함께 발간해서 중국에 널리 펼치게 하였다. 이와 같은 사실들로 보아, 시가 인품을 가려버린다고 할 수 있을까? 인품이 시를 가려버린다고 할 수 있을까? 반드시 이것을 판별하는 이가 있을 것이다.

공은 해주 최씨로 휘는 경창이시며, 자는 가운이고, 고죽은 그 호이다. 융경 무진년(선조 1년, 1568)에 과거에 급제해서 벼슬이 종성부사에 이르셨다. 진안공의 휘는 진해이며, 이제 공의 시를 수합하여 발간하는 사람은 진안공의 막내아들인 석영인데, 일찍이 문경공의 문하에서 공부한 사람이다. 진안공도 품성이 맑고 소탈하면서 시 짓기를 좋아 하였기로, 문경공께서 일찍이 그 곤궁함 속에서도 확고한 절조를 칭찬하셨다.

때는 숭정 기원 후 계해년(숙종 9년, 1683) 오월, 은진 송시열은 쓰다.

---

* 絶調 : 풍부, 다양한 정감과 제재를 잘 살려 읊어내는 가락이 아주 뛰어난 좋은 작품이라는 말이다.
* 金文敬公 : 조선조 중기의 愼獨齋 金集(1574~1656)을 말하며, 沙溪 金長生의 아들로 자는 士剛이다. 독실한 학자로서 사후 文廟에 배향이 되었고, 文敬은 그의 시호이다.
* 牛栗兩先生 : 牛溪 成渾과 栗谷 李珥 두 분을 말하며, 시호는 각각 文簡, 文成으로 모두 文廟에 배향되었다.
* 朴思庵 : 思庵은 朴淳의 호이며, 그의 본관은 忠州이고 자는 和叔, 시호는 文忠이다.
* 鄭松江 : 松江은 鄭澈의 호이며, 그의 본관은 延日, 자는 季涵이고 시호는 文淸이다.
* 辛白麓 : 白麓은 辛應時의 호이며, 자는 君望, 본관은 寧越이고 시호는 文莊이다.
* 山海 : 조선조 선조 때의 학자이자 문인이며 고관이었던 李山海를 말한다.
* 舊要 : "久要"와 같은 말로 오랜 동안 마음을 서로 약속한 사이를 말한다.
* 玉堂 : 조선시대의 중요 관청인 弘文館을 말하며, 동시에 이 곳의 관리인 副提學·校理 등의 관리들을 지칭하기도 하고, 화려한 궁궐의 미칭이기도 하다.
* 湖堂 : 조선시대 고급 관리들의 교양 훈련을 위해서, 인재를 선발하여 국비로 讀書를 시키던 도서관으로 讀書堂이라고도 하였다. 지금의 성동구 금호동의 한강변에 있었다. 당시 여기에 선발되어 들어가는 것은 수재라야 가능했기 때문에 "選湖堂"이라고 해서 매우 영광스러울 뿐만 아니라 고급관리로의 진출이 예약되는 과정이었다.
* 獻可 : 중국 宋나라의 御史中丞인 呂誨의 字로, 그는 王安石이 執政을 하자 여러 번 탄핵의 글을 올렸으며, 司馬光에게도 왕안석의 亂政을 말했으나

받아들이지 않자 사직하였다. 그 뒤에 여회가 죽고 왕안석의 新法이 막심한 弊害를 가져 오자, 사마광은 여회의 先見之明을 감탄하였다.

* 臚列 : 일일이 예를 들어 설명하는 것을 말한다.
* 天寶・元和 : 중국 唐나라의 황제인 玄宗과 憲宗의 연호이며, 이 기간 동안에 唐詩가 한껏 꽃 피워졌기 때문에 사용한 것이다.
* 朱給事之藩 : 중국의 明나라 사람으로 우리나라에 사신 왔다가, 鄭夢周・李達・許蘭雪軒 그리고 崔慶昌 등의 시를 당시 중국에 소개하였다. 給事는 그의 벼슬이다. 이 글에서 "之藩"의 "藩"자는 "蕃"자의 誤記이다.

해설 이 서문은 시 작품의 문예적 평가와 함께 작자의 인품을 평정한 글이다. "近世絶調(근세에 있어서 가장 뛰어난 가락의 작품들)"라는 문예적 자질과 "氷霜素履(어름과 서릿발에도 그대로인 바탕)", 그리고 "淸苦之節(그 맑고 깨끗하게 곤궁함을 견뎌내신 절조)"이라는 인품은 상호 유기적으로 결합하여, 율곡 선생이 평가한 "淸新俊逸(맏끔하고 새로우며 아주 훌쩍 뛰어나다는 것)"의 인상으로 완결되었음을 전제하고, 시가 고도의 인격적 상징으로 승화하여 형상화하였음을 보이고 있는 것이라고 판단한 것이다. 따라서 이 글은 시 자체의 문예적 자질보다는 작자의 강직하고 고결한 인성적 품격 자체에 더 의미를 부여하며 서술된 것이라 할 수 있다.

二.

五言絶句

白苧詞

하얀 모시 노래

장안 함께 있던 날을 되짚어 보니,	憶在長安日
하얀 모시 치말 새로 해 놨었지만,	新裁白苧裙
이별하곤 어찌 차마 입겠습니까?	別來那忍着
노래·춤을 임과 함께 할 수 없는데!	歌舞不同君

* 白苧詞 : 중국 고대의 악부체 시이다.

해설 이 작품은 외롭고 애틋한 여신을 새로운 소재로 허구화하여 중국의 악부체로 읊어낸 의작시지만, 깔끔하고 정갈한 여인의 인상에 애잔한 가락이 곱게 실려 울려나는 좋은 시이다. 그래서 작자는 擬作이 아니라 再創造하는 學唐의 高手임을 자부했을 것이다.

이 작품의 문외 주인공이면서 화자인 여인이 결구에서 "노래·춤을 함께 하려 했다"고 한 것을 보면 閨房이나 가정의 부인이 아니고, 노래나 춤을 주기능으로 하는 妓女임을 알 수 있다. 일찍이 서울 장안에서 있을 적에 한 선비나 관리를 오롯이 사랑했던 귀엽고 지조 있는 여인으로, 아마도 그 선비나 관리와 이내 이별하고 이제는 서울을 떠나 이 시골 한 곳에 있으면서, 지난날의 그 꿈같은 일들을 되새기고는, 가만히 이를 깨물고 눈물을 삼키며 이 하얀 모시 치마를 매만지고 있을 모습이 선연히 그려진다.

이 작품은 하얀 모시라는 천을 정갈한 여인의 인상과 상관시켜 시적 착상의 소재로 삼아 놓고서, 그 서술의 수사 방식을 문외 주인공의 독백체로 꾸며서, 오히려 주인공의 정한과 인상을 더욱 애틋한 상상으로 유도하고 있다. 따라서 이 작품에서는 이 "白苧"라는 주 소재가 작품을 살려내고 있으며, 특히 "白"자 한 글자가 용 그림의 눈알과 같이 기막히게 작품을 살아나게 하는 글자(詩眼字)임을 알아야 한다.

그래서 전구의 "那忍着(어찌 차마 입겠습니까?)"과 결구의 "不同君(임과 함께 할 수 없는데!)"은 평이하고 자연스러우면서도, 전구와 결구를 도치시켜 상호간을 유기적인 인과 구조로 맞춘 놀라온 구상이며 수사로서, 이래서 오히려 시상을 더욱 강화하고 있는 것이다.

三清洞 口占

삼청동에서 금방 지어 읊다

신선 골짝 안개 노을 따스해지고, 玉洞煙霞暖
금 모래엔 하루 해가 느긋도 한데, 金沙日影遲
냇 머리서 찬 술을 데우려는지, 溪頭煮寒酒
동자 아인 솔가지를 꺾고 있구나! 童子折松枝

---

* 三淸洞 : 지금의 서울 종로구 북악산 밑 동쪽에 있는 마을로, "三淸"은 道敎에서 신선이 산다는 하늘 위의 세계인 玉淸·上淸·太淸 세 등급의 공간을 말한다. 여기서는 이 셋을 합쳐서 이른 말로, 三淸洞은 신선들이 산다는 의미를 부여한 것이다. 그래서 이 마을 옆에 있는 昭格洞에는 신선들을 숭배하고 道敎의 신들에게 지내는 제사를 관리하는 관청인 昭格署와 사당인 昭格殿이 있었으며, 이것들을 관리하는 관리로서 參奉이 있었다.
* 玉洞 : 신선들이 사는 마을이라는 말로, 삼청동을 미화하고 신비화하여 "玉洞"이라고 표현한 것이다.

해설 이 작품은 제목에서 시사하는 바 "三淸洞"이라는 공간이 신선의 공간임을 근간으로 삼아, 문면 자체로는 선비들의 소박·진솔한 풍류놀이를 매우 정갈하고 간결하게 點描畫의 수법으로 그리듯 읊어낸 서경시이다.

그러면서도 이 작품의 제목과 함께 기구와 승구의 "玉洞"과 "金沙"를 공간으로 하여, 이 공산들을 "煙霞暖(안개 노을 따스해지고)"과 "日影遲(하루 해가 느긋도 하다)"로 서술하여, "暖(따스하다)"자와

"遲(느긋도 하다)"자로 무한히 온화하고 무한히 긴긴 시간을 함께 한 공간으로 꾸몄다. 여기에 술을 데우려고 솔가지를 꺾는 동자라는 천진 인성의 존재를 배치하여, 작품의 내적 분위기를 바로 어디엔가 신선들이 함께 있을 듯하면서 동화적이기도 한 또 하나의 상상 공간으로 유도하고 있어, 탈현실의 또 다른 하나의 공간으로 오버랩(overlap) 되고 있다.

送尹子昇之郡海西 名晛 時以吏郎忤於世 出守安岳郡

해서에 군수로 가는 윤자승을 전송하면서

이름은 "현"이며 이조의 좌랑으로 정계 상황을 거슬러서 황해도 안악에 군수로 좌천되어 나갔다

원님으로 海西(황해도) 멀리 돌아간 뒤엔,	五馬西歸遠
게서 궁문 그릴 수록 깊을 것이라,	千門北望深
오늘 아침 자네에게 눈물로 줌은,	今朝寄君淚
유독 이별하는 마음 때문 아닐세!	不獨別離心

* 五馬 : 원님 곧 군수의 행차를 이르는 말이다.
* 千門 : 천개의 문 곧 임금님이 계신 궁궐의 겹겹인 문이라는 말이며, 따라서 임금님을 가까이 모실 수도, 뵈올 수도 없는 상황을 비유하는 말로 쓰였다.
* 北望 : 직역으로는 "북쪽을 향해 바라본다"라는 말이나, 南面(남쪽을 바라보며)하여 正坐(바르게 앉아 있는)한 임금님께 대해서는, 신하는 어디에 있든 임금님을 향해서는 北面(북쪽을 향해서)하여 바라보며 그리워하는 것이 도리이며 원칙이기 때문에 "北望(북쪽을 향해서 바라보며 그리워한다)"이라고 한 것이다. 이것을 실제 상황으로 풀어서 해석하면 "윤자승 자네가 군수로 가 있는 북쪽 안악 거기에서 남쪽 서울에 임금님이 계신 궁궐을 바라보면"이라는 뜻이기 때문에 "北望(북쪽을 향해서 바라보며 그리워한다)"이라고 표현한 것이며, 따라서 이것은 "北面而望(북쪽을 향해서 그리워한다)"의 준말이라고 할 수 있다.

해설 "이별이 안타까워서가 아니라, 강직한 언행으로 당시 집권 계층의 비위를 거슬러 억울하게 먼 지방의 원님으로 좌천되어 가는 자네, 그래서 기막히게 마음이 아플 자네의 심경을 호소할 길도 없는 것이 너무 안쓰러워서일세!"라며, 기막힌 우정으로 동정과 위로의 간절한 심정을 담아 보여 주는 시이다. 그래서 이 작품에서는 이 "北望"이라는 시어를 제대로 해석하고 제대로 풀어 읽어낼 수 있어야 하고, 또 결구인 "不獨別離心(유독 이별하는 마음 때문 아닐세!)"을 잘 떼어 읽을 수 있어야 한다.

奉恩寺 僧軸

봉은사에서 스님의 시축에 지어 써넣다

은은하게 풍경 소리 들리나 싶고,	隱隱如聞磬
외론 연기 광릉에선 펴오르는데,	孤煙生廣陵
매화 핀 길 달이 응당 밝아 있겠지,	梅蹊月應白
밤들면서 강 건너는 스님을 보니!	入夜渡江僧

* 奉恩寺 : 지금의 서울 강남구 삼성동(당시에는 경기도 廣州 지역)에 있는 절로 조선시대에는 문인들이 많이 찾는 풍광지로 각광을 받아 많은 시에 등장하는 곳이다.
* 廣陵 : 당시에는 廣州를 중국의 後漢 때부터 이름난 도시로 嵇康의 거문고 가락과 함께 잘 알려지기도 한 廣陵으로 바꾸어서 써왔다.

해설 저녁을 맞으면서 저기 절에서 은은하게 풍경 소리가 들리나 싶고, 그리고 광릉 저기 절에서 외롭게 저녁연기가 피어오르는데, 저 절 앞 매화꽃이 핀 길에는 정녕 달이 밝아 있겠지. 이렇게 지금 밤이 되면서 스님이 강을 건너가는 것을 보니!

실제 시상의 문맥으로는 이 작품의 전구와 결구가 도치되어 있는 것임을 알아야 한다. 작품 전체가 시・청각을 매개로 하여 아련하고 고운 상상의 새로운 공간으로 재구성되어 그려지듯 읊어지고 있는 좋은 시이다.

又
또 한 수

가을바람 불고 있는 낡은 옛 절엔, 秋風吹古寺
산 비 맞아 지는 잎들 소릴 내는데, 木落啼山雨
텅 빈 회랑 적막한 채 스님도 없이, 空廊寂無僧
돌 평상엔 향 연기만 한 올 같구나! 石榻香如縷

"지는(落)"은 한편 "잎(葉)"으로 해도 된다. 落一作葉

해설 이 작품은 가을 비 속에 스님도 없이 한 줄기 향 연기만 피어오르는 승방의 풍경을 한 폭의 그림으로 스케치하듯 읊어낸 정갈한 시이다. 이 작품에서도 전구의 "寂無僧(적막한 채 스님도 없이)"과 "香如縷(향 연기만 한 올 같구나!)"의 자연스런 구상과 수사 수법은 지극히 평이하면서도 지극히 새로움을 잘 보여주고 있다.

이상의 두 작품은 동시에 창작된 것이 아니고 봄과 가을이라는 두 계절에 지은 것임을 유의해서 읽어야 한다.

乙卯亂後 少時作

을묘년 왜병의 난이 발생한 뒤에 소년일 때에 지었다

한의 장군 신기로운 전략 모자라,	漢將孤神算
변방 성엔 전사 유골 흩쳐 있는 채,	邊城戰骨荒
징집 청원 쉼이 없이 보내지면서,	羽書飛不息
아침저녁 궁 안까지 보고되다니!	日夕到昭陽

---

* 乙卯亂 : 조선 명종 10년(1555) 전라도 강진・진도지역에 침입했던 왜병의 난리로 李浚慶에 의하여 토벌・퇴치되었다.
* 漢將 : 글자대로는 "漢나라의 장군"이지만, 중국의 시인들(주로 唐나라의 시인들)부터 우리 시인들이 당시의 임금님이나 장군 혹은 고관, 또는 건물을 말할 때에 그들을 직접 지칭하지 않고 그 앞 시대인 漢나라의 것들을 빗대어 인용해 왔으므로, 여기서도 을묘년 당시 강진・진도 지역의 군사 책임자를 漢將으로 빗대어 쓴 것이다.
* 羽書 : 전황이 위급하여 군대 징집을 급하게 알리는 격문을 말한다. 시급하게 전달해야 하기 때문에 날아간다는 의미로 새의 깃을 붙여 전달하였다.
* 昭陽 : 중국의 漢나라 武帝 때 건축한 昭陽殿이라는 궁 안의 전각을 말한다.

해설 사령관의 전략 부실과 그로 인해 임금님까지 불안해하실 전황을 젊은 기개로 풍자하고 깊이 우려하는 마음을 읊은 비장한 상황의식이 담긴 시이다. 그런데 이 작품은 乙卯倭亂이라고 하는 실재의 역사적 상황을 창작 동기로 하여 현실 인식과 지적 비판의 역사적 상황의식을 읊고 있으나, 문예적 의식으로서 시적 행위는 唐詩의 氣風을 여실히 보여주고 있는 좋은 시이다.

登南岳 九歲作

남산에 올라서서 아홉 살에 지은 것이다

푸르른 빛 감아 도는 남산 봉우린, 蒼翠終南嶽
이 우주의 사이에서 우뚝 섰으니, 崔嵬宇宙間
올라서서 애오라지 굽어볼 제면, 登臨聊俯瞰
한강 물도 가느란 채 졸졸대겠지! 江漢細潺湲

* 江漢 : "漢江(仄平)"을 簾法에 맞추어 "江漢(平仄)"으로 바꾸어 쓴 것으로 추정된다. 따라서 뜻은 "한강"과 같다.

해설 아홉 살 소년으로서 우뚝 솟은 남산 봉우리에 올라 저 아래로 내려다보이는 한강물도 겨우 냇물처럼 졸졸대며 흐를 것이라고 예상하고 바라보는 그 눈길은 놀랄 만큼 깜찍하고 당찬 기개와 포부를 묵시적으로 선언하고 있는 것이다. 이 시는 참으로 감탄할 만큼 기특하고 갸륵한 인상을 선연하게 살려 보여주는 새로운 시이다. 그래서 이 작품은 신통하고 신비로운 무자각으로 자기 포부를 예언하듯 암시하는 신기한 詩讖의 詩로 추정된다.

이 시의 "崔嵬(우뚝함)"는 南嶽(南山)의 우뚝 솟은 상태와 기상을 말하지만, 동시에 南嶽에 올라 선 소년 崔慶昌 자신의 높은 기상을 무자각적으로 암시하고 있는 것이다. 이어진 "올라서서 굽어보면"이라는 예상의 각오와 "한강 물이 졸졸대겠지!"라는 기대는 대장부의 기상을 예언하고 있는 自己暗示이다.

送別金士晦 士晦禮安人 金澥字 號雪松 宣祖代忠臣

김사회를 작별해 보내면서

사회는 예안사람 김해의 자이며, 호는 설송으로 선조대의 충신이었다

떠나는 말 봄 맞은 성 등져 갈 텐데,	征馬背春城
강 다리께 해도 마악 져버린 뒤에,	河橋日落後
푸른 산 밖 떠난 사람 안 보일 적엔,	靑山不見人
고운 풀만 괜히 머리 돌려 보겠지!	芳草空回首

해설 봄날 해가 질 무렵 정다운 벗과 헤어져, 벗이 타고 가는 말이 저기 푸른 산모퉁이로 사라지고 나면, 너무 쓸쓸히 외로워질 자신은 허망해져 곱게 푸르러진 풀밭만 돌아보게 될 것이라는 이별의 정한과 함께 자기 연민이 곁들여진 애틋한 시이다.

廣灘送別李善吉赴京 名賢培

광탄에서 서울로 가는 이 선길을 작별해 보내면서

이름은 현배이다

자넨 내게 한 잔 술을 따라 권하고,	酌我一杯酒
나는 천리 유람 가는 자넬 보내니,	送君千里遊
이별 심경 저 냇물에 부쳐 놓겠네,	離心寄川水
밤낮으로 서쪽 향해 흘러갈 테니!	日夜向西流

* 廣灘 : 경기도 파주에도 있고 양평에도 있었던 지명이지만, "向西流(서쪽 향해 흘러갈 테니!)"라고 한 것으로 보아 여기서는 양평에 있던 곳으로 판단된다.

해설 이 작품은 "자네를 이제 작별해 보내고 나면, 자네가 가는 서쪽으로 흐르는 물길만 따라 애만 태워야 하게 되었네!"라며 작별하는 정한을 읊어 전하고 있는 시이다.

그래서 전구의 "寄川水(냇물에 부쳐 놓겠네)"와 결구의 "向西流(서쪽 향해 흘갈 테니!)"라는 시구들은 기막히게 긴밀한 한애의 상호적 유기구조로 잘 놓여 있는 시구이다.

高峰山齋

고봉산 속 서재에서

옛 곳[郡]이라 내성이나 외성도 없고,	古郡無城郭
산속 서재 두른 숲만 있을 뿐인데,	山齋有樹林
쓸쓸하게 사람들 다 흩어져 가고,	蕭條人吏散
물 건너서 찬 다듬질 소리뿐일세!	隔水擣寒砧

* 高峰 : 신라 景德王 때 붙여진 지역 명칭인데, 조선 太宗 때 高峰과 德陽 두 현을 통합하면서 高陽이라 부르게 되었다. 지금은 여기에 있던 "高嶺山"에 새로 붙여진 이름으로 "高峰山"이라 불리면서 지금까지 그대로 있다.

해설 이 작품은 기막힌 풍광이나 절실한 정감을 새롭게 살려 읊어낸 작품이 아니라 늦가을이거나 초겨울을 맞는 옛 마을, 엉성한 숲만 둘러 있는 산 속 서재, 저녁을 맞으며 인적도 드물어진 쓸쓸한 주위, 저 물 건너편에서 겨울옷을 다듬질하는 소리인 듯한 소리만 들릴 뿐인, 시간과 공간의 배치가 點描畵처럼 이루어진 시이다. 이 시가 『箕雅』에서부터 이후의 학인들에게까지 작자의 대표적 작품의 하나로 선택되고 있는 까닭이 무엇인지, 우리는 그것을 반드시 따져서 밝혀 보아야 할 것이다.

이 작품의 소재나 시적 구성의 방식, 그리고 수사의 수법만을 놓고 보면 분명 조선 후기 이른바 실학파 시인들의 시풍과 많이 닮아 있다고 할 것이다. 그런데 작자는 이 실학파 시인들과는 전혀 달리, 唐風을 체화하여 새로운 경지를 이뤄낸 능수인 "三唐詩人"으로 이의 없이 평가 받고 있다.

이 작품은 앞서 말한 바대로 시구들 상호간의 직접적 유기성이 없이, 늦가을이거나 초겨울로 조금은 을씨년스러운 산마을에 실재하는 풍경들 하나하나를, 기승전결 같은 구조도 개의하지 않고 병렬의 형식으로 배치하여, 작자 자신이 보는 대로 그냥 보여 주고 있을 뿐이다.

그러나 이 작품은 각 시구들로부터 느껴지는 同質的 心氣들의 통일된 조화로 인해 빚어지는 조금은 쓸쓸하면서도 조금은 애틋한 高度의 心象美를 띠고 있다. 이것은 중국 唐나라의 시인 孟郊의 詩 「洛橋晩望」의 "天津橋下氷初結 洛陽陌上人行絶 楡柳蕭疏樓閣閒 月明直見嵩山雪(천진 나루 다리 아랜 얼음 처음 얼어 있고, 낙양 시내 거리 위엔 인적들도 끊겼는데, 을씨년한 버들 숲 속 누각들도 한적한 채, 달빛 환해 곧장 숭산 덮인 눈만 보이누나!)"에서 느껴지는 "寒瘦"의 심기에 상응하여 빚어지는 심상미와 軌를 같이하는 것이라고 할 수 있다.

그래서 이 작품은 많은 작가들이 작품의 제재적 자질 자체로만 작품을 요리하는 단계를 뛰어 넘어, 작자 최경창이 보다 고도의 印象美化를 이루어낸 唐의 시인들을 닮았음을 보여 주고 있다. 이 때문에 이 작품이 많은 학인들의 선택을 받은 것임을 확인할 수 있다. 특히 이 작품에서 이런 인상을 집약적으로 함축하여 보여주는 것이 바로 전구의 "人吏散(사람들 다 흩어져 가고)"과 결구의 "搗寒砧(찬 다듬질 소리뿐일세!)"이라는 것을 알아야 한다.

詠畵

그림을 읊다

아득 해는 져가면서 저녁을 맞고, 窅窅日沈夕
으슬으슬 바람 불며 물결 이는데, 蕭蕭風起波
저 멀리로 배 댄 곳을 알만은 하니, 遙知泊船處
강둑 건너 인가들이 정녕 있겠지! 隔岸有人家

* 窅窅 : 아득하고 깊고 먼 상태를 말한다.
* 蕭蕭 : "쓸쓸한 상태"·"말이 우는 소리의 의성어"·"찬바람 소리의 의성어"이나 여기에서는 "바람의 소리 상태"일 뿐만 아니라 "으슬으슬" 추운 상태까지를 나타내는 의성·의태어로 사용되었다

해설 이 작품은 정태적인 평면의 그림을 보고 화면에 없는 것을 동태의 현실적 입체의 세계로 살려서 읊어낸 시다. 아득 해는 져가고 으슬으슬 부는 바람결에 물결이 이는 강마을의 쓸쓸한 풍경. 이 시 역시 寒瘦한 印象의 시로, 그림을 보고는 화면에 없을 강둑 건너의 인가를 상상으로 살려 읊으면서, 다시 해가 지며 물결이 이는 물가 마을의 소슬한 풍경으로 그려 놓은 시다.

龍川館

용천관에서

용천관은 평안도 용천에 있던 관청 소유의 여관이었던 것으로 추정된다

궂은비로 나그네 길 중단이 된 채,	積雨斷行旅
모래 내엔 물만 급히 흘러가는데,	沙川水急流
가야하는 앞길 물을 사람도 없어,	無人問前路
시름겨워 역 앞 다락 기대 서 있네!	愁倚驛南樓

해설 이 시는 먼 객지 여관에서 비에 잡힌 채, 시름에 싸여 있는 나그네 처지의 자아 행색을 그리듯이 보여주는 시이다.

次張甫寄季涵韻 張甫姓南名彦紀

장보가 계함에게 부친 시의 운을 따라 짓다

장보의 성은 남이요 이름은 언기다

처마 저 끝 달은 차츰 숨듯 지는데, 簷逈月稍隱
기운 나도 주렴 그냥 안 내린 채로, 氣蘇簾未下
시름 많아 항상 누워 미적대면서, 愁多常臥遲
추위 속 또 긴긴 밤을 지새우누나! 寒更承永夜

해설 이 시에서 작자는 긴긴 겨울밤을 시름에 겨워하며 잠도 못 드는 채 지새우고 있다. 그래서 이 작품은 청승맞은 자아 한탄의 심기를 전구의 "常臥遲(항상 누워 미적대면서)"와 결구의 "承永夜(긴긴 밤을 지새우누나!)"로 담아 서글픈 가락으로 실어 청승맞게 읊어내고 있는 것이다.

楚調
초나라의 노래 가락

초나라서 고자질에 슬퍼하던 날,	楚國傷讒日
懷沙賦로 원망하며 죽은 굴원아,	懷沙怨屈原
소상강은 흘러흘러 쉬지 않는데,	湘江流不歇
천년 두고 남긴 혼만 부쳐 놨구나!	千載寄遺魂

* 傷讒日 : "고자질에 슬퍼한 날"이라는 말이다. 중국 楚나라의 충신인 屈原이 간신들의 고자질로 임금인 襄王으로부터 소외되어 강남으로 귀양을 간 뒤, 「懷沙賦」라는 글을 지어 억울함을 호소하고는 汨羅水에 투신자살하였다.

해설 충신의 표본으로 억울하게 죽은 屈原의 혼을 기막히게 울리고 달래는 이 輓詩는 참으로 絶唱이 아닐 수 없는 기막힌 名作이다.

이 작품은 주인공 屈原과 그의 작품인 〈懷沙賦(모래만 가슴에 품고서)〉에 얽힌 사연을 알고 이어 전체의 문맥이 內含한 의미와 그 의미망의 구조를 잘 파악하지 못하면, 이 시가 얼마나 절절하게 굴원의 원혼을 기막히게 울게 했을 輓詩인 지를, 그래서 작자 고죽이 얼마나 고수의 시인인가를 알 수 없을 뿐만 아니라, 이 작품 자체를 그 진가대로 이해할 수 없는 시이다. 그만큼 이 작품은 어구와 문맥의 감정적 變調와 그것의 伸縮 屈折을 文外로 기막히게 담아 造句하고 配字한 시이다.

특히 이 작품의 승구가 호격으로 끝난 것임을 파악할 수 있어야 하고, 전구의 "流不歇(흘러흘러 쉬지 않는데)"과 결구의 "寄遺魂(남긴 혼을 붙여 놨구나!)"을 살려 읽어야 한다.

冬日書懷
겨울날의 회포를 읊어 적다

양주 여긴 겨울에도 춥지 않아서, 楊州冬不寒
선달에도 푸른 풀을 볼 수 있다만, 臘月見青草
집만 서울 서쪽 거기 있는 처지라, 家在洛陽西
못 돌아가 사람 그냥 늙을 것 같네! 未歸人欲老

---

* 洛陽 : 중국의 하남성에 있는 도시로 일찍이 周나라의 周公이 성을 쌓아 東周의 수도가 되었으며, 그 뒤 漢·晉·隋 나라의 수도가 되었었기 때문에 나라의 수도(서울)를 칭하는 말로 바뀌어 쓰였다. 그래서 여기서도 당시 우리의 "서울(漢陽)"을 대신한 말로 쓰였다.

해설 섣달에도 푸른 풀을 보는 타향 楊州에서 서울의 서쪽에 있는 내 고향 그 곳에 못 돌아가는 나그네인 자신은, 세모를 맞으면서도 돌아가지 못하니 기막힌 향수로 늙을 것 같다는 한탄이다.

그런데 작자가 실제로 그 당시 지금 서울의 서쪽 지역인 高陽이나 坡州 어느 곳에 살았었던 것을 감안하면, 이 작품은 그 무렵에 지어진 것이 분명하다. 그런데 작자의 이런 감정적 상황을 그 당시 교통수단과 그에 따른 거리감으로 이해하지 못하고, 지금 우리들이 누리는 교통수단의 편의와 그로 인한 거리감으로 추정하려 한다면 당연히 작자의 향수에 동의하지 못할 것이다. 따라서 지금 우리는 그 당시의 거리감이 지금과는 전혀 달랐음을 알아야 한다.

簡交河倅求蟹

교하 원님에게 편지 삼아 글을 보내며 게를 물어보다

어젯밤에 첫서리가 내린 걸 보니,	昨夜新霜降
너른 들판 올게들이 살졌겠소만,	平原早蟹肥
통발 놓길 관청에서 금지한다니,	溪梁官有禁
물가 가서 잡아 오긴 드물겠구려!	下渚得來稀

* 新霜 : 글자 뜻대로 새로 내린 서리이므로 "첫서리"를 말한다.
* 溪梁 : 시냇물 굽이나 도랑에다가 이곳을 오가는 물고기들이 걸려들도록 통발을 놓는 것을 말한다.

해설 남획 금지령이 내려진 게를 먹고 싶은 심정을, 벗이거나 지인이었을 交河의 원님에게 편지 삼아 전하는 시다. 그런데 기・승구로 "게가 제대로 살지고 맛이 참으로 좋은 때"임을 전제한 뒤, 전구에서 "통발 놓길 관청에서 금지한다니"라고 하고 이어서 "(그래서) 물가에 내려가서 잡아 오긴 드물겠구려!"라고 마무린 이 결구의 시적 언표 형태는 "보내 달라는 것"도 "보내지 말라는 것"도 아니면서, 이면으로는 "보내주기를 기다리겠다"는 것을 함축・암시하는 기묘한 표현 구조로, 이 작품 역시 작자의 높은 수사 솜씨를 보여주는 작품이다.

이런 작품을 이해하기 위해서는 원문의 내적 실상을 잘 파악하고 거기에 상응하는 어미와 조사를 잘 찾아 읽을 수 있어야 하며, 특히 전구와 결구에 "~한다니"와 "~겠구려!" 같은 어미를 잘 찾아 읽을 수 있어야 한다.

古墓
옛무덤을 보고

옛무덤엔 제사 지낼 사람도 없고, 古墓無人祭
소·염소 떼 밟아 길이 나버린 채로, 牛羊踏成道
매해마다 들판 불에 그을려져서, 年年野火燒
무덤 위엔 남아 있는 풀도 없구나! 墓上無餘草

해설 제사를 지내어 주는 사람도 없이 소와 염소 등이 마구 노니는 길만 나 있고, 해마다 들불에 그을려진 채 봉분 위에는 잔디마저 남아 있지 않은 옛 무덤. 이렇게 을씨년스러운 풍경들을 그냥 옮겨 보이면서, 荒凉孤寂한 한 폭의 그림처럼 시화하고 있다.

그래서 千言萬語의 弔慰보다 오히려 단 한 마디의 언표도 없이 풍경과 상황만을 그려 보였지만, 오히려 무한한 애상과 연민의 순수 질실한 인간적 동정을 환기시키고 있는 참된 시가 되었다.

贈天齡上人

천령스님에게 주다

광려산 속 손이던 날 되짚어보니,	憶昨匡廬客
비 오는 밤 외론 등불 단 채 새워서,	孤懸雨夜燈
다시 놀러간댔으나 병이 안 나아,	重遊病未歇
흰 구름 속 스님에게 빈 약속 됐소!	空負白雲僧

* 匡廬山 : 廬山의 別稱으로, 慧遠의 〈廬山記略〉에 "有匡裕(當作俗)先生者 出殷周之際 隱遁潛居其下 受道于仙人而共嶺 時謂所止而名焉(광속선생이라는 사람이 있어서 殷나라에서 周나라로 넘어가는 즈음에 세상에 태어나서, 그 산 아래에 살면서 신선에게서 도를 전수 받아서 이 광려산 속에 함께 살아, 그 자리 잡아 사는 산을 따라 이름을 지어서 '광속선생' 이라 하였다)"이라고 한 것을 보면, 여기의 天齡上人은 "虎溪三笑" 중의 慧遠을, 작자 자신을 지칭하고 있는 匡廬客은 陶淵明이나 陸修靜으로 자신을 암시한 것이 아닐까 하는 추정도 가능하다.

해설 지난 번 절을 찾아 홀로 자고 돌아와서는 "다시 놀러 가겠다"고 한 약속을 병으로 못 지키게 되었다는, 미안한 심경을 전달하는 시다.

重別愼評事 名彦慶

신평사와 다시 작별하면서 이름은 언경이다

작별 애타 저문 것도 모르고 있다,	惜別不知暮
문 나서니 돌아갈 길 희미할 텐데,	出門歸路迷
시내 여관 하룻밤을 자게 될 적엔,	都亭一夜宿
비 · 바람이 또 몹시도 쳐내리겠지!	風雨又凄凄

* 都亭 : 시내 안에 있는 여관으로, 여기에서는 도중 어느 곳에 있을 여관을 말한다.

해설 차마 못 헤어지다가 저물녘에야 벗을 작별해 보내면서, 비 · 바람이 칠 도중에 여관에서 자야 할 벗을 걱정하는 애틋한 우정을 담아 읊은 고운 인정의 시다.

그래서 결구 "風雨又凄凄(비 · 바람이 또 몹시도 쳐내리겠지!)"에는 말없이 애틋해 하는 화자의 심경이 곱게 담겨 있음을 읽어낼 수 있어야 한다.

田家

농가를 보며

농가에는 묵힌 양식 없는 판이라, 田家無宿糧
매일 매일 햇보리의 이삭 따가니, 日日摘新麥
많이 따서 보린 벌써 이삭 없는데, 摘多麥已盡
이쪽 이웃 외려 아직 수확 안 했네! 東隣猶未穫

해설 이 작품은 햇보리 이삭을 다 잘라다가 풋바심해 먹어버린 농가와 여유가 있어서 아직 수확할 생각도 하지 않는 이웃집, 이렇게 대비되는 상황을 사실적으로 포착하여 읊은 시이다. 그래서 결구인 "東隣猶未穫(이쪽 이웃 외려 아직 수확 안 했네!)"은 빈자에 대한 언외의 연민의 눈길과 함께 부자에 대한 언외의 강개의 감정을 천연덕스러운 다른 말투 속에 담아 놓은 二重奏의 기막힌 끝맺음이다.

白雲洞

백운동을 찾아가서

걸어걸어 백운동을 찾아서 가니,	行尋白雲洞
골짝 빈 채 계곡물만 졸졸 흐르고,	洞虛溪潺潺
흰 구름은 아침녘에 나갔나본데,	白雲朝出去
해가 져도 외려 돌아 안 오는구나!	日夕猶未還

해설 이 작품은 결백한 품성으로 소요자적 하는 인격체의 상징으로 수용한 白雲(흰 구름)을, 벗으로 삼고파서 마을을 찾아갔지만 아침부터 마을을 떠나가서 저녁까지 안 돌아와 너무 허전한 심경을 빗게 하는 白雲으로 꾸며 읊은 수사의 묘체가 돋보이는 시이다. 이 시는 "白雲"이라는 소재를 인격화하여 "아침에 나가서 저물녘까지 아직 안 돌아왔다"로 새롭게 설정하고 해석하여 기발하게 허구화한 수작의 시다.

寄安四耐 四耐 安慶昌之號也 四耐 耐飢窮寒暑之謂也

안사내에게 부치다 '사내'는 '안경창'의 호다

네 가지를 인내한다는 것은 배고픔 · 궁색함 · 추위 · 더위를 인내하는 것을 말한다

신령한 산 단약 구워 내는 그 곳서,	靈嶽還丹處
그 몇째의 봉우리 속 숨어 사는가?	幽棲第幾峯
지금쯤은 계수나무 숲 속 그 길에,	祇今叢桂路
안개비가 신선 자췰 숨겼겠구려!	煙雨秘仙蹤

* 叢桂 : 일반적으로는 "계수나무 포기들"을 말하지만, 이 시에서는 실제의 계수나무 포기들로 쓰이는 것이 아니라 신선이나 신선 같이 고고하게 숨어 사는 인물들이 사는 곳을 꾸미고 있는 신비로운 숲을 상징하는 말로 사용되었다.

해설 이 작품은 方外人의 신비로운 居處의 경지를 칭송과 부러움의 눈길로 상상하며 그려 보는 그림 같은 시로, 이런 설정과 수사로 인해 상대방을 고상한 인품의 신선 같은 탈속적 인물로 자연스럽게 형상화한 훌륭한 시이다. 전구의 "叢桂路(계수나무 숲 속 그 길에)"와 결구의 "秘仙蹤(신선 자췰 숨겼겠구려!)"이라는 애틋한 선망의 눈길과 가락에는 자아의 간절한 탈속 소망이 함께 자리하고 있다.

晩望

해 저물녘 안타까워 멀리를 바라보며

泰·華 같은 산만 조가 마주한 채로,	泰華對茅茨
세 봉에만 저녁 해가 비춰 있는데,	三峰住夕暉
가을 하늘 홀로 막대 기대 섰자니,	秋天獨倚杖
흰 이슬만 사람의 옷 적셔 드누나!	白露濕人衣

* 晩望 : 표면적인 의미로는 "해 저물녘 바라보다"이지만 漢詩의 제목으로 쓰이는 경우는 대개 "해가 질 무렵 무엇인가가 안타깝거나 그리워서 바라보다"로 해석된다.

* 泰華 : 중국의 泰山과 華山을 말한다. 다만 여기서는 작자가 중국의 이 두 명산과 같이 중요한 명산으로 인정한 서울의 北漢山과 南山을 지칭한 것이다.

* 三峰 : 서울을 지키는 산으로 인정했던 北漢山의 仁壽峰과 白雲臺, 露積峰을 지칭한 것으로 추정된다.

해설 이 작품은 제목인 〈晩望〉부터 눈여겨보고 접근해야 한다. 杜甫의 〈春望〉이나 고려의 시인 李奎報의 〈晩望〉에서 확인되는 바와 같이, 여기의 "望"자를 단순히 "바라보다"로만 풀어 읽으면 안 된다. 이 경우들에서는 분명히 무엇인가 안타깝고 아쉽고 그리워서 "바라보는 것"이다. 이 글자의 辭典的 의미가 "바라보다"로 되어 있는데, 이 뜻풀이 자체를 분석해 봐도 이것은 분명히 "(무엇을) 바라다"와 "보다"가 통합하여 이루어진 것임을 알 수 있다.

작자가 살고 있었을 高陽이나 坡州의 집(茅茨)이 멀리 북한산과 남산을 마주하고 있다고 한 기구와 세 봉우리인 北漢山에 저녁 해가 걸려 있다고 한 승구를 보면, 이것은 直言으로 당시 정계에서 많은 제약을 받아 뜻을 펼 수 없었던 자신의 처지에서, 一抹이나마 脫却의 소망과 함께 현실적인 고독감을 눈길에 실어 풍경을 단순 서경인 듯 배경화하여 자신의 행태와 상황을 언표하고 있는 것이다. 해가 져가는 가을 하늘 아래 뭔가가 안타까워 멀리를 바라보며, 저녁 이슬에 젖은 채 홀로 서 있는 작자 자아의 자태가 눈에 그려지듯 서언하다.

題聽松堂

청송당을 제재로 삼아 짓다

골짝 어귀 숨은 분이 사시던 집은,	谷口幽人宅
가는 길이 산언덕에 기웃 났는데,	山崖去路斜
봄바람 속 저녁 비가 내린 뒤라서,	東風晩雨後
곳곳마다 물소리가 야단이구나!	處處水聲多

* 聽松堂 : 북한산성 안에 있던 건물로 成守琛이 그의 당호인 聽松堂을 이름으로 붙여 별장 겸 서재로 삼았던 집이다. 그리고 이 "聽松(나무에 부는 바람 소리를 듣다)"이라는 어휘는 이것을 號로 삼은 成守琛의 고상한 인품을 상징하는 것이다.

해설 이 작품은 옛 어른이 사시던 집 주위의 늦봄 비가 내린 풍경을 시・청각으로 포착하여 청신하게 생동적으로 그리듯이 읊어낸 한 폭의 동영상화 같은 작품으로, 간접적으로 成守琛의 인품을 흠모하는 심경을 담고 있다.

僧軸

중의 시 두루마리에 써넣다

눈보라 속 바위 문 앞 나 있는 길에, 風雪石門路
해 저물녘 돌아가는 어디 중인가? 暮歸何處僧
알겠구나 시내 저편 있는 절인 걸, 遙知隔溪寺
성긴 덤불 등불 빛이 새어 나오니! 荒蔓出疎燈

해설 이 작품은 "저녁 무렵 눈보라 속에 돌아가는 스님을 보고 어느 곳에 살까 하고 궁금해 했더니만, 성긴 덩굴 사이로 비춰지는 등불 빛을 보니 저 멀리 시내 건너 절에 살겠구나!"라고 추정하며 그리듯 읊은 시다.

武夷洞 五首

무이동을 찾아가면서 다섯 수

물이 맑아 바닥까지 햇빛 비치고,	水淸日光澈
지역 깊숙 이끼 빛도 옛 대로인데,	地幽苔色古
온 곳 산봉 저녁 안개 피어오르니,	亂峰生夕嵐
돌아가선 뒤는 돌아 보지도 말자!	歸去莫回顧

* 武夷洞 : 구체적으로 어디인 지 알 수 없으나, 요즘 나온 『서울지명사전』에 "지금의 서울 마포구 성산동에 있던 마을로, 사람들이 무리를 짓지 않으면 갈 수 없을 정도로 으슥한 곳이었다"고 하며, 그래서 ""무리울"이라는 명칭으로 불렸는데 이 명칭이 "무이동"으로 바뀌어 불려지게 되었다"고 한다. 그런데 작자의 五言律詩인 〈武夷洞〉에서 行宮의 옛 터가 있다고 한 것을 보면, 이곳이 궁궐에서 멀지 않은 곳일 가능성이 있어서 이곳이 맞지 않나 추정되기도 한다. 『新增東國輿地勝覽』의 「漢城府」 "望遠亭"에 대한 기록에 망원정이 "楊花津"에 있었다는 것과 卞季良의 글에 이 정자가 원래 孝寧大君의 "喜雨亭"이었으며, 그래서 世宗大王이 여기에 행차하였다는 것을 보아 行宮이 있었을 것을 감안하면, 여기가 "武夷洞"일 가능성이 있기는 하다.

해설 이 작품은 맑고 그윽하고 아득한 탈속의 경지인 무이동으로 돌아가 숨어 살고 싶은 심경을 애틋하게 다짐해 보는 시로, 지역의 명칭이 朱子의 〈武夷九曲〉과 같아서 더욱 이렇게 읊어 본 것으로 추정된다. 작자와 동시대는 물론 전후 시대에 있어서도 주자의 〈무이

구곡〉은 거의 모든 선비들에게 수양적·이상적 산수풍경으로 수용되어 있었으므로, 여기에서 "武夷洞"이라는 지역 명칭도 당연히 〈무이구곡〉을 따른 것이 분명하며, 작자도 이런 공간의식을 염두하며 이 시를 지었을 것이 분명하다.

又

또 한 수

시야 온통 고운 풍경 마주하건만, 滿眼對煙景
이 좋은 때 괜히 제냥 시름겨운 건, 良辰空自愁
고향 향해 오늘따라 이는 생각에, 故園今日意
푸른 풀만 봄 물가에 어울려설세! 碧草映春洲

해설 찾아온 무이동의 눈앞에 펼쳐진 봄 풍경에도, 다시 눈길에 삼삼 이는 고향의 봄 풍경으로 인해 향수에 잠기게 된다는 것이다. 이 시의 결구에서 봄 맞은 물가에 자라나서 어울린 풀을 말하였는데, 봄을 맞아 어우러지는 풀빛은 향수 또는 이별의 한을 위한 환기의 촉매물로서 한시에서는 唐나라 시인 王維의 시 〈送別〉의 "春草明年綠(봄풀은 명년에도 푸르르련만)" 이후로 한시의 慣用句가 되어 왔다.

여기에서는, 고향은 갈 수도 없이 그냥 그리운 생각만의 눈길에, 푸른 풀들만 봄을 맞아 어울려 있기 때문이라는 말이다.

又

또 한 수

단비가 막 부드럽게 흠씬 내려서,	甘雨潤初足
시골 전원 벌써 푸릇 짙어졌는데,	園田綠已稠
오늘 아침 이렇게도 좋은 날씨니,	今朝好天氣
지팡이 · 신 짚고 신고 숲 나가 보세!	杖屨出林丘

해설 이 작품은 천진난만한 동시처럼 초여름의 시골 전원에서 싱그러운 신록을 맞으며, 무한한 흥겨움에 자족 · 자락하는 자아상을 토로하는 시이다.

又
또 한 수

해 질 무렵 맑은 못가 찾아가서는, 落日臨淸池
옷깃 풀고 내 얼굴을 비추어 보니, 披襟照我面
옛 자취는 아직 그냥 그대로건만, 古跡尙依依
옛 분들은 만나 뵐 수 없게 됐구나! 古人不可見

해설 이 작품은 邵康節의 〈淸夜吟〉을 모의·창안한 전형적인 濂洛風의 시로, 선현들의 심성 수양을 연상하며 자아를 성찰하고 아쉬워하는 선비의 자세를 곱게 보이고 있는 시이다.

又
또 한 수

좋은 모임 바로 지금 가장 좋아서, 佳會此時最
호탕하게 천고의 정 노래 부르니, 浩歌千古情
노래 끝나 홀연 떠나 가버린 뒤엔, 歌竟忽辭去
수만 골짝 솔바람만 남아 있겠지! 萬壑餘松聲

해설 이 작품은 거침없는 몸짓에 거나한 흥취로 천고의 정을 호탕하게 노래하는, 시원한 가락의 긴긴 여운과 표연히 떠나가는 화자의 거침없는 행태가 선연히 짚여지면서, 시원한 목청과 흥겨움이 유창하고 시원한 가락으로 읊어지는 絶唱이라 할 시이다. 특히 전구의 "歌竟忽辭去(노래 끝나 홀연 떠나 가버린 뒤엔)"와 결구의 "萬壑餘松聲(수만 골짝 솔바람만 남아 있겠지!)"은 참으로 이 작품을 독자들의 가슴 속에 영원한 가락으로 남아 울리며, 무릎을 치게 하는 기막힌 구절이다.

重陽

중양절을 맞아서

왼손으론 노란 국화 꺾어서 갖고, 左手持黃華
오른 손엔 뽀얀 술을 따라 마시니, 右手酌白酒
용산 서편 모자 떨궈 놀았었다는, 落帽龍山西
좋은 명절 구월에다 구일날일세! 佳辰九月九

* 落帽龍山 : 중국의 晉나라 사람 孟嘉가 將軍인 桓溫의 參軍이 되어 九月九日 龍山에서 연회를 베풀고 노는데, 바람이 불어 맹가의 모자가 날려 떨어졌는데도 그것을 모르고 있는데, 溫이 이것을 주워서 돌려주며 孫盛에게 글을 지어 놀리게 하자, 맹가도 답하는 글을 지었는데 그것이 명문장이었다고 한다. 그래서 "龍山落帽"라는 말이 세상에 알려졌다고 한다.

해설 이 작품은 重陽節을 맞아 고인들의 풍정을 본받아 천진대로의 행태를 한껏 부려 보면서, 거나하게 누려보는 선비다운 홍취의 멋을 노래처럼 읊고 있는 시이다.

感興

느꺼운 회포

약 캐 먹고 長生不死 추구해본들, 採藥求長生
그 누구가 고죽군의 아들만 하랴? 何如孤竹子
서산서 캔 고사리만 한번 먹고도, 一食西山薇
맑은 바람 외려 사뭇 남아 있으니! 淸風猶不死

* 何 : 여기에서는 "어찌"라는 의미로 쓰인 것이 아니라 "누구"라는 뜻으로 쓰였다.
* 孤竹子 : 중국의 상고시대 孤竹國의 임금인 孤竹君의 아들 伯夷와 叔齊를 말한다. 이들은 周나라의 武王이 宗主國인 殷나라의 왕인 紂를 정벌하자, "신하로서 임금을 정벌하는 것은 옳은 일이 아니다"며 말리다가, 결국 周나라가 宗主國이 되자, 周나라의 곡식을 안 먹겠다며 西山(首陽山)에 들어가 고사리를 캐어 먹고 살다가 굶어 죽었다. 그래서 세상에서는 절개와 의리를 깨끗하게 지킨 성인(淸聖)이라고 불리게 되었다.
* 西山 : "首陽山"을 말한다.
* 淸風 : 여기에서는 물리적인 "맑은 바람"이 아니라 인간에게 영원히 고결한 절개를 일깨우는 바람이라는 의미의 "맑은 바람"으로 쓰였다.
* 死 : 여기서는 "죽다"의 뜻이 아니라 "끝나다"·"마치다"·"다하다" 등의 뜻으로 쓰였다.

해설 이 작품은 伯夷와 叔齊 두 형제의 높은 절개와 의리를 높이 추모하는 기막힌 감회와 기발한 수사의 명작으로, 참으로 이 두 형제의 영혼을 두고두고 울릴 만한 絶唱이다.

이 작품을 제대로 이해하기 위해서는 전구의 "一食西山蕨(서산서 캔 고사리만 한번 먹고도)"과 결구의 "淸風猶不死(맑은 바람 외려 사뭇 남아 있으니!)"를 유기구조로 상관시켜 읽어낼 수 있어야 한다. 다시 말하면 고사리라는 산채만 먹고서도 육체적인 수명이 아니라 고고한 정신이요 절개인 맑은 바람(淸風)으로서의 정신이, 인간의 역사 위에 영원히 죽지 않고 살아서 전해지게 됐다는 기막힌 감탄이요 추모요 예찬임을 알아야 한다.

寄僧

스님에게 부치다

가을 산속 사람 병 져 누워 있는 채, 　秋山人臥病
낙엽들만 다닐 산길 덮여 있는데, 　落葉覆行逕
홀연 저편 암자 스님 그립소 그려! 　忽憶西庵僧
해 저물 녘 풍경 소리 멀리 들리니. 　遙聞日暮磬

집안에 소장하고 있는 원고에는 이 작품이 실려 있는데, 최·백 두 분을 합친 시집에는 백옥봉의 시편 속에 기록돼 있다. 家藏本有之 而考崔白集 則錄於白詩中

해설 이 작품은 가을을 맞는 산 속에서 병들어 누운 채로, 멀리서 들려오는 풍경 소리에 문득 스님이 몹시 그립다는 심경의 전달이다.

三.

七言絶句

大隱巖

대은암에서

문 앞 있던 말·마차들 연기처럼 흩어지고,	門前車馬散如煙
정승님의 그 영화는 백년도 다 못 이은 채,	相國繁華未百年
깊은 골목 적막 속에 한식날은 넘어가고,	深巷寥寥過寒食
산수유만 옛 담가에 꽃을 한껏 피웠구나!	茱萸花發古墻邊

* 大隱巖 : 조선 중종 때 南袞의 집터에 그의 친구였던 朴誾이 붙여준 명칭이다. 박은은 친구인 남곤이 시골이 아닌 도성에서 고상하게 숨은 듯 살라며 "이렇게 사는 것이 더 큰 의의가 있는 것이라"는 의미를 담아 말한 것이었다. 이것은 옛날 선비들이 멀리 시골에 가서 숨은 듯 사는 것보다 오히려 많은 속인들이 있는 큰 도회지에서 속된 것들을 훌훌 털어 멀리하고 고고하게 숨은 듯 사는 것이 훨씬 더 어렵고 큰 의미를 갖는 것이라는 뜻으로, 옛날 선비들은 도회지에서 숨은 듯 고고하게 사는 것을 "大隱(크게 숨은 것)"이니 "市隱(시장판에 숨은 것)"이니 하며 자부해 왔다. 이 터는 지금 서울 종로구 청운동에 남아 있다.

해설 이 작품은 己卯士禍의 원흉이었던 재상 南袞의 서슬 퍼렇던 권세와 영화가 흔적만 남고 사라진 현장에서, 그 무상하고 허망한 현장을 유상한 봄 풍경에 대비시켜 그냥 회고의 시인 양 그리듯이 읊고 있으나, "大隱巖"이라는 제목 자체만으로도 역설적인 암시를 하면서 朴誾을 향한 譏弄과 南袞을 향한 一喝을 無言으로 암시하고 있는 秀作이다. 따라서 이 작품은 文面의 表現的 의미를 넘어서 文外로 함축한 裏面的 의미를 읽어내야 한다.

이 작품은 지적인 비판의식을 천연덕스럽고 서정적인 회고풍의 자연스러운 인상의 문면으로 읊어 놓은 놀라운 솜씨의 걸작이다.

그런데 전구의 "過寒食"이 文集에는 물론 『國朝詩刪』과 『箕雅』에도 모두 이대로 기록돼 있지만, 이것은 簾法平仄에 맞지 않고 "過"字가 "지나다"의 뜻이 아닌 "넘어가다"의 뜻일 경우에는 "仄"聲이므로 이 "過"자가 끝에 놓여야 하고, "寒"자는 "平"聲이므로 "寒食過"라야 簾法平仄에도 맞는 것이며 그래서 "머리글"에서도 이미 言及하였다.

題張東海書

장동해의 글씨를 제재로 삼아 읊다

장동해가 남긴 글씬 늙은 교룡 서린 듯해,	張公遺墨老蛟蟠
바람·천둥 벽 사이서 흡사 일어날 듯하니,	彷彿風雷起壁間
참 두렵다 육정들이 와서 가져 가버리면,	眞恐六丁來取去
옥황상제 백옥루에 높이 걸어 놓겠구나!	紫皇高掛玉樓間

* 張東海 : 중국 明나라의 張弼이 스스로 호를 東海라 하였는데, 초서를 아주 잘 써서 "怪偉跌宕(괴상하고 힘차며 한껏 휘둘러 쓴)"한 글씨 품격으로 한 세상을 떠들썩하게 하였다.

* 六丁 : 遁甲術을 부릴 때 불러내는 神將의 이름이면서 六甲도 함께 부르는 神將을 말한다.

해설 이 작품은 글씨의 품격이 높아 옥황상제가 탐내어 징발해 가버릴까 싶어 걱정이라는 투로, 간접적인 칭송의 기발한 수사 수법을 전구와 결구에서 구상하고 수사하여 보여주고 있는 수작이다.

簡蘂珠倅 勿責萼綠華

예주 원님에게 편지 삼아 보내서 '악록화를 책망하지 말라'면서

녹주 집은 본래부터 예주성에 있었지만,	綠珠家本蘂珠城
몰래 구산 찾아 가서 봉황 저를 좇았는데,	偸向緱山逐鳳笙
밤중쯤에 옥황상제 재촉하셔 불러가니,	半夜玉皇催喚去
자청궁 안 神仙經典 강의 있어서였다오.	紫淸宮裏講瑤經

* 蘂珠 : 중국에서는 蘂珠城의 준말로 쓰면서 신선들이 사는 仙境으로 인정한다. 하늘에는 옥황상제가 살고 있는 紫淸宮이 있다고 하였는데, 이런 것을 전제로 하고 보면 蘂珠라는 지역은 우리나라에는 없는 지명이다. 다만 江陵의 옛 명칭이 蘂國이라 이곳을 蘂珠城이라고 호칭한 것이 아닌가 싶으며, 이 작품에서 綠珠로 호칭된 萼綠華를 선녀처럼 인정해서 그녀의 고향이 蘂珠城이라고 설정하면서 원님을 바로 이 蘂珠城 원님이라고 호칭하여 기록한 한 것이 아닐까 추정되기도 한다. 이것은 원래 萼綠華를 綠珠로 호칭한 것으로 봐서 그럴 가능성이 있기 때문이다.

* 綠珠 : 중국의 東晋 때 石崇의 애첩으로 저를 잘 불고 아름다웠다. 당시 권력자인 孫秀가 그녀를 데려가려고 석숭에게 강요하자, 이것을 걱정하는 석숭에게 자신의 굳은 뜻을 보여주려고 다락 위에서 투신하여 자살하였다. 이 시에서는 실제 시 속의 주인공인 萼綠華를 綠珠에 비유하고, 또 이 녹주를 옛날 중국의 선녀로 설정하여 중국의 옛날 周나라 靈王의 太子 晉이 학을 타고 저(笙)를 잘 불다가 신선이 되어 하늘로 올라갔다는 緱氏山으로 태자 진을 찾아 갔다고 허구화하여 읊고 있다.

* 緱山 : 중국의 하남성 언사현에 있는 緱氏山을 말한다. 이 산에는 태자 진이 저를 불다가 신선이 되어 학을 타고 가버렸다는 설화가 전한다.

* 鳳笙 : 두 글자의 뜻을 상호 연결시켜 번역을 하면 "봉황을 타고 저를 불다"인데, 중국의 신선설화에는 弄玉과 蕭史의 설화와 관련된 퉁소(簫)를 잘 불어 봉(鳳)을 타고 하늘로 간 것(鳳簫)과 학(鶴)을 타고 저(笙)를 잘 불어 신선이 되어 하늘로 올라갔다는 것(鶴笙)만 있다. 이것을 緱山(緱氏山)과 연결하여 읊은 것을 보면 태자 진의 사연인 鶴笙이 맞지만, 작자가 불명확하게 鳳笙으로 원용한 것으로 추정된다.
* 紫淸宮 : 하늘의 신선들이 산다는 궁전을 말한다.

해설 이 작품은 어느 곳(江陵?) 원님의 수청 들라는 요구에 불응해서 그 원님에게 노여움을 샀을 蕚綠華라는 기녀를 위해서, 그녀를 선녀로 삼아 원래는 신선 같은 분이신 원님 당신을 사랑하는 터였는데, 옥황상제의 부름을 받고 가서 도교 경전의 강의를 듣게 되어 불응하게 됐다며, 원님에게 변호하듯 기발한 착상과 사설로 관대한 용서를 청원하는 시이다.

又

또 한 수

푸른 난새 홀로 타고 바달 날아 건너자면, 獨控青鸞渡海飛
서기 노을 향긋 안개 푸릇 흩여 있을 텐데, 瑞靄香霧碧參差
三清 있는 사자에게 은근하게 말하노니, 殷勤說與三淸使
"하늘에서 돌아갈 길 지체되겐 하지 말게!". 莫遣雲霄歸去遲

* 三淸 : 하늘의 玉皇上帝가 사는 신선의 세계를 말하며, 도교의 세 神인 元始天尊이 사는 玉淸과 靈寶道君이 사는 上淸, 太上老君이 사는 太淸을 말한다.
* 雲霄 : 높은 하늘. 九霄와 같은 말이다.

해설 이 작품은 악록화가 玉京에서 돌아올 때 늦지 않고 잘 돌아오게 해달라며, 옥경의 사자에게 간곡하게 부탁하는 투의 시로, 실제로는 노여움을 지니고 있는 원님의 마음을 간접적으로 달래려는 것이다.

題南尚文壁上

남상문의 벽 위에 지어서 붙이다 南尚文의 자는 仲善, 호는 雙湖이다

푸른 숲 속 붉은 주렴 소사 사는 집에서는,	綠樹紅簾蕭史宅
온 정원 안 맑은 밤에 퉁소 불어 댈테지만,	滿園淸夜動簫聲
왕손께선 번화한 일 분별하지 않은 채로,	王孫不分繁華事
문을 닫고 책 읽느라 흰 머리만 세겠구려!	閉戶看書白髮生

---

* 蕭史宅 : 중국 秦나라 穆公의 딸 弄玉과 혼인하고 퉁소를 불다가 봉황을 타고 승천했다는 蕭史의 집을 말한다.

해설 이 작품은 번화와 호사의 세속적 상황 속에서 일체를 잊고 초연히 독서만으로 자락자족하며 늙어가는 선비 남상문의 초연한 모습을 은연중 극찬하는 시이다. 이 작품의 기·승구로 봐서 시적 주체인 남상문이 살고 있는 집 옆에 실제로 어느 公主와 그 남편인 駙馬가 살고 있었을 것이 분명하다.

부언할 것은 시적 주인공인 남상문의 선조가 부마였었기 때문에 이 작품의 기·승구를 남상문 자신의 집안 이야기로 풀어 읽는다면, 남상문 자신이 부호 귀족의 자손이요 초연히 독서만으로 자락자족하는 선비가 아니라는 결론이 되기 때문에, 작품의 본지와 시상의 논리 구조를 오해하는 결과가 되니 유의하여야 한다.

別徐君受 名益

서군수와 작별하면서 이름은 익이다

어촌 집들 돌아보면 술집 깃발 펄렁이고,	回看漁戶颭靑帘
말 위에서 조용 읊다 술에 반쯤 취할 텐데,	馬上微吟酒半酣
끝도 없이 나그넨 넋 어느 곳서 빠질 건가,	無限客魂何處斷
석양 속에 고운 풀밭 강남 지나 갈 때겠지!	夕陽芳草過江南

해설 이 작품은 벗과 작별하고 외로운 처지의 나그네로 떠나가는 길에, 떠나는 마을을 되돌아보면서 술에 반쯤 취한 채 말 위에서 웅얼웅얼 시를 읊으며 갈 텐데, 끝도 없는 나그네의 한스러운 넋이 어느 곳에서 더욱 빠지게 될까 헤어보니, 강남의 푸른 풀이 우거진 곳을 지나가게 될 때가 자네 생각이 더욱 짙어질 때일 것이라고 읊은 시이다.

이 작품에서 전구인 "無限客魂何處斷(끝도 없을 나그네 넋 어느 곳서 빠질 건가?)"과 결구인 "夕陽芳草過江南(석양 속의 고운 풀밭 강남 지나갈 때겠지!)"은 기막힌 우정과 기막힌 이별의 한을 담고 있다.

武陵溪

무릉계에서 이것은 봄의 어느 날을 읊은 것이다

다듬이질 둬 번 소리 흰 구름 끝 들려오고, 數聲砧杵白雲邊
널린 바위 푸른 이끼 골짝으로 들어가니, 亂石蒼苔入洞天
해 저물며 무릉도원 어느 곳에 있는 건가? 日暮武陵何處是
복숭아 꽃 흐르는 물 바로 옛말 그대론데! 桃花流水卽依然

해설 이 작품은 일부러 묻고 궁금하게 꾸며 아쉽게 한 "何處是(어느 곳에 있는 건가?)"와 바로 自答하듯 "卽依然(바로 옛말 그대론데!)"이라고 한 구상과 수사를 통해 무릉계의 어느 봄날 풍경을 읊고 있는 시이지만, 신비롭게 상상으로 유도하는 한 폭의 그림과 같아 오히려 기막히게 좋은 시가 되었다.

又

또 한 수 이것은 가을의 어느 날을 읊은 시다

험한 바윈 겨우 하나 산길 통해 나게 했고,	危石纔教一逕通
흰 구름이 천년 두고 신선 자췰 숨겨둔 채,	白雲千古秘仙蹤
다리 앞도 다리 뒤도 물어도 볼 사람 없이,	橋南橋北無人問
지는 낙엽 찬 냇물만 수만 골짝 똑 같구나!	落木寒流萬壑同

해설 이 작품은 험한 바위 사이로 난 겨우 하나의 산길, 흰 구름 속에 싸인 선경 같은 마을, 속인은 아무도 찾아오지 않고 낙엽만 지고 시냇물만 흐르는 수많은 골짝들을 통해 가을의 무릉계를 초절적인 탈속의 경지로 꾸며 읊은 시이다.

이 작품은 거침없는 상상력과 놀라운 솜씨로 "一逕通(산길 통해 나게 했고)"과 "秘仙蹤(신선 자췰 숨겨둔 채)", "無人問(물어도 볼 사람 없이)"과 "萬壑同(수만 골짝 똑 같구나!)" 같은 신비와 경이의 새로운 詩的 境地를, 시구들마다 묘한 끝맺음이라는 수사 수법으로 유감없이 열어 보여주고 있다.

別愼評事

신평사와 작별하면서

노란 국화 피는 때에 서로 멀리 헤져 가니,	黃菊開時俱遠行
북녘 바람 찬 기러기 갑절 이별 한스런데,	朔風寒雁倍離情
시골 온 곳 가을 구름 하늘 가득 끼었으니,	江湖滿地秋雲隔
어느 곳서 달이 밝아 서로 생각하게 될까!	何處相思月正明

해설 이 작품은 작별하는 상대인 신평사와 작자 자신이 헤어지는 시기가 늦가을이라 기러기도 울며 남으로 날아가니 이별이 몹시도 한스럽고 안타까운데, 온 시골에 가을 구름이 하늘 가득 끼어 우리들이 서로를 생각하게 해주는 달마저 하늘에서 볼 수가 없으니, 대체 어느 곳에 가야 달이 밝아 우리가 그 달을 보고 서로 생각이나마 할 수 있게 되겠느냐? 하며 안타까워하는 시이다.

그런데 옛 시에서 구름은 실제 구름이 아니라 흔히 小人輩나 奸臣 같은 무리를 상징하고, 달이나 해는 임금님을 상징하는 것으로 쓰인 경우가 많았다는 것을 놓고 보면, 혹 신평사와 작자 자신의 의지와 신변이 당시 소인배들의 농간으로 임금님으로부터 소외를 당하는 경우를 암시하는 것으로 해석되기도 한다. 결구에서 "어느 곳서 달이 밝아 서로 생각하게 될까!"라고 한 것을 보면 그렇게 추정되기도 하기 때문이다.

別盧士稚赴湖南幕 名稙

호남의 임지 관청으로 떠나는 노 사치와 작별하면서

그의 이름은 직이다

아버님이 남쪽 해변 한 곳 다스리실 적에,	先人曾鎭海南州
이십년 전 멀리 가서 노닌 일이 있었지만,	二十年前作遠遊
오늘 자넬 보내자니 되려 이별 안타까워,	今日送君還惜別
북녘 구름 찬 기러기 이별 시름 돋와 주네!	朔雲寒雁助離愁

해설 이 작품은 작자가 이십여 년 전에 가서 노닌 적이 있는 호남이지만 그곳으로 가는 稙과 작별을 하려 하니, 작자는 이 북방에 홀로 남을 것이라서 고향을 그립게 하는 저 구름과 차가워지는 늦가을 기러기가 이별하는 시름을 돋우고 있다는 것이다.

送鄭繡衣季涵之北關

관북으로 가는 鄭御使 季涵을 전송하면서 季涵은 鄭澈의 字이다

함경도로 올라가니 말도 자주 넘어지고,	咸關北上馬頻顚
雪嶺 서쪽 볼 젠 바다 하늘 닿아 있을 텐데,	雪嶺西看海接天
나그네 길 중양절은 또 어디서 맞을 건가?	客路重陽又何處
노란 국화 옛성 한 쪽 사늘 지는 곳이겠지!	黃花冷落古城邊

* 繡衣 : 중국의 漢나라 武帝 때 관리들의 不正을 색출하기 위해서 황제가 비밀리 임명한 관직인 "繡衣直指" 또는 "繡衣執法"이라는 관리를 略稱한 말로, 조선시대의 御使를 지칭하는 말이다.
* 雪嶺 ; 강원도 平康에 있는 雪呑嶺을 말하는 것일 수 있으나, 송강이 가는 시기가 늦가을일 것이라 관북지방은 추위가 일찍 올 것이고 눈이 일찍 내려서, 관북으로 가는 길에 있는 淮陽의 鐵嶺에 눈이 내린 것을 말하는 것일 수도 있다.

해설 이 작품은 북쪽 함경도로 御使가 되어 가는 松江 鄭澈을 보내면서, 그가 가는 도중에 어려울 여정과 객지 도중에서 중양절을 쓸쓸하게 맞을 정황을 추정하여 염려와 위로의 진실한 우정을 실어 읊어 준 송별시이다.

그래서 전구인 "客路重陽又何處(나그네 길 중양절은 또 어디서 맞을 건가?)"에는 벗의 이 가을 객지 주거를 염려하는 우정이 나타나며, 결구에서는 "黃花冷落古城邊(노란 국화 옛성 한 쪽 사늘 지는 곳이겠지!)"이라는 추정으로 애틋하게 마무리 하고 있다.

奉恩寺僧軸

봉은사 스님의 시 두루마리에

삼월 맞은 광릉에는 산들 가득 꽃 펴 있고,	三月廣陵花滿山
개인 강 위 흰 구름 속 돌아가는 도중인데,	晴江歸路白雲間
배 안에서 뒤 돌아서 가리키는 봉은사엔,	舟中背指奉恩寺
두견 둬 번 울음 속에 스님은 문 닫았겠지!	蜀魄數聲僧掩關

해설 이 작품은 음력 三月을 맞아 주위 산들에는 꽃이 온통 만발한 廣陵(지금의 광나루), 맑게 갠 강 물 위 흰 구름이 살짝 낀 속을 돌아가는 배에서 화자는 등 뒤로 저기 봉은사를 가리키면서, "아, 저기 절 안에는 저녁이 되면 두견새가 두어 마디씩 우는 속에서 스님은 문을 닫고 참선에 들겠지!"라며 읊은 것이다. 이 시는 배로 돌아가는 자아의 행태와 풍경, 봉은사의 스님 정황을 추정하여 정감을 실어 그리듯이 시화한 작품이다.

이 작품은 주체의 흥취와 행태, 주위의 풍경이 명랑하고 화창한 심기로 함께 어우러져, 높은 목청의 홍겨운 가락을 띤 채 조금의 걸림도 없이 흥겹고 시원하게 읊어짐으로써, 밝고 환한 그림과 흥이 실려 넘치는 음악이 하나로 어우러져 울려나는 살아 있는 절창의 시다.

又

또 한 수

가사마저 안 벗은 채 대웅전 뜰 내려 갈 제,	不脫袈裟下殿階
구름 끼인 언덕 한 번 가을 경쇠 울려 날뿐,	一聲秋磬發雲崖
놀이꾼들 다 간 뒤에 문을 도로 닫은 채로,	遊人去後門還掩
적적해진 긴 회랑엔 저녁 재만 올리겠네!	寂寂長廊到夕齋

해설 이 작품에서는 가사도 안 벗은 스님의 행태, 가을을 맞은 듯 울려나는 경쇠 소리, 세속 놀이꾼들이 가버린 뒤 사찰 안의 정적, 저녁 재를 올리는 정황을 그냥 그려서, 스님의 가을 생활의 단면을 추정해 그리듯 읊고 있다.

又

또 한 수

사흘 동안 강가에다 멀리 갈 배 멈춰 놓고,	三日江潭滯遠舟
宣·靖 두 陵 비·바람 속 홀로 귀로 시름인데,	二陵風雨獨歸愁
이젠 서로 그리울 뿐 서로 만나 볼 수 없어,	今來相憶不相見
종 끝날 즘 쓸쓸하게 바위 누각 내려가네!	惆悵微鍾下石樓

* 二陵 : 서울 강남구 삼성동에 있는 조선 成宗大王과 그 세 번째 왕비인 貞顯王后 尹氏의 宣陵과 그 아들인 中宗大王의 靖陵을 말한다. 지금은 이 두 陵이 한 곳에 있어서 宣靖陵이라 불린다.

해설 이 작품은 멀리 갈 배를 사흘 동안 강가에 매어 놓고, 두 임금님의 능을 참배하고 그 추모의 정으로 시름겹게 돌아와서는, 그렇게도 서로 그리워하던 스님을 못 만난 채, 종소리가 잦아질 즈음에 어쩔 수 없이 누각을 내려 와서 돌아가게 됐다는 서글픈 읊조림의 시이다.

又
또 한 수

찬 까마귀 앉은 고목 석양지는 순간이라,	寒鴉古木夕陽間
한 산길만 조용한 채 절문 닫고 있을 테니,	一逕寥寥掩水關
매화 필 때 맞추어서 다시 편질 부치자며,	欲向梅花重寄信
가벼운 밴 광나루의 산들 벌써 지나 왔네!	輕舟已過廣陵山

해설 이 작품은 차가운 겨울 까마귀들만 앉은 고목에다 석양이 지는 순간이라 한 줄의 산길만 조용한 속에 문을 닫고 있을 거라고 추정해 보는 스님의 상황과 역시 보고 싶지만 만나지 못한 채 돌아가는 배에서, 첫봄 매화가 필 때 편지나 부치사며 돌아가는 화자의 아쉬운 정이 살며시 담긴 시다.

이상의 네 수를 다시 읽어 보면, 첫째 수와 둘째 수는 봄과 가을을 시간 배경으로 하여 스님의 정양 참선하는 일상의 상황을 추정하여 읊은 시이고, 셋째 수와 넷째 수는 서로 그리워하던 사이인 스님을 못 만났거나 해가 저물어 만날 수가 없어, 만나지 못하고 돌아온 안타깝고 아쉬운 상황을 일기로 쓰듯 읊은 시이다.

결과적으로 네 작품 모두가 간절하게 서로 그리워하던 사이이면서도 끝내 못 만난 것으로 마무리 된 것은 이렇게 해서 아쉬움과 안타까움의 정을 마련해 담을 수가 있었기 때문이다. 그래서 이것이 결과적으로 시적 구상과 수사의 묘체가 되기도 한 것이다.

題三角山僧行思軸

삼각산의 스님인 행사의 시 두루마리에

서울 냇물 다리 예서 또 그대를 만나 보니,	洛水橋邊又見君
흰 머리로 속세에만 있는 내가 불쌍한데,	憐吾白髮在塵氛
삼각산엘 이제 갈 젠 아무 자취 없는 채로,	三山此去無蹤跡
석장 휘휘 허공 타고 걸음마다 구름 피리!	飛錫凌空步步雲

* 三山 : 三角山을 약칭하는 말이다.
* 洛水 : 원래는 중국의 강물 명칭이나 여기에서는 서울을 상징하는 말인 "洛(洛陽)"의 "水(물 : 淸溪川일 것)"라는 말이다. 작자 당시에는 여기에 놓인 다리가 지금의 청계천 위에 놓여 있던 廣通橋 같은 다리를 지칭하는 것으로 쓰였을 것이다.
* 塵氛 : 먼지 섞인 공기라는 말이나, "잡된 세상" 또는 "속세"를 말한다.
* 飛錫 : 錫杖을 휘휘 저어 날리듯이 가는 행태를 표현하는 말이다.

해설 이 작품은 탈속의 삶을 사는 스님 그대를 서울 거리에서 만나 보니, 이 속세에서 일상 속에 매어 사는 내 행색이 스스로 불쌍하게 느껴지는데, 그대가 석장을 짚고 창공을 날듯이 거침없이 떠나갈 때는 그냥 발길 걸음걸음마다 구름이 피어나겠다는 감탄이요 선망의 시이다. 그래서 이 전・결 두 구의 "無蹤跡(아무 자취 없는 채로)"과 "步步雲(걸음마다 구름 피리!)"은 참으로 잘 놓여진 조어요 수사다.

贈寶雲上人

보운상인에게 주다

남쪽 任地 관청에서 아침·저녁 받들 적에,	征南省裡奉晨昏
그 몇 번을 꽃구경 차 절 문 찾아 갔었건만,	幾度看花到寺門
가물가물 아직 곱게 좀은 남은 기억 속에,	存沒祇今多少意
석양 속에 패릉 들판 지나가던 스님인가?.	夕陽僧過灞陵原

* 存沒 : 원래는 "存續과 滅亡"·"삶과 죽음"·"興廢"·"있는 것과 없는 것"을 뜻하는데, 여기서는 "잊혀질듯 말듯" 한 상태를 말하는 것으로 쓰인 듯하다.
* 多少意 : 글자대로는 "얼마쯤의 생각이나 뜻"이지만, 여기에서는 "조금은 남아 있는 기억"이라는 말로 쓰인 듯하다.
* 灞陵原 : 중국의 長安城 동쪽에 있는 지명이 灞陵인데, 灞陵原은 "灞陵의 들판"이라는 말이다. 灞陵은 庾信의 「哀江南賦」, 王昌齡의 「別李浦之京」 등에 나오는 지역이다.

해설 이 작품은 일찍이 작자의 아버님이 남쪽 지역의 원님으로 계실 때 그곳에 와서 꽃구경 차 절에 갔다가, 석양 무렵 灞陵 같은 한 곳을 지나가던 어떤 스님의 모습이 참으로 정겨웠던 기억으로 잊혀질듯 말듯 아련하게 남아 있는데, 그 스님이 바로 "보운상인" 당신이 아니냐?라며 주는 시이다. 그래서 이 시에서도 전구의 "多少意(안타깝게 좀은 남아 있는 기억)"라는 詩語는 참으로 잘 놓아진 구상이요 수사가 아닐 수 없다.

重贈寶雲

거듭 보운상인에게 주다

금릉에서 한 번 헤져 삼십년이 되었다가,	一別金陵三十年
여기에서 다시 만나 문득 슬퍼질 뿐인데,	重逢此地却悽然
백련사의 늙은이들 이제 누가 남아 있나?	白蓮寺老今誰在
그 옛날의 아희들도 앞머리가 허연하니!	舊日兒童雪滿顚

* 金陵 : 지금의 경기도 金浦, 전라남도 康津, 황해도 金川, 경상북도 金泉 일부를 지칭하는 옛 지명이었는데, 여기에서는 시적 정황으로 봐서 康津의 옛 지명으로 추정된다. 白蓮寺가 강진에 있는 것으로 보아 康津의 옛 지명이 맞을 것으로 판단된다.

해설 이 작품은 "삼십년 전 백련사에 있던 스님들은 지금 누구누구가 살아남아 있는가?"라며 묻고는, 그 당시에 아희들이었던 사람들도 앞머리가 허옇게 세었으니! 라며, 인생의 무상을 한탄하는 시이다. 특히 이 시에서는 기 · 승구의 구상과 수사에 담긴 풍성한 정한과 이 정한을 기막히게 가락으로 실어 읊어 작시한 작자의 놀라운 솜씨가 돋보인다.

寄玉峰

옥봉에게 부치다

어젯밤에 산 속에는 빗줄기가 쳐대더니,	昨夜山中雨脚催
가만 절벽 쏟는 폭포 격해 천둥소릴 내서,	蒼崖飛瀑激成雷
사뭇 서로 생각하다 이내 꾼 꿈 놀라 깨워,	驚吾脈脈相思夢
금강령 위 겨우 도착했다 그만 돌아왔네!	只到金剛嶺上廻

해설 이 작품은 사뭇 자네를 생각하다가 요행히도 자네를 만나러 가는 꿈을 꾸고 있었는데, 이 꿈 속에서 자네를 찾아 가다가 겨우 금강령 고개 마루에서, 어젯밤에 쏟아진 폭우가 가맣게 높은 절벽에 폭포가 되어 쏟아지는 격렬한 폭포 물소리에 놀라 되돌아오는 꼴이 되고 말았다는 넋두리 같은 시이다.

이 작품은 서로 간절한 그리움에 서로 만남이라는 계기를 설정하고, 이 만남을 다시 현실로는 불가능한 것으로 전제한 다음, 이것을 꿈속이라는 비현실의 시・공간으로 설정하여 그 아쉽고 안타까움의 도를 강화하여, 이 꿈을 꾸는 것으로 만남을 실현하려 하면서도 끝내 폭포 물소리로 찾아가는 꿈속의 길마저 끊기게 하여, 기막힌 허망감만으로 종결짓게 하고 있다.

이런 시적 허구의 구상 수법은 그냥 읽어보면 흔한 넋두리 같이 진부하게 읽힐 수 있지만, 어젯밤에 쏟아진 비로 인한 심한 폭포 소리를 설정하여 안타까운 꿈길까지 허망하게 깨지게 하는 시상의 구성 수법은 얼마든지 현실적인 실제의 상황일 수 있다. 기구와 승구도 참신한 구상과 수사로 높게 매김할 만한 秀作이다.

別玉峰

옥봉과 작별하며

강남 떠나 멀리 온 손 귀향 생각 괴롭다가,	江南遠客苦思還
어젯밤엔 분명하게 옛 고향을 꿈꾸면서,	昨夜分明夢舊山
거리 위서 서로 만나 옛 노래를 불렀건만,	陌上相看歌古調
헤지자니 다신 소년 그때 얼굴 아니구려!	別離非復少年顏

＊ 古調 : 원래 뜻은 "옛 곡조"이나 여기에서는 "옛 고향의 어릴 적 벗들과 부르던 노래"를 의미하는 것으로, 唐나라 杜審言의 시에 "忽聞歌古調 歸思欲沾巾(옛적 노래 부르는 걸 홀연 듣자니, 고향 생각 수건 눈물 적실 듯하네!)"라고 하였다.

해설 이 작품은 고향 강남(호남 지역)을 멀리 떠나와서 간절한 향수로 괴롭게 지내다가, 어젯밤 꿈속에서 고향에 돌아가 옛날 그때처럼 거리 위에서 자네와 서로 보며 함께 옛 가락의 노래를 불렀지만, 이제 작별을 하면서 서로 보니 그 옛날 소년 시절의 얼굴이 아니라는 안타까움을 토로한 시이다.

東湖雜詠

동호에서 이런 저런 것들을 읊다

밤엔 배들 이어 놓고 큰 둑 위서 자고나선,	入夜連檣宿大堤
새벽녘에 노를 저어 陽川 서쪽 향해 가니,	凌晨搖曳向巴西
물가 마을 산밑 주막 멀리 마주 보이는데,	水村山店遙相望
안개 낀 숲 아련한 속 낮닭 소리 들려오네!	煙樹依微聽午鷄

* 巴西 : 아마 어느 지역을 지칭하는 말이라 보인다. 지금의 서울 陽川區인 옛 陽川縣의 옛 이름인 "巴陵"을 의미하거나, 옛날부터 경기도 高陽 幸州 지역에 있던 "巴乙串"을 의미하는 것일 수 있는데, 이 詩에서 보는 바대로 배를 저어 자신의 집이 있는 고양이거나 파주로 가고 있다고 가정해 보면, 이 두 곳이 있는 한강의 북안 쪽인 "巴乙串"이 아닐까 추정된다. 고양과 파주가 "巴乙串"이 있는 한강의 북안에 있으면서, 이곳의 서쪽에 있기 때문에 그렇게 추정된다.
* 依微 : 아른아른한 상태 또는 아련한 상태를 말한다.

해설 이 작품은 지금의 서울 옥수동 동호대교가 놓인 한강의 일대를 지칭하는 東湖에서 작자가 배를 대어 놓고 강변 민가에서 하루밤을 자고, 새벽에 배를 저어 지금의 양천구 서쪽 한강 하류로 내려가면서, 보고 들은 강변 마을의 풍경들을 그냥 스케치하듯 자연스럽게 기록한 시이다.

又

또 한 수

급륜 잦고 다 맑아져 강물 조용 흘러가자,	流澌淨盡水溶溶
이월 맞은 돛배들이 산골에서 내려오니,	二月風帆下峽中
배꾼에게 남쪽 지역 있은 일들 묻고프나,	欲問舟人南郡事
모두 광주 동쪽에서 왔다고들 말하누나!	皆言來自廣陵東

해설 이 작품은 진솔하고 서민적인 생활 풍정이 사실적으로 읊어져 꾸밈없이 제시되고 있는 좋은 시로, 동시대 많은 작가들의 시에서 보는 情恨이나 興趣의 風尙과는 아주 다를 뿐만 아니라 작자 자신의 다른 많은 작품들의 성향과도 매우 다른 사실적인 경향의 작품이다. 이 시는 앞에서 말한 정한이나 흥취의 눈길이 전혀 실려 있지 않은 매우 이채로운 작품이라고 할 수 있다.

武陵溪

무릉계에서

돌아갈 젠 낙엽들만 가을 산에 가득하고,	歸時落葉滿秋山
한 길 내내 맑은 냇물 온 바위 샐 흐르는데,	一路晴川亂石間
성 뒤쪽도 성 앞쪽도 인적일랑 안 보이고,	城北城南人不見
찬 까마귀 다 날아가 저녁볕만 남았구나!	寒鴉飛盡夕陽殘

* 武陵溪 : 지금의 강원도 동해시 두타산에 있는 계곡이다. 그러나 이 시에서는 이곳을 지칭하는 것이 아닌 것으로 추정된다.

해설 이 작품은 설핏하게 가을 해가 져가는 무릉계를 구경하고 돌아가는 동안에 경험하는 상황과 풍경을 직접적 감정의 개입이 없이 겪은 대로, 있는 대로 읊어서 보여주고 있으면서도, 전・결구의 "人不見(인적일랑 안 보이고)"과 "夕陽殘(저녁볕만 남았구나!)" 같은 상황과 실경들의 전달만으로 인상을 정감화하여 조금은 쓸쓸하게 그리듯 보여주고 있는 시이다.

性雄軸

성웅의 시 두루마리에

풍경 소리 뜸한 황혼 조금씩 비 내리더니, 黃昏疎磬雨微微
물가 둑에 배를 매고 객은 잠시 기댔자니, 水岸維舟客暫依
모랫벌서 놀란 물새 먼 갯벌을 지나 날고, 驚起沙禽過遠浦
몇몇 집엔 어부 횃불 밤 깊어져 돌아오네! 幾家漁火夜深歸

* 性雄 : 사람을 호칭하는 것이 분명하나 어떤 인물인지를 알 수 없고, 다만 작품 속의 정황을 미루어 볼 때 스님일 가능성이 높다.

해설 이 작품에서는 화자인 작자가 작품 속에서 자신을 "客(나그네)"으로 객체화하여 배치하고, 작품 중의 풍경을 관람하는 주체로 삼아 작품 자체를 한 폭의 사실적인 강촌풍경도로 마무리해 놓고 있다.

贈僧性眞
성진 스님에게 주다

童子 스님 남쪽 가서 오래 아니 돌아오니,	弟子南遊久未廻
바위 절문 사뭇 그냥 흰 구름 곁 열린 채로,	巖扉長傍白雲開
석양 진 뒤 을씨년히 경쇠 홀로 치노라면,	獨敲寒磬夕陽後
텅 빈 절 안 부슬부슬 가을비만 내리겠소!	空院蕭蕭秋雨來

* 性眞 : 작자와 知面의 사이인 이 절 원로 스님의 법명일 것으로 생각된다.
* 弟子 : 유교계에서는 스승 밑에서 공부하는 학생들을 가리키는 말이나, 여기서는 이 절 안의 원로 스님인 性眞 스님을 도와 시중드는 동자 스님을 지칭한 것이다.

해설 이 작품은 시중들던 스님은 남쪽 고향으로 떠나가서 오랫동안 돌아오지 않은 채 바위 사이 흰 구름이 끼어 있는 곳에 절문은 그냥 열려진 채로 있고, 석양이 이미 졌을 법한 뒤에도 을씨년히 성진 스님 당신 홀로 경쇠만 치며 염불을 하고 있노라면 텅 빈 절 안에는 부슬부슬 가을비만 내리고 있겠소! 라며, 적막감 속에 허허롭게 맞게 될 어느 가을비 내리는 산사의 오후 풍경을 상정하고, 그 속에서 시중드는 스님도 없이 외로이 있을 性眞 스님의 정황을 추정하여 위로하듯 읊고 있는 시이다.

寄性眞上座僧

성진의 상좌 스님에게 부치다

초가 암자 하얀 구름 속에 붙어 있는 채로,	茅庵寄在白雲間
장로 스님 서쪽 유람 오래 돌아 안 오는데,	丈老西遊久未還
누런 낙엽 날려지며 성긴 빗발 지나간 뒤,	黃葉飛時疎雨過
홀로 썰렁 경쇠 치다 가을 산 속 자겠구려!	獨敲寒磬宿秋山

* 上座 : 불교에서 스님들의 중요 체층 셋 중의 하나로, 나이도 높고 수양도 높은 스님을 말한다. 佛法과 修道에 대한 일들을 맡아 처리한다.
* 丈老 : 나이도 높고 수양도 높은 원로 스님을 말한다.

해설 이 작품은 성진 원로스님의 상좌인 스님에게, 서쪽 멀리 수행 떠난 원로 스님도 오랫동안 안 돌아오는 고적한 산 속 초가 암자, 낙엽만 져 내리고 성긴 빗발이 지나간 승방에서 홀로 경쇠를 치며 불공을 드리다가 자겠다며 위로하는 정분의 심경을 담아 전하는 시이다. 전구와 결구로 묘사된 상대의 정황은 참으로 살뜰하게 그려져서, 말없이 무한한 동정을 유도하고 있다.

贈行思

행사 스님에게 주다

멈춤 없는 선사 그댈 사람들은 모를 거라, 無住禪師人不識
때때로는 객이 되어 서울에서 술 취해선, 有時爲客醉長安
턱 고인 채 북쪽 창 앞 잠깐 가서 졸다가는, 支頤暫就北窓睡
종소리를 금방 듣곤 옛 산사로 돌아가네! 忽聽鍾聲還舊山

* 行思 : 누구인지 인적 사항을 자세하게 확인할 수는 없으나, 禪師라고 호칭된 것을 보면 스님일 것은 확실하고, 기행적인 생활 행태를 지시하는 말로 쓰였을 "無住(어디에 멈추어 잡혀 있지 않고 자유분방한 삶을 살았다는 뜻으로 붙여졌을 호칭)"를 보면 스님으로서도 자유분방하고 기이한 행적의 주인공인 조금은 破戒僧 같은 사람이었던 것으로 추정된다.
* 無住 : 어디에도 住着(가만히 한 곳에만 멈춘 채 있음)이 없이 자유분방하게 행동하고 생활하는 것을 말한다. 이 어휘는 단순히 육신만 한 곳에 멈춰 있는 일이 없다는 것이 아니라, 오히려 정신이 허망한 관념이나 부질없는 개념에 사로잡혀 있지 않고 일체의 허상에서 벗어나 자유자재로 살아간다는 뜻으로 쓰이는데, 이 시에서도 그런 뜻으로 쓰였다.

해설 이 작품에서는 기구의 서두에서 시 속의 주인공인 行思스님에게 "無住"라는 人格性을 지정하는 관형어를 붙여 아예 외모의 행색부터 스님의 모습을 스스로 벗어 던져 사람들이 알아볼 수 없게 했음을 전제했다. 승구에서는 때때로 일반인 외모의 객(나그네)이 되어 서울 장안에 나타나서는 술집에 가서 술을 거나하게 마시고는 이내 잔뜩 취한 채 그냥 북쪽 창문 아래 시원한 자리에 턱을 고이고 자다가, 갑자기 어디로부터 종소리를 듣고는 벌떡 일어나서 전부터 머물러 있는 그 산속 절로 돌아간다고 했다.

그래서 이 작품은 시적 주체인 스님의 자유분방한 인상이 눈에 훤히 그려지도록 그 내적 정황과 외적 행태를 생동하는 실체의 모습으로 잘 살려, 눈에 보이듯 제시하고 있다.

題 厚陵 寺僧軸

후릉을 받들어 모시는 절 스님의 시 두루마리에 써 놓다

국토 산하 끝내 정통 귀속하게 하셨건만,	山河終使屬姬昌
길도 끊긴 저 편 능엔 풀·나무만 무성한데,	路斷西陵草樹荒
오직 한 명 스님만이 낡은 절에 붙어살며,	唯有一僧依古寺
아침·저녁 향 피우고 선왕님께 예 올리네!	焚香朝暮禮 先王

* 厚陵 : 조선왕조의 제2대 임금인 定宗大王의 능을 말한다. 정종이 아직 고려의 수도였던 개성에서 왕으로 즉위하여, 1년 여 만에 퇴위한 다음 아우인 太宗의 돌봄을 받으며 上王으로 지내다가 개성에서 승하하였기 때문에 능이 지금의 북한 板門郡 지역에 있다. 이 작품에서는 능이 당시 서울에서 아주 먼 서쪽 지역에 있었기 때문에 "西陵"이라고 표현한 것이다. 동시에 定宗大王은 그 직계가 왕위를 이어 가지 못했고 적자인 大君을 두지 못하고 서자인 君들만 여럿을 두었다. 이런 이유였는지는 모르나 定宗이라는 廟號도 수백 년이 지난 숙종 때에 비로소 올려졌다. 그래서 이 시에서 왕실로부터 제대로 받들여지지 않았던 것으로 묘사한 것이라 추정된다.
* 終使屬姬昌 : 이 구는 두 가지로 해석할 수 있다. 하나는 당시 고려의 恭愍王이 죽자 그가 辛旽의 집에 가서 연회할 때 신돈의 여종인 般若과 동침하여 이 사이에서 태어난 아이를 데려와서 왕자로 책봉하였다가 왕위를 계승하니 이 사람이 禑王이다. 그런데 우왕은 사실 辛旽의 자식이라고 하여 우왕의 사후에 우왕의 뒤를 이은 아들 昌王도 당연히 王氏가 아니고 辛氏라며 정통의 문제가 분분하게 논의되고 있었다. 그래서 끝내 창왕을 폐위시키고 王氏 王族인 恭讓王을 추대하였는데, 이때 이 일에 중요한 역할을 한 사람이 定宗大王이다. 定宗大王이 거짓의 辛氏를 폐위시키고

正統인 王氏 王朝를 회복시켜 正義를 확립시킨 공적이 크다는 것이다. 또 하나는 定宗大王이 사양하였던 아버지 太祖로부터의 王位 繼承과 관계되어 계모인 神德王后 康氏의 소생인 왕자들을 太宗이 살해·처단하는 분란을 치르고, 같은 어머니인 神懿王后 소생의 아우 太宗에게 왕위가 계승되게 하여 조선왕조의 왕통을 이어가게 한 공적이 크다는 것이다. 그러나 아무래도 그 당시 이후 지식인들의 정의로운 논의로 자리 잡혀 있던 昌王의 폐위로 보는 것이 타당해 보인다. 따라서 이 구의 "姬昌"은 중국 역사에서 아주 훌륭한 임금으로 알려진 周나라의 文王을 지칭하며, 이 시에서는 고려의 正統 王族인 恭讓王을 위시한 王氏 王族을 대칭하는 것이라고 봐야 한다.

해설 이 작품은 작품의 주인공인 定宗大王에 대한 안타까운 충정을 읊은 시이다. 그런데 이 작품에서는 주인공인 정종대왕이 임금으로서가 아니라, 아직 고려의 신하로 있을 때 도리와 직분으로 가장 정의롭고 가장 용기 있게 행동하여 역사의 公義를 실천한 것을 높이 사며 말없는 칭송을 기구로 올리면서, 승구로 정종대왕의 황량·적막한 능원 상황을 제시하여 시적 정감의 반전과 극화를 효과적으로 수행하고 있다. 특히 전구에서 "唯有一僧依古寺(오직 한 명 스님만이 낡은 절에 붙어살며)"라는 상황의 설정으로 시적 주인공인 정종대왕에 대한 독자들의 숭모와 연민을 애틋하게 유도하고 있다.

贈片雲

편운 스님에게 주다

산 아래엔 엉성한 울 반쯤 문이 닫힌 채로, 山下疎籬半掩門
팔월 맞은 가을 비 속 황혼 무렵 가까운데, 豆花秋雨近黃昏
서로 만나 우연히도 병들 든 채 저녁이라, 相逢偶是抱病夕
맥 풀려서 등만 달고 한 마디의 말도 없네! 悄悄懸燈無一言

* 豆花雨 : 음력 팔월이 되면 콩 꽃이 많이 피면서 비가 제법 내려서, 음력 팔월의 비를 이렇게 말한다.
* 悄悄 : 풀이 죽어 있는 모양 또는 맥이 풀려 있는 모양이나 아주 고요한 상태를 말한다.

해설 이 작품은 산 아래 엉성한 울타리로 둘려 있는 집 반쯤 문이 닫힌 채, 음력 팔월을 맞은 가을비가 내리는 속에 황혼이 가까운 무렵, 서로 만나서는 우연히 서로 마찬가지로 병이 든 채로 맞은 저녁이라 방안에 등만 달아 놓고는 맥이 풀린 채 서로 한 마디의 말도 없이 그냥 앉아 있는 상황을 묘사한 시이다.

이 작품은 가을 저녁을 맞은 산가의 어설픈 풍경과 이곳에 머문 채 병들어 그저 그냥 육신과 의식이 함께 놓아져버린 듯한 정황을 "悄悄懸燈無一言(맥 풀려서 등만 달고 한 마디의 말도 없네!)"라는 결구로 그려 보이듯 읊고 있는 사실적인 시라고 하겠다.

邊思

변방 국경에서의 향수

젊어 일찍 집 떠나서 소식마저 드문 채로,	小少離家音信稀
가을 돼도 외려 전시 입었던 옷 그대론데,	秋來猶着戰時衣
저 성 머리 뿔 나팔은 서릿발 속 재촉혀 불고,	城頭畵角吹霜急
한 밤 내내 누런 버들 잎들 모두 날려 지네!	一夜黃楡葉盡飛

해설 이 시는 중국 唐詩의 邊塞風을 模擬한 작품이다. 이 시의 주인공은 가상으로 설정된 인물이지 작자 자신이 아니므로 주인공의 생활상이나 심경까지가 모두 허구라서 실제의 진실한 삶의 반영도 아니고 목소리도 아니다.

그러나 이 시 속에서 허구로 설정되어 있는 주인공은 구체적인 실제의 인물이 아니라서 오히려 실제의 너이며 나일 수 있는 존재이다. 그는 내가 겪을 수 있는 전선 국경의 상황을 대신 겪으면서, 내가 겪으면서 느끼고 가질 수 있는 심경이나 감정을 대신하여 보여주고 있다. 이것은 고향의 소식을 자주 못 받아 애타는 심경을, 추위가 곧 닥칠 겨울에 대비할 옷도 없는 절박한 처지를, 낙엽도 다 져서 날려질 터인데 오히려 겨울을 재촉하는 듯 불어대는 뿔 나팔 소리에 못 참을 슬픔을 그대로 하소연하듯 대신 읊어 주고 있어 좋은 것이며 고마운 것이라, 우리들 모두의 공동 작품으로서 명작이 되는 것이다.

端午帖字 居魁

단오날 임금님께 축수하기 위해서 궁전 기둥에 지어 붙이는 시 으뜸 작품으로 뽑혔다

별채 궁전 붉은 석류 벌써 꽃이 피어 있고,	別院紅榴已吐花
앵도 알은 처음으로 정승들 집 하사되니,	櫻桃初賜相公家
만 꿰미로 제발 헤어 전하 만수 기원하세,	願將萬縷祈君壽
한 꿰미로 한 해 聖壽 더해짐을 알 터이니!	一縷應知一歲加

* 紅榴 : 음력 오월을 맞아 붉게 꽃이 핀 석류를 말하는 것이다. 그런데 중국의 『北史』에서는 北齊의 安德王 高延宗이 잔치를 베풀었는데, 이 자리에서 그 妃의 어머니가 두 개의 붉은 석류를 바치면서 "이 석류는 껍질 속에 붉은 씨알들이 많이 들어 있으니, 이 석류는 임금님의 자손이 많으시기를 기원하는 것입니다"라고 하자, 이 석류 두 알을 기쁘게 받았다고 하였다.

해설 이 작품은 정말 해야 할 도리와 차려야 할 격식을 기막히게 잘 갖추어서 지어 올린 아주 훌륭한 시다. 그래서 장원으로 뽑혔을 것은 두말할 필요가 없다.

이 시에서는 만물의 생기가 무르익어 가는 오월, 석류가 붉게 꽃을 피우고 있는 별채 궁전 정원에서 앵두도 곱게 익어 있을 한 낮의 풍광을, 앵두 하사의 명을 내리시고는 쉬고 계실 임금님의 지엄·정숙한 공간으로 설정하여 제시한 기구, 앵두가 가장 먼저 하사되는 정승들의 집을 설정해 놓은 승구, 지극·자상하신 성은을 입은 신하, 그

것도 모든 신료들의 시범 인물로서 앵두를 꿰미로 헤어 성은에 보답하는 도리의 수행을 간청하듯 권고하듯 읊어 놓은 전·결구들로 묘사하였다. 이 작품은 그 구상과 수사가 아주 자연스럽게 이루어져 있다. 특히 앵두와 석류는 언외의 함축 의미로, 端午에 櫻桃薦新의 奉先 勸勉과 왕실의 자손 번성을 송축하는 암시로 인용되어 있는 것으로 추정되어 아주 좋은 작품이 되었다.

昭君怨

왕소군의 원망

어젯밤에 흉노 추장 백룡퇴서 전투하곤, 昨夜單于戰白龍
아침 되며 선발대는 사막 벌써 왔다 하나, 朝來先隊已沙中
경대 애써 갖다 놓고 앞 전각에 앉았지만, 强携粧鏡臨前殿
제냥 수심 찬 눈썹은 그려 봐도 곱지 않네! 自是愁眉畵不工

---

* 白龍 : "白龍堆"라는 地名의 준말이다. 이곳은 중국 신강성 天山南路에 있는 지역으로, "龍堆"라고도 불리며 주로 사막으로 둘려 있는 서북방의 험난한 지역이다.

해설 이 작품은 唐詩의 閨怨體를 模擬한 시이다. 王昭君 이야기는 많은 시인들이 詩化하고 있는데, 學唐을 목적으로 삼았던 작자도 이 작품은 당연히 공력을 들여 읊었을 것이다. 그래서 나름대로 陳腐한 蹈襲을 벗어나려 했을 것이다. 실제로 왕소군의 사연을 타의에 의하여 불행하게 강제로 시집을 가서 너무도 원통한 한을 품은 처지라, 어쩔 수 없이 남편인 흉노 추장 선우를 맞아야 하는 존재로 내세워 꾸린 기 · 승구를 나름대로 실재 가능의 전제 상황으로 제시하였다. 그리고 이 전제 상황에 대한 주인공의 대응 행태와 그 성과를 운명적 상황의 안타까운 결과로 하여 전 · 결구를 마쳤다. 이렇게 함으로써 이 시는 주인공 자신의 직접적 원한 실토는 한 마디도 없이, 원통한 상황을 그려 보이기만 하면서도 독자들로 하여금 무한한 동정으로 주인공의 원한에 동조 · 동감하도록 유도하고 있는 아주 좋은 시이다.

挽崔泰安 霽雲

태안의 원님이었던 제운을 애도하는 만사 이름은 제운이다

서쪽으로 간 막부의 옛날 부관 장교로서,	征西幕府舊褊裨
몰락하여 길 잃은 걸 그 누가 딱해했나?	淪落誰憐失路歧
이십 년 새 살고 죽어 또 눈물만 흘리는 채,	廿載存亡又垂淚
저녁 구름 시들은 풀 하늘 저 끝 가렸구려!	暮雲衰草隔天涯

해설 이 작품은 일찍이 관서 쪽 병영의 부관 장교라는 무관으로 있다가 벼슬길이 여의치 않아 실의하여 있을 때에도 그 누가 딱하게 여기기나 했느냐? 며, 마지막으로 泰安의 원님으로 있었던 망자를 위로하듯 세상을 향해 반문하듯 소회를 늘어놓고는, 그 사이 이십 년이 기간에 이제 나는 살아남아 있고 자네는 이렇게 저 세상으로 가게 되어 또 눈물만 흘리게 된 채, 내가 있는 이곳과 자네가 있을 하늘 저 끝, 이승과 저승으로 격리되어 있는 사이에는 저녁 구름과 시든 풀밭만으로 가리어져 있어 갈 수도 없다는 비탄의 정을 실어 전하는 만시이다.

早行長峽

이른 아침에 긴 산골을 가면서

한 길 사뭇 아득 멀리 깊은 골짝 나있는 채,	一路迢迢幽峽裏
텅 빈 다린 눈만 쌓여 홀로 더디 갈 뿐인데,	空橋雪滿獨行遲
숲 까마귀 다 날아가 아침 연기 펴나건만,	林鴉飛盡曙煙起
물 건너 편 인가들은 외려 사립 닫고 있네!	隔水人家猶掩扉

해설 이 작품은 이른 아침 산골 속으로 아득히 나 있는 길을, 인적도 없이 텅 빈 다리를 지나 홀로 느릿느릿 가다가 보니, 숲 속에서 자던 까마귀들도 어느 새 다 날아간 뒤 아침 밥 짓는 연기들만 피어오르건만, 물 건너 편 인가들은 아직도 사립문들을 닫은 채 있다는 그냥 도중에서 보는 산촌의 아침 풍경들을 있는 대로 그려 놓듯 읊은 시이다.

挽成司藝 子濟
성사예 자제를 위한 만사

덧없어라 이 뜬세상 한 판 꿈에 놀라면서,	浮世悠悠一夢驚
이 생에선 당신 같은 사람 다시 못 볼 텐데,	此生無復見先生
왕희진 양 제냥 바로 유행 속기 뛰어 넘어,	右軍自是超流俗
다만 능통 서법 갖고 거듭 명성 얻었었네!	只把能書重得名

* 成子濟 : 成世昌의 손자로 호를 松齋라 하였으며 서예가이다. 조선 명종 때 선비로서 임금님 앞에서 겨룬 글씨 솜씨로 특선에 1등을 하였고, 나중에 謁聖科에 합격하여 벼슬이 司藝에 이르렀다.

해설 이 작품은 기 · 승구에서 덧없는 세상에서 당신 같은 사람을 다시 못 보게 됐다며 그 죽음을 안타까워하면서, 전 · 결구에서 속기를 벗어난 높은 글씨 솜씨로 명성을 높여 가던 것을 기리면서, 다시금 죽음을 아쉬워하고 있는 만시다.

送僧歸山

산 속 절로 돌아가는 스님을 보내며

잠시 서울 머물면서 애써 귀환 생각터니,	暫留京國苦思歸
세모 맞아 어느 산 속 홀로 절문 닫고 살꼬?	歲暮何山獨掩扉
내일쯤엔 봄기운이 감돌 온 곳 가는 길엔,	明日春生湖海路
매화 향기 스민 봄비 가는 옷깃 적실 테지!	梅花香雨濕征衣

* 京國 : "서울"이라는 뜻으로 쓰이는 말이다.
* 湖海 : 원래의 뜻은 호수와 바다이지만, 여기에서는 거리낄 것 없는 천하, 온 곳이라는 말로 쓰였다.

해설 이 작품은 산 속 절로 돌아가는 스님을, 그 스님의 수양 풍모나 득도 노력으로 기리거나 추장하여 읊은 것이 아니라 철저하게 선비의 취향과 풍정을 보람으로 삼아 성심껏 배려하며 읊은 시다.

이 시는 지금 떠나서 아직은 세모인 산속 절에서 외롭게 세모를 맞지 말고, 조금만 더 있다가 내일쯤에 가면 봄기운이 감돌아 일찍 피는 매화 향기 속에 갈 텐데 라며 안타깝게 만류하고 있는 좋은 시이다. 이런 작자의 심경과 정분이 담겨져 읊어지고 있는 승구와 전구, 그리고 결구의 구상과 수사는 아주 평이하게 이루어지고 있으면서도 은근하게 흥취가 실려져 새롭다.

煕鏡上人軸

희경 상인 스님의 시 두루마리에 적어 놓으려고

지난해엔 大師 따라 서울 근처 머물더니,	去歲隨師住漢關
매화꽃이 다 진 뒤엔 또 그 서쪽 돌아가선,	梅花落後又西還
이제까지 통 소식을 들을 길이 없네마는,	祇今消息無因聞
먼 하늘 끝 어느 산 속 있을 것은 알 만하오!	知在天邊何處山

* 漢關 : "漢"은 漢陽이나 漢水(漢江)의 "漢"자로 당시의 "서울"을 의미하고, "關"은 關門의 "關"자로 都城인 서울의 관문을 의미하는 것이다. "漢關"은 아마 도성인 서울의 근처로, 이 시에서는 서울 근처에 있는 어느 사찰이었을 것으로 추정된다.

해설 이 작품은 제목의 문면으로 봐서는 지금 막 시를 지어서 스님의 두루마리에 적은 것으로 해석될 수 있으나, 시의 내용을 읽어 보면 지금 이 시를 지어서 나중에 스님의 두루마리에 적어 놓겠다는 것이다.

이 작품의 주인공인 희경 상인 스님은 작자와 교분을 가진 사이로, 아마 시를 잘 짓는 스님이었을 것이다. 그래서 조금은 친밀했던 것으로 추정된다. 희경 상인이 자신이 모시는 大師를 따라서 서울 근처 어느 사찰에 와서 있다가, 매화꽃이 다 진 뒤에는 관서 지역으로 또 돌아갔다는 것이다. "또 돌아갔다"는 것으로 봐서 이 스님은 관서 지역 어느 절에 속한 스님이었을 것이나, 작자는 전구에서 "祇今消息無

因聞(이제까지 통 소식을 들을 길이 없네마는)"이라 하고는 결구에서 "知在天邊何處山(먼 하늘 끝 어느 산 속 있을 것은 알 만하오!)"이라고 읊어 마침으로써, 홀로 애틋하게 그리면서 홀로 애써 다독이는 심경이나 정황이 눈에 보이는 듯 잘 그리고 있다.

贈別

작별하면서 주다

고은 뺨에 두 줄 눈물 흘리면서 서울 떠나, 玉頰雙啼出鳳城
새벽 우는 꾀꼬리는 이별의 정 때문인데, 曉鶯千囀爲離情
물가에다 마천령 밖 비단 적삼 명마 탄 채, 羅衫寶馬汀關外
아득 풀만 짙어져서 홀로 갈길 전송하리! 草色迢迢送獨行

---

* 鳳城 : 宮城이나 禁城이라는 말과 같은 뜻으로 왕궁을 중심으로 한 지역을 의미하며, 여기에서는 왕궁이 있는 수도, 곧 서울을 지칭하는 말이다.
* 寶馬 : 좋은 名馬를 일컫는 말이다.
* 汀關 : 주인공이 떠나서 가는 도중에 있는 어느 강의 물가나 咸關嶺을 지칭하는 것으로 추정된다. 다음 작품에서 "咸關曲"이라고 한 것을 보면 "咸關嶺"이 있는 함경도 지역일 것으로 추정해 볼 수 있다.

해설 이 작품은 작자가 사랑했을 법한 한 여인을 작별해 보내면서, 이 여인이 가는 도중에 새롭게 봄을 맞아 짙어가는 풀빛들만 향수와 정한을 더욱 더 더치게 할 것이라며, 동정하고 공감하며 애틋해하는 시이다.

그래서 기구에서는 두 줄 눈물을 흘리며 서울을 떠나는 여인의 행색을 제시하고, 승구에서는 꾀꼬리의 울음소리에 여인의 이별의 한을 이입시켜 놓고서는, 전・결구에서 한봄을 맞아 짙어지는 풀빛만이 외롭게 전송할 것이라, 이 이별의 정한을 한층 더 더치게 할 것이라며 말없이 공감하고 동정하며 위무하고 있는 것이다.

이렇게 이 시에 담긴 이별의 정한과 언외로 암시되는 애틋한 동정, 그리고 慰撫의 몸짓으로 봐서, 이 작품과 함께 다음 작품은 아무래도 지금도 파주의 작자 무덤 앞에 묻혀 있는 情人 洪娘에게 준 시일 것이 분명한 것으로 판단된다.

又

또 한 수

서로 보며 말 없는 채 그윽한 蘭 주거니와,	相看脈脈贈幽蘭
그 하늘 끝 이제 가면 언제 돌아오랴마는,	此去天涯幾日還
함관 거기 옛 노래는 부르지를 말아야지,	莫唱咸關舊時曲
지금에도 구름·비는 청산 자욱 끼었으니!	至今雲雨暗靑山

* 脈脈 : 끊임없이 일관하는 상태를 말하지만, 여기에서는 서로 정을 품은 채 사뭇 서로 바라보기만 하는 기막힌 심경의 상태를 말한다.
* 幽蘭 : 글자 그대로는 "그윽한 난초"라는 말이지만, "幽"자의 인성적 상태나 "蘭"자의 인격적 비유로 봐서, 천성적으로 높고 깊이 있게 수양된 인격의 주체인 주인공의 마음을 상징하는 말이다.

해설 이 작품에 나오는 "咸關舊時曲"은 홍랑의 시조와 이 시조를 한역한 작자 최경창의 한역시를 함께 말하는 것으로 판단된다. 작자가 함경도 鏡城에 北評事라는 관리로 있을 때 사랑하던 洪原 출신의 기생인 洪娘이, 작자가 다시 서울로 귀환하던 길에 雙城까지 따라 왔다가 되돌아가면서 咸關嶺에서 "묏버들 갈히 것거 보내노라 님의손듸"라고 시작하는 시조 한 수를 지어 보냈는데, 이것을 받은 작자는 이 시조를 漢譯하여 시로 남겼다. 결구의 "雲雨暗靑山(구름·비는 청산 자욱 끼었으니)"은 물리적 상태와 상황을 말하는 것이 아니라 작자 자신과 홍랑 사이에 이루어진 雲雨之樂의 경험을 생생한 환상으로 반추하여 읊은 것으로, 무한한 안타까움과 한애의 절절한 가락을 사뭇 울려내고 있다.

이 시에서 인용된 "幽蘭"이라는 시어의 상징적 의미는 상대와 내가 함께 되고 싶은 인격의 상징이면서, 동시에 서로가 상대의 가슴 속에 깊이 새겨지고 싶은 나의 인격이나 마음의 상징인 것이다.

有贈

줄 데가 있어서

안개비는 자욱하고 강둑 버들 늘어진 곳,	煙雨空濛堤柳垂
가야할 밴 떠나려다 짐짓 머뭇거리는데,	行舟欲發故遲遲
이별하는 정을 갖고 강물과는 비교 말라,	莫把離情比江水
강 물결은 한 번 가면 돌아올 때 없는 거니!	流波一去沒回期

해설 이 작품은 작자가 정든 사람인 누군가에게 주려는 시로 추정된다. 안개비가 내리며 버들가지들이 휘늘어져 있는 강가, 어쩔 수 없이 가야 할 배라 떠나야 하지만 짐짓 머뭇거린다. 배를 탄 주인공에게 주어진 상황은 이 배를 타고 가야 할 처지지만, 주인공의 마음은 결코 가고 싶지 않은 것이다. 그래서 어쩔 수 없이 떠나가야 할 주인공이면서 화자인 나의 이 이별하고 떠나야 하는 감정을 저기 흘러가는 강 물결에 비교하지는 말라는 것이다. 왜냐 하면 강물은 한 번 흘러가면 다시는 돌아오지 않지만, 나의 이별하는 감정은 지금 타율로 할 수 없이 이별하고 떠나지만, 반드시 다시 돌아올 마음으로 하는 이별이기 때문이다.

이 시에서는 승구인 "行舟欲發故遲遲(가야 할 밴 떠나려다 짐짓 머뭇거리는데)"를 잘 읽어내야 하며, 특히 이 구에서는 "行舟"를 잘 풀어 봐야 한다. 전구인 "莫把離情比江水(이별하는 정을 갖고 강물과는 비교 말라)"에서도 "離情"을 잘 풀어 읽어야 한다.

이 작품은 내적 정감의 성격으로 봐서, 역시 작자가 그의 정인이었던 洪娘과 작별하면서 주려고 지은 것으로 판단된다.

柳絮 林石川韻

버들개지를 보고 임석천 어른의 시 운을 따라서

남쪽 북쪽 잠깐 날다 동쪽 서쪽 다시 날며,	纔飛南北更東西
하루 종일 휘날리다 금방 진흙 떨어지니,	竟日飄揚忽墮泥
나도 또한 정신없이 정말 너와 꼭 같으게,	我亦顚狂眞似爾
이리 날다 저리 날다 또 그리로 나는구나!	之秦之楚又之齊

* 顚狂 : 정신 이상이 생긴 상태, 또는 미치광이를 말한다..

해설 이 작품은 바람결에 실려 바람 부는 대로 정처 없이 휘날리다가 진흙 같은 바닥에 버려지듯 떨어져서, 아예 처음부터 사람들의 관심을 받지 못한 채 없어지고 마는 버들개지를 자아의 처지와 행태로 비유하면서 읊어낸 시다.

그런데 "我亦顚狂眞似爾(나도 또한 정신없이 정말 너와 꼭 같으게)"라는 전구는 문맥 안으로 기막히게 처량한 자기 상황을 담았으면서도, 그 구문의 거침없는 수사 솜씨가 유창한 가락으로 읊어지게 하고 있다. 이 구는 "之秦之楚又之齊(이리 날다 저리 날다 또 그리로 나는구나!)"라는 결구로 그냥 이어지면서도 거침없이 그대로 읊어지고 있어 역시 좋은 시가 되었다.

洛河二絶

서울과 交河를 오가며, 절구 두 수

교하 건너 가려하니 조수 반쯤 차오르고, 欲渡交河半上潮
서릉 쪽엔 해가 지며 길은 아득 멀 뿐인데, 西陵日落路迢迢
누가 알랴 이 오늘 밤 외론 배에 잘 나그넨, 誰知此夜孤舟客
사뭇 서울 그리다가 귀밑털이 반백 된 걸! 一憶長安鬢便彫

---

* 西陵 : 지금의 경기도 고양시 덕양구 서오릉로에는 西五陵(경릉 · 창릉 · 익릉 · 명릉 · 홍릉)이 있고, 원당동에는 西三陵(희릉 · 효릉 · 예릉)이 있어서 이 일대를 능골이라고 불렀다. 이지명의 漢字 表記가 陵谷이라 지금은 이곳을 능곡이라 부르는데, 서릉은 지금의 능곡 지역을 말하는 것으로 추정된다.

해설 이 작품은 작자가 서울에 갔다가 배로 한강을 따라 내려가서 지금의 陽川區나 김포에 들렀다가, 자신의 집이 있는 파주로 가기 위해서 교하로 건너가려는 과정의 상황과 심경을 읊은 시로 추정된다.

기구에서 "半上潮(조수 반쯤 차 오르다)"라고 한 것을 보면, 강물이지만 조금은 위험해서 못 건널 것 같다. 그래서 승구에서 강 건너편을 바라보니 해는 지고 길은 아득히 멀기만 하게 됐다고 했다. 전 · 결구에서는 할 수 없이 이 배에서 외롭게 잠을 자야 할 처지의 나그네인 내가 지금까지 서울 궁 안에 계신 임금님을 향한 그리움의 절실함으로 인해서 귀밑의 털이 반백이 된 것을 누가 알기나 하겠느냐? 며 안타깝게 독백하듯 읊은 것이다.

이 작품에서는 전·결구를 눈 여겨 읽고 작자의 참 마음을 짚어내야 한다. 특히 결구 "一憶長安鬢便彫(사뭇 서울 그리다가 귀밑털이 반백 된 걸!)"에서 "一憶(사뭇~그리다가)"을 잘 살펴 읽을 수 있어야 한다.

又

또 한 수

나루 지킴 벼슬아치 떠날 배에 인사한 뒤,	津亭守吏拜行舟
삼월 맞은 험한 강을 급류 따라 내려가니,	三月瞿塘下急流
평생 두고 서로 사귄 옛 친구가 아니래도,	不是平生舊相識
인간 세상 이별이란 모두 수심거리일세!	人間離別摠堪愁

* 守吏 : 국가에서 관리하는 어떤 장소나 건물 등을 지키면서 관리하는 하급의 벼슬아치를 말한다. 이 시에서는 이 나루터를 지키면서 관리하는 하급의 벼슬아치를 말한다.
* 瞿塘 : 중국 長江 상류의 험난한 협곡인 "瞿塘峽"을 말하는데, 이곳은 "巫峽"·"西陵峽"과 함께 長江三峽이라 불린다. 여기에서는 "瞿塘"이라는 말이 "강물이 흐르는 험난한 강"을 지칭하는 말로 쓰였다.

해설 이 작품의 상황은 배 안에 함께 탄 사람들 서로가 비록 평생의 친구들로 구면인 상대는 아니지만 험난한 급류를 함께 타고 가면서 위험한 상황을 함께 체험한 상대들이라서, 잠시 동안일망정 서로 함께 공감했을 순수한 동류의식으로 서로 헤어지는 것이 섭섭함을 공감하는 것이다. 작자는 가장 순수하고 진실한 인간애로 체험하면서, 인간의 삶에 있어서 누구나 언제나 어디서나 겪을 수 있고 또 겪어야 하는 이별이라는 상황을 시름이라는 인간 실존의 보편적 체험으로 안타깝게 선언하듯 말하고 있다.

箕城 聞白評事別曲

평양에서 백평사가 지은 關西別曲을 부르는 소리를 듣고서

금수산의 안개꽃은 옛날 풍경 그대로고,	錦繡煙花依舊色
능라도의 고운 풀은 지금에도 한봄인데,	綾羅芳草至今春
신선님은 떠나신 뒤 소식일랑 없는 채로,	仙郎去後無消息
關西別曲 한 가락에 눈물 온통 수건 젖네!	一曲關西淚滿巾

---

* 白評事 : 작자의 절친한 시 친구인 白光勳의 형님인 白光弘이 일찍이 平安評事라는 벼슬아치로 평양에 와서 平安道兵馬節度使 밑에서 근무했기 때문에 붙여진 호칭이다. 白光弘은 〈關西別曲〉이라는 歌辭를 지었는데, 이 가사가 당시와 그 이후에까지 평양에서는 기생들에 의해서 많이 불리게 되었다.

* 箕城 : 중국 殷나라에서 우리나라로 와서 임금이 되었다고 하는 箕子가 수도를 지금의 平壤에 정했다고 해서, 뒤에 평양을 "箕城"이라고 부르게 되었다.

* 錦繡 : 글자 그대로는 "비단에 수를 놓은 것"이라는 말인데, 평양에 있는 산인 錦繡山을 말한다. 여기에는 永明寺와 浮碧樓·麒麟窟 등의 명소가 있다.

* 綾羅 : 글자 그대로는 "무늬가 고운 비단과 무늬가 있는 비단"이라는 말인데, 평양 대동강에 있는 섬인 綾羅島를 말한다. 경치가 좋다고 해서 많은 시 작품에 등장한다.

* 仙郎 : 신선 같이 고상하고 맑은 님이라는 뜻으로, 여기에서는 시 속의 주인공인 白光弘을 지칭하는 말이다.

해설 이 작품은 작자가 평양에 와서 기녀들에 의해서 불렸을 白光弘의 〈關西別曲〉을 듣고 지은 懷古와 追慕, 哀悼가 함께 어울려 읊어진 시이다. 금수산의 불변하는 풍경과 능라도의 그대로인 봄빛을 노래하듯 읊어낸 기 · 승구는 신나는 흥이 실려져 유창한 가락을 띰직 하지만, 이 두 구는 유상한 자연의 현상들을 시현하는 것들로서 전 · 결구로 읊어진 무상한 인간사에 대한 대비적인 전제들이다. 이 두 구는 뒤에 이어 읊어지는 人間事의 회고를 예비하면서 끝으로 상탄의 서글픈 가락을 예비하고 있다.

전 · 결구는 이미 고인이 된 주인공 백광훈에 대한 회고와 추모, 애도를 주체할 수 없는 눈물로 읊어 마무리하면서 목매이게 기막힌 가락을 무한히 들려주고 있는 절창이다. 이 작품은 기 · 승구로 읊어낸 유상한 자연 앞에 전 · 결구로 읊어낸 무상한 인간사를 대비 시켜, 기막힌 호소와 감응의 효과를 높이고 있다.

義州山城 贈韓使君準

의주의 산성에서 한 부윤 준에게 주다

산성 안의 작은 길은 온 꽃 사이 나 있으며,	山城小逕百花間
별채에는 개인 봄날 제비 난간 날아들고,	別院春晴燕入欄
태평성대 지금이라 변방 경계 할 일 없어,	聖代卽今邊警息
천권의 옛날 책을 문 닫은 채 읽겠구려!	古書千卷閉門看

* 別院 : 특수한 사용의 목적으로 따로 지은 주거용 건물로 "별채"라고 할 수 있다. 여기에서는 서재로 사용되는 공간을 말한다.
* 聖代 : "太平聖代(인자하고 현명한 임금이 다스려서 아주 평화로운 시대)"의 준말이다.
* 邊警 : 한 나라의 국경지역인 변방이 외적의 침입을 받아 항상 대비하여 경계하는 것으로, 국방상의 위험이나 경계를 말한다.
* 古書 : 글자 그대로는 "옛날 책"이지만, 여기에서는 "옛 성현들의 지혜가 담겨 있는 책"을 말한다. 실제로 "古書"라고 하는 경우는 대개 여기에서와 같은 것을 말하게 된다.

해설 이 작품은 義州의 원님인 府尹으로 근무 중일 주인공 韓準에게 국방의 경계가 삼엄할 수 있는 국경지역의 책임자로서 막중한 의무감을 지고 있을 텐데, 지금의 임금이신 전하의 현명하고 인자하신 정치로 內憂와 外患이 전혀 없는 태평성대를 이루어서, 이런 시대를 살며 직무를 수행하는 韓準 자네는 참으로 행복하겠다는 송축의 시이다.

이 작품은 직설적인 한 마디의 말도 없이 임금님의 聖德에 대한 무한한 감사와 축복을 드리면서, 동시에 이렇게 성은을 입어 한가로운 삶을 누리는 韓準 자네와 나는 무한한 感恩을 절감하게 된다는 내용을 읊고 있는 것으로, 말없이 頌祝과 感恩의 도리를 깍듯이 다하는 격식에 딱 맞추어진 좋은 시다.

過楊照廟 有感

양조의 사당을 지나가며 감회가 있어서

운중에 해 저물자 봉화불은 산 비추며,	日暮雲中火照山
선우 벌써 녹두관의 근처까지 왔다 하니,	單于已近鹿頭關
양장군은 천 명 군대 홀로 인솔하고 가선,	將軍獨領千人去
밤에 노하 건너 전투 끝내 귀환 못하였네!	夜渡蘆河戰未還

* 楊照 : 중국의 明나라 嘉靖시기의 將軍으로 遼東지역의 군사령관이 되어 여러 번의 戰功을 세웠으나, 뒤에 單于가 廣寧에 침입하여 밤중에 이들과 격전하다가 날이 샐 무렵에 적의 화살을 맞고 전사하였다. 뒤에 요동에 그를 받드는 사당이 세워졌다.
* 雲中 : 중국 遼東의 廣寧 근처에 있는 지역을 말한다.
* 蘆河 : 중국 遼東의 沁水縣에 있는 강물을 말한다.

해설 이 작품은 중국 明나라의 名將이었던 楊照의 사당을 지나가면서 그의 안타까운 전사를 애도하는 시이지만, 말없이 그의 공적과 명성을 함께 기리는 좋은 시다.

이 작품은 작자 崔慶昌이 어느 때인지, 또 누구와 함께인지는 알 수 없으나, 燕京(北京)에 사절단의 일행으로 가서 지은 시임을 보여주는 아주 중요한 자료이다. 이 뒤로 이어지는 여덟 수의 시들, 그리고 五言律詩의 〈七家嶺立春〉을 위시한 네 작품들과 함께 특별한 의의를 지닌 중요한 자료들이다.

旅夕

여행지 북경에서 저녁을 맞으면서

여관 안은 고적하게 홀로 문을 닫은 채로,	旅館寥寥獨掩門
옥하관엔 인적 끊겨 또 황혼을 맞건마는,	玉河人絶又黃昏
매화꽃이 다 지도록 돌아가지 못하면서,	梅花落盡不歸去
고국서 분 봄바람에 그냥 넋이 나가겠네!	故國春風空斷魂

* 玉河 : 중국의 明나라 때에서 淸나라 때까지 北京에 있던 朝鮮 사절단의 숙소 玉河館을 약칭하여 부른 말이다.

해설 이 작품은 冬至使로 賀正使를 겸하여 북경에 사절단으로 갔던 누군가의 막료로 수행했던 작자가, 正使와 副使, 書狀官 등은 황제를 배알하러 가고 자신은 홀로 사절단의 숙소였던 玉河館에 남아서 간절해진 향수를 읊은 시이다.

"獨掩門(홀로 문을 닫은 채로)" · "人絶又黃昏(인적 끊겨 또 황혼을 맞건마는)" · "不歸去(돌아가지 못하면서)" · "空斷魂(그냥 넋이 나가겠네!)"라는 고독감의 하소연은 읽는 이의 안타까운 동정을 불러내고 있다.

天壇 二首

북경의 천단에서 지은 두 수

한 밤중에 천단에서 하얀 구름 쓸어내고,	午夜天壇掃白雲
분향하곤 멀리 하늘 옥황님께 예 올리니,	焚香遙禮玉宸君
달빛 속에 예배하는 형상 보는 사람 없고,	月中拜影無人見
고운 숲만 천 겹으로 전각문을 감쌌구나!	琪樹千重鎖殿門

* 天壇 : 중국 북경에 있는 祭壇이다. 황제가 하늘에 제사를 올리기 위해 하얀 대리석을 쌓아 올리고, 그 위에 하늘의 모양을 본 딴 원형의 건물을 세우고 이 안에 하늘에 재사를 올리는 제단을 모셔 놓았다.
* 午夜 : 한 밤중으로, 지금의 밤 12시 경을 말한다.
* 玉宸 : 원래는 하늘의 옥황상제가 있는 궁전을 말하나, 지상의 황제가 있는 궁궐을 말하는 것이기도 하다. 여기에서는 옥황상제의 궁전이라는 뜻으로 쓰였다.
* 琪樹 : 글자 그대로는 "옥 같이 아름다운 나무"를 말하는데, "신비롭고 아름다운 숲"이라는 뜻으로, 여기에서는 "天壇"의 주변을 신비롭게 미화하여 일컫는 말로 쓰였다.

해설 이 작품은 "天壇"이라는 실재의 지상 공간을 기막히게 새로운 구상과 수사로 신비롭고 엄숙하고 경건하고 초탈적인 공간으로 재탄생시킨 수작이다.

"午夜"라는 시간, "天壇(하늘에 제사 올리는 제단)"과 "月中(달빛 속)", 그리고 "琪樹千重(고운 숲만 첩첩 속)"이라는 공간 등의 내적 상황과 "掃白雲(하얀 구름 쓸어내고)", "焚香遙禮(분향하곤 예 올리니)", "拜影(예배하는 형상)" 등을 통해 이 작품의 내적 분위기는 주인공의 행태들이 유기적으로 서로 어우러져 연출되었다.

이 작품에서 주인공은 황제이고 하늘에 제사를 올리고 예를 올리는 시간은 분명히 한 낮일 텐데, 이 작품에서 "한 밤", "전각문을 감쌌다"고 한 것 등을 놓고 보면 주인공은 분명 도교적 수련자이거나 교도일 것이 분명하나, 신선 같은 탈속의 삶을 동경하는 신선 같은 분인 황제일 수도 있기는 하다.

又
또 한 수

삼청 세상 이슬 기운 적셔 놓은 진주궁엔, 三淸露氣濕珠宮
피리 소리 감돌면서 달만 하늘 떠 있는데, 鳳管徘徊月在空
황제께서 납시던 길 이젠 행차 끊기신 채, 苑路祇今香輦絶
벽도 꽃과 살구꽃만 봄바람을 제냥 맞네! 碧桃紅杏自春風

---

* 三淸 : 도교에서 말하는 신선들의 세계인 玉淸・上淸・太淸의 세 천상 공간을 말한다.
* 珠宮 : "珠宮貝闕"의 준말로 아름답게 꾸며 놓은 궁궐을 이르는 말이며, 여기에서는 天壇이 있는 일대, 궁 담 안에 있는 건물들을 지칭한 것이다.
* 鳳管 : 가로로 부는 피리로, 여기에서는 신선이 부는 피리 소리를 말한다.
* 苑路 : 왕궁에서 오는 길이나 황제나 왕의 행차 길을 말한다.
* 香輦 : 황제가 타는 마차를 말한다.

해설 이 작품은 같은 제재인 "天壇"을 놓고서도 앞의 작품과 전혀 다른 상황과 심기로 내적 공간을 구성하고 있다. 기구에서는 앞의 작품에서와 같이 그 내면을 신비롭고 초탈적인 공간으로 구성했으면서도, 승구에서는 이 공간을 함께 누리는 이가 없는 고적한 분위기로 바꾸어서, 전・결구들을 "香輦絶(행차 끊기신 채)"와 "自春風(봄바람을 제냥 맞네!)"라는 傷嘆으로 마침으로써, 앞의 작품에서 읊어진 천상의 공간이 지극히 현실적인 인간의 안타까운 공간으로 내려와 있다.

分水嶺
분수령에서

분수령의 정상에선 사람 정말 시름겨워,	分水嶺頭人正愁
서쪽 갈 물 언제 동쪽 갈물 합쳐 흐를 건가?	西流幾日合東流
이제 예서 서로 그린 눈물 실컷 흘려보내,	此間剩灑相思淚
줄줄 흐를 그 물결에 부쳐 고향 가고프네!	付與潺湲向故丘

* 分水嶺 : 山의 명칭으로, 중국의 河北省 昌平縣에 있는 산으로 추정된다. 이 산을 기준으로 서쪽으로 흐르는 물이 東流하는 黃河에 합류하는 것으로 이해했던 것으로 판단되며, 동쪽으로 흐르는 것은 동쪽에 있는 고국으로 가는 것이라는 뜻이기 때문이었다.
* 故丘 : 故鄕이라는 말과 같은 뜻이다.

해설 이 작품은 "分水嶺"이라는 소재의 "물이 나뉘어 흐르는 영마루"라는 의미를 자신의 고국 향수와 상관시켜 나름대로 잘 꾸려 읊어낸 시이다.

이 작품에서 전구의 "此間(이제 예서)" 같은 시·공 설정과 결구의 "向故丘(고향 가고프네!)" 같은 소망의 설토는 유기적으로 잘 꾸려진 구상과 수사의 수법을 보여주고 있다.

孤竹城

고죽성에서

허연 풀과 누런 모래 이들뿐인 만 여리라,	白草黃沙萬餘里
그렇기에 이곳에선 사람 애를 끊겠는데,	由來此地斷人腸
노룡 요새 이 위에서 새 해를 맞았으니,	盧龍塞上逢新歲
고죽성의 성 머리서 고향 바라 볼 뿐일세!	孤竹城頭望故鄕

* 孤竹城 : 중국의 河北城 盧龍縣 남쪽에 있는 城이다. 이 지역은 殷나라 때 孤竹國이었던 지역이며, 이 나라의 왕자가 伯夷와 叔齊였다.

* 盧龍塞 : 중국의 河北省 遷安縣 서북 지역에서 시작되는 요새로, 아주 험난한 지역이다.

해설 이 작품 역시 앞의 작품과 같은 구상과 수사로 잘 꾸려진 수작이다. 허옇게 마른 풀들과 누런 모래로만 뒤덮인 만 여리의 허허벌판이라는 기구, 그래서 이곳에 서는 사람들은 누구나 외롭고 허망하여 애가 끊기게 슬프고 외롭겠다는 승구는 작자 자신의 심경을 기막힌 상황으로 유도하면서, 전구의 "逢新歲(새 해를 맞았으니)"와 결구의 "望故鄕(고향 바라 볼 뿐일세!)"으로 기막힌 향수를 토해내게 하고 있다.

이 작품의 "孤竹城"이 "孤竹國"의 옛 지역이라 伯夷와 叔齊의 이야기가 읊어질 가능성이 많은 데에도, 전혀 언급이 되지 않고 있다는 것은 이 작품의 또 하나 특이성이기도 하다.

發薊城
계성에서 출발하면서

안개 낀 숲 아물아물 계성 문을 나섰건만,	煙樹依微出薊門
어양교의 다리께서 다시 넋이 빠질 거라,	漁陽橋畔更銷魂
고향 향해 동쪽으로 바라보니 삼천리라,	故園東望三千里
귀환 기일 아득한 채 딱 말하기 어렵구나!	杳杳還期難定言

* 薊城 : 중국의 河北省 薊縣에 있는 곳인데, 漁陽郡이라고 불리기도 하였다. 그래서 이 城門을 나와 있는 다리를 "漁陽橋"라고 한 것으로 추정된다.

해설 이 작품은 당시의 상황으로는 북경으로 가는 길이 너무 멀고, 그래서 향수가 간절했을 터이지만 귀환의 정확한 날짜는 예측도 할 길이 없이 막막한 터라, 그 안타까운 상황을 한탄조로 읊고 있는 시이다.

그래서 "出薊門(계성 문을 나섰건만)"이라고 하면서 "更銷魂(다시 넋이 빠질 거라)"이라고 하는 기·승구의 한탄은 "東望三千里(동쪽으로 바라보니 삼천리라)"라는 전구로 또 한 번 막막함을 확인하면서 "還期難定言(귀환 기일 딱 말하기 어렵구나!)"이라는 결구의 비탄으로 마무리하고 있다.

還到薊城

돌아오는 길에 다시 계성에 도착해서

눈보라가 쏟아질 때 홀로 관문 들어 왔다,	風雪蕭蕭獨入關
봄을 만나 또 이 계주 산성 지나 가노라니,	逢春又過薊州山
이 지금의 변방 요색 온기 외려 적다마는,	卽今邊塞暖猶少
집에 돌아가게 되면 꽃은 이미 져 있겠지!	到得歸家花已殘

해설 이 작품은 말할 것도 없이 당시로서는 너무 멀고 긴 기간에 험난하고 고달픈 여행으로 간절해진 향수를 읊은 것이지만, 늦가을에 출발해서 다음 해 늦봄에야 귀국하게 됐을 여정을, 가던 길에 눈보라 속에 들렀던 곳을, 돌아오는 길 이른 봄에 다시 들러 간다는 것과 아직 온기가 적다는 말, 그리고 꽃이 이미 졌을 거라는 이야기만 하고 있다.

그래서 긴 기간 동안과 멀고 먼 거리 여행의 어려움을 강조하는 한 마디의 직설적 언급 없이, 그저 "暖猶少(온기 외려 적다마는)"와 "花已殘(꽃은 이미 져 있겠지!)"이라는 전・결구의 대비적인 구성의 아쉬움과 안쓰러움으로 곱게 마무리하여 읊고 있을 뿐이다.

送黃司成 允吉 赴京

북경으로 가고 있는 황사성 윤길을 전송하면서

눈보라 속 요하에서 입춘날을 만났으니,	雪裏遼河逢立春
어양 서쪽 가는 길엔 행인 거의 없을 텐데,	漁陽西去少行人
하늘 끝서 귀국할 날 따질 수도 없을 거라,	天涯不敢計歸日
봄 풍경이 다 가도록 외려 북경 남았겠네!	過盡鶯花猶滯秦

* 司成 : 조선시대 성균관의 종3품 벼슬로, 祭酒를 달리 부르는 명칭이기도 하다.
* 遼河 : 중국의 요녕성을 흐르는 큰 강으로, 중국의 七大江 중 하나이다.
* 漁陽 : 중국의 河北省 薊縣을 달리 부르는 말이다.
* 鶯花 : "꾀꼬리와 꽃"이라는 말이나, 이 두 가지가 봄을 대표하는 것들이라 "봄의 풍경"이라는 뜻으로 쓰인다.
* 秦 : 원래는 나라의 명칭이었으나 중국 자체를 말하기도 하고 중국의 수도를 대유하는 말로서, 우리의 "서울"이라는 뜻으로도 쓰인다. 여기에서는 北京을 가리키는 말로 쓰였다.

해설 이 작품은 작자가 벗인 황윤길이 요양을 떠나서 북경으로 가는 것을 염려하면서, 내년 봄의 귀국 시기도 미정인 형편을 안타깝게 위로하는 시다.

그래서 이 작품에서도 전구의 "不敢計歸日(귀국할 날 따질 수도 없을 거라)"과 결구의 "猶滯秦(외려 북경 남았겠네!)"이라는 상호 유기적인 시상의 구성과 수사가 매우 잘 되어 있다.

連山道中
연산으로 가는 길에

이별 시름 많은 채로 하늘 서쪽 나가자니,	離愁浩蕩出天西
변방 풀밭 연산 구름 저녁 해는 다 졌는데,	塞草連雲落日低
우리나란 점점 멀어 사람들 말 달라지니,	鄉國漸遙人語異
모르겠네 어디에서 아슴한 길 물어볼지!	不知何處問途迷

* 連山 : 중국의 遼寧省에 있는 關門의 명칭으로 "連山關"의 준말이다. 우리나라의 사절단이 중국 北京으로 갈 때에 반드시 거쳐 가는 곳이었다.
* 浩蕩 : 넓고 큰 상태, 자유롭고 거침이 없는 마음의 상태, 슬픔과 우울한 기분이 많은 상태 등으로, 여기에서는 "많은 상태"를 말한 것이다.

해설 이 작품은 작자가 중국으로 가는 도중에 겪은 상황의 한 단면을 읊은 것이다. 고국을 떠난 시름을 잊지 못하는 채 저 먼 서쪽 북경으로 가는 길을 떠나자니, 서북 쪽 허허 벌판에는 아득히 펼쳐진 풀밭, 그리고 저 연산에는 구름만 끼어 있고 저녁 해는 다 져 있는 황막한 상황이다. 그래서 전구에서 "人語異(사람들의 말까지 달라져 있으니)"라는 막막한 처지를 실토하면서, 결구에서 "不知何處問途迷(모르겠네 어디에서 아슴한 길 물어볼지!)"라며 절박함을 실토하고 있다.

浿江樓船 題詠

대동강 위 다락배에서 제재를 잡아 읊다

강 언덕엔 한가로이 버들 숲들 늘어섰고,	水岸悠悠楊柳多
자그만 배 저 멀리선 연밥 노래 부르는데,	小船遙唱采蓮歌
"붉은 연꽃 다 지고서 가을바람 불 뿐인 채,	紅衣落盡秋風起
해 저무는 고운 물가 흰 물결만 인다." 하네!	日暮芳洲生白波

해설 이 작품은 허구인지 실재인지는 알 수 없으나 "小船(자그만 배)"을 주 제재로 삼아, 鄭知常의 詩韻을 따라 읊어내고 있는 시이다. 기구는 실재의 여부를 따질 것이 없이 아주 잘 구성되어 전제된 공간적 배경이며, 승구의 소재인 "小船(자그만 배)"은 물론 "采蓮歌(연밥 노래)"도 아주 정선된 선택과 배치이고, "遙唱(멀리선~부르는데)"이라는 행태의 제시는 전 · 결구가 "秋風起(가을 바람 불 뿐인 채)"와 "生白波(흰 물결만 인다)"라는 일련의 연밥 노래의 내용이 될 수밖에 없음을 구조적으로 암시한다.

이 작품의 각 소재들이 얼마나 상호 유기적이며, 그 내적 정황들이 얼마나 상관적으로 정서적 함축미를 지니고 있는 지를 확인하기 위해서, "遙唱"의 주인공이 외로운 여인일 것이라는 점과 전 · 결구의 노래 가사에는 이 "遙唱"의 주인공 자아가 실제의 주인공으로 대입되어 불려짐으로써 상실로 인해 기막히게 애틋한 가락이 실려 있었을 것임을 문면 외로 확인하고 추정해낼 수 있어야 한다. 그래야 이 작품이 참으로 절창임을 실감할 수 있게 된다.

練光亭 示而順立之
연광정에서 이순과 입지에게 보여주다

피륙 같은 맑은 강물 연광정 밑 적셔 들고,	澄江如練浸紅亭
안개 낀 숲 아련하게 저 끝까지 나란하니,	煙樹依微極望平
밤 깊어져 노래·춤 다 해산한 뒤 기다려서,	待得夜深歌舞散
달 밝은 속 피리 불며 외론 성에 기대서리!	月明吹笛倚孤城

* 而順과 立之 : 而順은 高敬命의 字이며, 立之는 崔岦의 字이다.
* 依微 : 몽롱한 상태, 아련한 상태를 말한다.

해설 이 작품은 지적인 시인이었던 작자의 감성과 지성을 잘 보여주는 시다. 기구와 승구에서 근경인 강가의 연광정과 원경인 숲으로 시적 현장을 설정하고, 전구에서 정열적 가무의 연출과 폐막을 예정하면서, 결구에서 정적의 깊은 밤 밝은 달빛 속에 홀로 피리를 불며 외로운 성에 기대 서 있겠다는 자신을, 무엇인가 의미를 담은 듯 알리며 마무리하고 있다.

이 작품은 좋은 벗이었을 두 사람 高敬命과 崔岦에게 무절제한 遊樂과 耽興에 젖어 음풍농월이나 하는 시인이 아니라, 역사의 흥망성쇠를 회고 음미하고 淸遠과 孤獨을 사랑하는 선비인 자신을 알리면서, 정겨운 벗들에게도 함께 해보자는 권유를 은근히 전하려는 시로 추정된다.

別金點馬重叔 名應南

김점마 중숙과 작별하면서 그의 이름은 응남이다

자넨 동쪽 돌아가고 나는 서쪽 향해 갈 길,	君政東歸我向西
큰 나루턴 눈 쌓이고 저녁 해는 져 가는데,	雪深官渡夕陽低
이별가는 끊길 듯이 가락마저 못 내건만,	離歌欲斷不成曲
휘장밖엔 떠날 말이 '히히히잉' 우는구려!	帳外蕭蕭征馬嘶

* 點馬 : "點馬別監"이라는 관리의 준말로, 말 목장에서 말의 머리수를 점검하고 관리하는 임시직의 하급 관리였다.
* 官渡 : 강이나 호수 같은 곳에서 주변 주민들의 교통을 위해 관청에서 안전한 위치에 나루터를 지정하고, 배와 사공을 항상 대기시켜 놓던 곳을 말한다.

해설 이 작품은 서로 작별하면서 안타까운 정을 읊어 주는 시다. 서로 반대 방향으로 떠나가니 더욱 안타깝고, 거기에다 두 사람 모두 눈에 묻힌 나루터를 지나가야 할 뿐만 아니라 해까지 거의 다 져 가는데, 서로의 마음을 위로하고 풀 이별가를 불러도 너무 감정이 서글퍼서 노래 가락도 맞추어서 부르지 못하건만, 막사의 휘장 밖에서는 타고 떠날 말이 빨리 출발하자는 듯 소리를 내어 울고 있어 더욱 처량하다는 것이다.

別友人

벗과 작별하면서

여기에서 서로 만남 본래 예기 안 한 거나,	相逢此地本非期
내일 아침 바로 작별할 때인 게 두렵구려!	恐到明朝是別時
석양 속에 고운 풀만 우거진 길 끝없는데,	無限夕陽芳草路
어디서든 객지 시름 말 걸음도 더딜 테니!	客愁何處馬遲遲

해설 순리대로 읽혀지는 의미망으로 놓고 보면, 이 작품은 벗 “자네와 내가 내일 아침 서로 헤어져 떠나서 가게 되면 석양 속에 고운 풀만 우거진 길이 끝도 없이 이어지는데, 그 길 위에 어디를 가든 나그네로서 객지 시름이 가슴에 일 것이고, 타고 가는 말도 함께 시름겨운 듯 머뭇거리며 걸음이 더딜 테니, 우리가 지금 여기에서 만난 것이 서로 미리 약속한 것은 아니지만, 내일 아침이 되어 서로 헤어질 시간이 되는 것은 참으로 두렵다”고 하는 것이다.

이렇게 산문적 의미망의 순리대로 보면, 이 작품은 현재 상태의 전반부와 후반부가 상호 도치되어 있는 것이다. 시상의 함축미를 강화하기 위한 수사로 승구의 “두려움”의 원인인 전・결구의 사연들을 의도적으로 도치시킨 것임을 알 수 있다.

旅思
나그네의 생각

안개 이슬 낀 청풍강 가을 새벽 맞을 거라,	青楓煙露曉江秋
기러기는 올 때인데 객은 누각 기대인 채,	塞雁來時客倚樓
집은 낭주 있건마는 편지마저 끊긴 터나,	家在朗州書信斷
수천 산을 돌아 갈 길 꿈속서도 시름겹네!	千山歸路夢中愁

* 青楓 : 일반적으로 "단풍 숲"을 이르는 말로 쓰인다. 그러나 여기에서는 기러기의 생활 근거지가 반드시 갈대밭이 있는 강이라는 공간과 상관되어 있으므로, 중국의 시에서도 많이 인용되는 중국의 湖南省 長沙에 있는 "青楓江"을 작자의 고향 靈巖에 있는 하천을 代喩하는 용어로 인용한 것이다. 青楓江은 중국 唐나라의 高適이 詩에서 "青楓江上秋天遠(청풍강 저 위에는 가을 하늘 아득 멀다)"이라 했다.
* 朗州 : 전라도 靈巖의 옛날 명칭이다. 작자는 영암에서 출생하여 여기가 고향이며, 나중에 上京하여 서울과 파주에서 살다가 사후 파주에 묻혔다.

해설 이 작품은 나그네 신세로 있는 작자가 가을을 맞아 간절해진 향수를 읊은 시이다. 중국의 청풍강 만큼 고운 풍경의 내 고향, 가을을 맞은 강에는 안개가 끼고 이슬에 젖어 있으면서 새벽을 맞고 있을 것이고, 북쪽 변방에서는 기러기들이 남쪽으로 날아 돌아오는 때이다. 그런데 나는 남쪽으로 가지도 못한 나그네 신세로 그냥 누각 난간에 기대어 새벽까지 앉아 있다. 가고 싶은 내 집은 그 먼 고향 낭주에 있지만 편지마저 끊어져 있으니, 여기와 고향 사이에 놓여 있는 수 천 개의 산들을 돌아서 갈 길을 생각하면 꿈속에서도 시름겹다는 말이다.

이 작품에서는 전구의 "書信斷 (편지마저 끊긴 터나)"이라는 전제적 상황을 반드시 "千山歸路夢中愁(수 천 산을 돌아갈 길 꿈속서도 시름겹네!)"라는 결구 전체로 받아 읽어야, 이 작품 전체가 함유한 시상의 본질을 살려 감상할 수가 있다.

邊思
변방 국경에서의 생각

붉은 활에 흰 깃 화살 검은 담비 갖옷 입고, 騂弓白羽黑貂裘
말을 달려 눈에 덮인 서쪽 영 위 올랐으나, 走馬西登雪嶺頭
전위 깊숙 진입해도 되놈 부댈 못 만나니, 前軍深入不逢虜
아득히 먼 사막 위에 지는 해가 시름겹네! 砂磧茫茫落日愁

---

* 騂弓 : 화살대에 붉은 칠을 한 것으로, 전투용 화살은 거의 붉은 칠을 하였다.
* 白羽 : 발사 방향의 유지를 위해서 화살대에 대칭으로 흰 깃을 꽂은 "白羽箭"이나 "白羽矢"의 준말이다.

해설 이 작품은 작자와 같은 시기의 시인들이 추구하던 崇唐風의 영향으로, 작자도 唐詩의 邊塞風을 모의하여 지은 시이다. 작품의 전반부인 기・승구는 주인공인 장군의 당당한 위풍과 행태를 비교적 생동적으로 그려서 보이고 있다. 이로 인한 구상과 수사의 새로움은 후반부인 전・결구에서 읽어낼 수 있다. 전구의 "前軍深入不逢虜(전위 깊숙 진입해도 되놈 부댈 못 만나니)"는 문면 외로 장군의 위풍과 그 전위부대의 기세에 압도되어 되놈들이 먼저 도망갔다는 점을 암시하고 있으며, 결구의 "沙磧茫茫落日愁(아득히 먼 사막 위에 지는 해가 시름겹네!)"는 지극히 애틋한 순수 감성의 단면을 잘 보여주고 있다.

坡林君園 贈笛妓

파림군의 정원에서 피리 부는 기녀에게 주다

낭풍산의 정상 아득 살고 있던 신선들이,	神仙縹緲閬風岑
요지에 와 잔치한 뒤 하루해가 져 가는데,	宴罷瑤池白日沈
수 천 그루 벽도화가 눈발처럼 꽃 핀 속에,	千樹碧桃花似雪
봉황 퉁소 소리 끝나 꽃구름만 깊어졌네!	鳳簫聲斷綵雲深

* 坡林君 : 世祖의 손자 月山大君의 장손인 李珩를 말하며 검소한 생활에 학문을 좋아 하였다.
* 閬風 : 崑崙山의 정상에 있으면서 신선들이 살고 있다는 閬風山을 말한다. 여자 신선들이 살고 있다는 瑤池와 함께 "閬風瑤池"라고 불린다.

해설 이 작품도 중국에서 일찍이 曹操가 지은 遊仙詩를 시작으로, 초현실적인 신선을 주인공으로 삼아 짓던 詩體에 따라서 지어진 시이다. 기구와 승구는 남자 신선들이 여자 신선들의 요지라는 곳으로 와서 놀다가 저녁을 맞는 시·공간을 설정한 것이며, 전·결구는 화려하게 피어난 벽도화 숲의 꽃 속, 봉황새 퉁소 연주도 끝나고 화려하고 신비롭게 어우러져 끼어 있는 꽃구름으로 깊숙해진 채 있다는 것이다.

이 작품에서 이렇게 구상되고 설정된 시·공간과 남녀 신선들이라는 주인공에는 당시 王室의 근족이었던 坡林君의 정원과 놀이에 함께 했을 작자 자신과 거기에서 피리 부는 기녀들이 함께 대입된 것이 분명하다. 따라서 파림군의 정원이 이렇게 신비롭고 화려한 시·공간으로, 또 기녀들이 신분적으로 상승 미화되어 읊어진 것은 楚懷王과 巫山神女의 雲雨之夢을 연상하게 하는 것도 부인할 수 없다.

寄鄭員外季涵

정 원외 계함에게 부치다

장악원서 曲 다룰 제 봄날 하룬 길고 긴 채,	南宮按曲春晝永
꽃가지는 난간 뻗고 버들가진 자릴 쓸며,	花枝入欄柳拂筵
멀리 뵈는 붉은 꽃 속 기녀 패들 딸려진 곳,	遙望紅雲隨妓陣
푸른 누각 깊숙한 곳 신선으로 있겠구려!	翠樓深處住神仙

* 員外 : 원래 중국에서는 正員이 아닌 임시 관리를 지칭하는 말로 쓰였으나, 唐나라에서부터 員外郎이라는 관리를 부서마다 1명씩 두었다. 당시 鄭澈이 掌樂院의 최고위직이면서 유일한 직급인 掌樂院의 院正으로 임명되어 있었기 때문에 유일한 직위라는 관례에 따라 지칭한 것으로 추정된다.
* 南宮 : 조선시대 음악을 총괄하던 관청인 掌樂院이 南쪽을 상징하는 禮曹에 속했기 때문에 장악원을 대신 일컬은 말로 쓴 것으로 추정된다. 당시에 鄭季涵, 곧 鄭澈이 掌樂院의 최고위직인 院正으로 재직하면서 음악의 편곡 작업을 했음이 이 작품의 기구에서 밝혀지고 있기 때문이다.
* 按曲 : 음악의 곡조를 다루는 것으로, 작곡이나 편곡하는 것을 말한다.
* 紅雲 : 글자들대로의 뜻은 "붉은 구름"인데, 이것은 바로 꽃이 만발한 상태를 일컫는 말로 쓰인다.
* 翠樓 : 글자 그대로는 "푸른 칠을 한 누각"을 말하는데, 掌樂院에 속한 건물로서 노래와 춤을 시연하던 장소였을 것으로 추정된다.

해설 이 작품은 鄭澈이 掌樂院의 관리로 가 있는 것을 축하하여 지어준 시이다. 기구의 "春晝永(봄날 하룬 길고 긴 채)"과 승구의 "柳拂筵(버들 가진 자리 쓸려)"이라는 시·공간적 전제와 전구의 "隨妓陣(기녀 패들 딸려져 있는 곳)"과 결구의 "住神仙(신선으로 있겠구려!)"이라는 풍정의 주체 배치는 掌樂院이라는 공간과 인물을 脫俗化함으로써 정철의 벼슬길을 축하하고 있는 것이 분명하다.

그러나 이 작품의 문면으로 읽혀지는 축하의 정황은 栗谷에 의해서 "氷霜素履(어름과 서릿발 같은 지조와 행적)"라고 평가된 작자 자신의 인품을 놓고, 이 작품에서 전제된 시·공간의 풍정적 측면과 배치된 인물인 정철의 인상 등을 언외로 읽어 보면, 정철의 풍류적인 행태에 대한 풍자를 언외로 담고 있는 것으로 추정되기도 한다. 이 작품도 앞의 작품과 같이 遊仙詩를 본 딴 면이 있음을 확인할 수 있다.

南川待月

남천에서 달뜨기를 기다리며

달 기다림 동성 위가 항상하던 곳이건만,	待月東城常誌處
떠나온 뒤 거긴 다른 산천 된 걸 어쩌겠나?	別來其奈異山川
농부들은 저녁 되자 높이 올라 바라보며,	農夫向夕登高望
"금년 운은 작년보다 낫겠다"고 말하누나!	報道今年勝去年

해설 이 작품은 우리나라에서 예부터 음력 正月 15日(上元. 보름날) 밤에 높은 곳이나 확 트인 곳에 가서 새로 떠서 올라오는 둥근 달을 구경하고, "떡봉우리"니 "밤봉우리"니 "죽봉우리"니 하며, 새해의 농사 형편을 점치는 "望月(달맞이)"이라는 민속 풍습을 제재로 삼아 읊은 시이다. 이 작품은 작자가 고향을 떠나서, 객지에서 처음으로 맞는 달맞이 행사를 겪으며 읊은 것으로 추정된다.

宮怨

궁 안에서 원망만 하며

앵두꽃도 져버려서 옥 계단은 텅 비었고,	櫻桃花落玉階空
비단 수건 눈물 젖어 속옷마저 좀 붉은 채,	淚濕羅巾襯淺紅
수 평상에 시름할 뿐 함께 노닐 짝도 없어,	愁倚繡床無戲伴
금새장서 앵무새만 불러내서 오게 했네!	喚回鸚鵡出金籠

해설 이 작품은 황제로부터 失寵(총애를 못 받게 되는 것)을 당한 여인들의 원한을 읊는 詩體로 漢나라 武帝의 陳皇后가 지은 〈長門怨〉, 唐나라 王昌齡의 〈長信怨〉 같은 작품들을 모의하여, 궁 안 여인의 失寵을 주제로 읊은 시이다.

이 작품 승구의 "淚(눈물)"는 "그냥 눈물"이 아니라 "피눈물"임을 알아야 하고, 기구의 "玉階空(옥 계단은 텅 비었고)"이나 승구의 "襯淺紅(속옷마저 좀 붉은 채)", 그리고 전구의 "無戲伴(함께 노닐 짝도 없어)" 같은 상황의 설정은 이 작품을 주제에 맞추어 살리는 데에 있어서 아주 적합한 구상이며 수사였음도 알아야 한다.

閨思

안방에서의 그리움

주렴 장막 깊숙한 곳 새벽빛은 은은한데, 簾幕沈深隱曉光
오경 무렵 끝물 꿈 속 요양 도착했건마는, 五更殘夢到遼陽
한 꾀꼬리 문득 깨워 맑은 시름 불러 놓곤, 孤鶯却喚淸愁去
옅은 안개 푸슬 펴나 해당화만 적시누나! 輕霧霏霏濕海棠

* 遼陽 : 중국의 遼寧省에 있는 縣이다. 여기에서는 작품의 주인공인 안방 여인의 남편이나 정인이 먼 길을 떠나가서 있는 지역으로 설정된 곳이다.
* 淸愁 : 글자 그대로는 "맑은 시름"이지만, 시적 주체인 여인이 새벽녘 꿈속에 찾아 간 요양에서 만나려던 임을 이른 새벽 한 마리 꾀꼬리의 울음소리로 잠과 함께 꿈이 깨지면서, 기막히게 맑고 곱게 간직한 그리움으로 기대하던 임과의 만남은 이루어질 수 없게 되고, 이내 영원히 잊혀질 수 없는 그저 맑고 고운 채로의 시름(淸愁)만 불러 놓고 말았다는 뜻이다.

해설 이 작품은 남편 혹은 정인과 작별한 여인이 그 임이 멀리 떠나가서 있는 곳을 꿈속에 찾아 갔다가, 꾀꼬리의 울음소리로 인해 미처 임을 만나지도 못한 채 안타깝게 꿈을 깨고 오히려 이내 말갛게 잊혀질 수 없는 시름만 더 안게 됐다는 슬픈 사연으로 읊어진 시이다.

기구는 꿈을 꾸게 되는 시・공간을 조금은 신비롭고 은밀하게 수식하여 배치함으로써, 주인공인 여인을 귀족적으로 인상화하고 있으며, 승구는 작별한 임을 꿈속으로 찾아간 곳을 먼 공간으로 설정하여, 기막힌 반가움과 함께 꿈으로서 안타까움을 예비하고 있다. 전구에서는 외로운 한 마리 꾀꼬리가 울어서 이 기막힌 꿈을 깨워버리고, 오히려 영원히 말갛게 잊혀질 수 없는 시름만 불러 놓았고, 결구에서는 꿈을 깨고 바라보는 정원에는 옅은 안개만 피어나서 개화한 해당화를 적시고 있을 뿐이라는 것이다.

이 작품에서도, "孤鶯却喚淸愁去(한 꾀꼬리 문득 깨워 맑은 시름 불러 놓곤)"라는 전구의 "꿈 깨우기"라는 설정은 아주 기막힌 솜씨를 보여주는 것이다. 이 작품의 주인공인 여인은 작자가 자신의 燕行 기간이나 먼 여행 기간에 자신을 염려하는 부인이나 愛妓였던 洪娘을 투영시켜 읊은 것이 아닌가 추정되기도 한다.

次淸江有思

淸江의 '有思' 운을 따라 짓다

시름겹게 비팔 안고 돌아갈 길 잃은 채로, 愁抱琵琶歸路迷
울어 흘린 만 줄 눈물 비단 옷 다 젖었는데, 羅衣濕盡萬行啼
가을바람 남쪽 나는 기러기를 보내 부니, 秋風又送南飛雁
물어 보자 어느 때쯤 서쪽 향해 불 것인가? 借問何時復向西

* 淸江 : 작자와 동시대 사람인 全義 李濟臣의 호로 추정되는데, 이제신은 『淸江詩話』를 남기고 있다.

해설 이 작품은 淸江이 작자를 생각하며 지어 보내준 "有思"라는 작품에 답으로 지어 보낸 것일 수도 있다. 그러나 작품의 내용이 아무래도 너무 艶情的이라 그렇게 판정하기에는 무리가 있으며, 李濟臣의 『淸江集』에는 이 작품이 실려 있지 않다.

그래서 이 작품의 제목 "有思"를 "생각하는 것이 있어서"로 국역할 것이 아니라, 淸江이라는 사람이 지은 시의 제목으로 읽어내야 한다. 작자는 "有思"라는 제목의 시의 운만을 따라서 이 작품을 지은 것임을 알아야 한다.

이 작품은 기구에서 주인공의 정처 없이 방황하게 된 처지를, 승구에서 주인공의 현재 겪고 있는 처량한 행태를, 전구에서 남쪽으로만 바람결에 날려 가는 기러기라 편지를 받을 여지도 없는 상황을 묘사한 뒤, 결구에서 가을바람아 언제쯤에나 기러기를 서쪽으로 불어 보낼 것이냐? 하고 묻는 것이다.

이 작품의 이상과 같은 시상 구성을 살펴보면, 작자는 자신이 北評事로 있다가 돌아올 때 함경도에 그냥 남아 있던 洪娘을 이 작품의 주인공이며 화자로 삼아, 홍랑이 "편지만이라도 기러기 편에 실어 남쪽이 아닌 서쪽 서울에 계신 서방님께 전해질 수 있도록, 다시 서쪽으로 안 불 것이냐?" 하며 바람과 기러기에게 다그쳐 묻는 양식으로 읊은 것으로 추정된다.

又

또 한 수

이슬 젖은 가을 연은 외론 꿈만 희미하고, 露濕秋荷孤夢迷
서울 장안 새벽 되며 까막까치 울 뿐인데, 禁城鍾盡曙烏啼
서로 생각 하룻밤 새 귀밑털만 세어진 채, 相思一夜鬢如雪
아득히 먼 북쪽인데 구름 꽉 낀 서쪽일세! 紫塞迢迢雲海西

---

* 鍾盡 : "鐘鳴漏盡(밤의 때를 알리던 종소리도 다 끝나고 물시계의 물도 다 흘러 새벽이 왔다는 것)"의 준말로 새벽이 되었다는 말이다.
* 禁城 : 구체적으로는 임금님이 있는 궁궐을 말하나, 서울을 지칭하는 말로 널리 쓰인다.

해설 이 작품은 작자가 北關인 함경도에 있는 洪娘에게 전하는 안타까운 심정을 읊은 것으로 추정되는 시다.

그래서 기구에서는 자신이 대입된 가을 연은 외로운 꿈만 희미하다고 하였고, 승구에서는 정녕 한 숨의 잠도 못 잔 채 새벽을 맞았다고 하였으며, 전구에서는 서로 애타는 그리움으로 인해 하룻밤 사이에 귀밑털만 하얗게 세어진 채임을 전하면서, 洪娘이 있는 아득한 북쪽과 시름의 구름만 꽉 낀 이 서쪽 서울을 기막히게 멀고 먼 거리의 이별로 확인하였다. 결구에서는 "거기"와 "여기"라는 기막힌 거리감과 이별 한의 함축 의미를 갈무린 공간적 어휘를 찾아 읽어야 하는 것이다.

無題

제목도 없이

당신께선 서울 살고 첩은 양주 사는 터라,	君居京邑妾楊州
매일매일 당신 생각 푸른 누각 오르는데,	日日思君上翠樓
고운 풀은 차츰 짙고 버들가진 늙겠건만,	芳草漸多楊柳老
석양 속에 서쪽 흘러가는 물만 그냥 보네!	夕陽空見水西流

해설 이 작품은 네 구 모두가 어휘의 선택이나 배합에 있어서 새로움을 위한 수사적 작위의 흔적이 전혀 없이 지극히 평이하고 순리적인 문맥으로 이루어져 있다. 그리고 "妾(첩인 저)"이라고 자칭하고 있는 一人稱의 話者인 여인을 주인공으로 한 시상의 자질은 정한을 싣고 있어서 필연적으로 청승맞은 가락을 띠면서도, 역사적・운명적으로 정한에 익숙해진 우리 민족에게 있어서 離別恨의 민요처럼 누구나 쉽게 시상에 공감하고 동참하며 거침없는 흐름으로 읊어질 수 있는 좋은 작품이 되는 것이다.

이 작품의 시상에서 그 내적 본질을 이루고 있는 이별의 정한을 공감하기 위해서는, 이별의 절대 조건인 거리에 대한 의식을 당시 우리 선인들의 그것으로 환치해야 한다. 지금의 고속화한 교통수단과 무제한의 통신 수단으로 익혀진 우리의 거리 의식으로는 '당신'이 사는 서울과 '첩'이 사는 양주 사이의 거리를 놓고 이별이니 무엇이니 하는 것 자체가 공감될 수 없다. 따라서 '당신'과 '첩' 사이의 이별의 정한이 진실로서 동의될 수 없는 것이다.

당시에는 백리 밖으로 시집을 간 여인은 거의 친정엘 갈 수 없었고, "百里不奔喪(백리 밖으로 시집을 가서는 친정의 부모가 돌아가시어도 갈 수가 없었다)"이라고 한 바대로 친정 부모님의 상에도 못 가는 형편이었다. 이런 거리 의식과 그로 인해서 깊어진 정한에 공감하고 동의할 수 있어야 서울에 사는 '당신'과 양주에 사는 '첩' 사이의 이별의 정한이 어떻겠는가를 짐작할 수 있는 것이다. 그래서 결구의 "夕陽空見水西流(석양 속에 서쪽 흘러가는 물만 그냥 보네!)"에서 "空(그냥)"자는 이 작품에서 詩眼字임을 알 수 있다.

이 작품의 제목이 "無題"인 것을 전제로 하고, 기구에서 "妾"으로 자칭하는 一人稱 話者가 실제로는 누구일 수 있을까 하는 그 상대에 대해서 "君居京邑(당신께선 서울 살고)"이라고 한 것으로 놓고 보면, 누구인지는 알 수 없지만 실제로 情人을 그리워하고 있는 한 여인을 화자로 삼은 것임은 분명하다. 따라서 이 작품도 洪娘을 주인공으로 한 것으로 추정된다.

映月樓

영월루에서

맑고 환한 둥근 달은 푸른 누각 비춰 들고,	璧月娟娟照翠樓
계수 향에 이슬 엉켜 새벽 은하 흐르는데,	桂香凝露曙河流
임 품엣 꿈 단서 없이 어디로 돌아갔나?	無端夢雨歸何處
슬프구나 고운님은 다시 놀이 안 오시니!	惆悵仙郞不復遊

---

* 映月樓 : 이 건물이 어디에 있는 것인 지는 확인을 할 수가 없다. 그런데 이 건물을 주재료로 삼아 네 수의 시를 남기고 있는 것이나, 작품들의 내용을 보면 당시에는 많이 알려졌던 곳으로 추정된다.
* 璧月 : 둥근 구슬처럼 완전 원형의 달을 말하며, "桂香"과 함께 시・공간의 특수화를 보조하기 위해 선택된 시적 소재들로 추정된다.
* 夢雨 : "雲雨之夢(남녀간의 육체 관계)"을 줄여서 쓴 말로 추정된다. 여기에서는 "임의 품에 안겨 있던 환희의 꿈"이라고 풀고, 다시 축약해서 "임 품엣 꿈"이라 국역하였다.

해설 이 작품은 기구에서 제시된 공간이 "翠樓(푸른 누각, 대개 기녀들이 있는 곳임)"인 것을 놓고 보거나 "夢雨(임의 품에 안겨 있던 환희의 꿈)"라는 어휘를 보면, 情人과 헤어진 한 여인의 슬픈 戀歌라 할 수 있다.

이 작품에서도 기구와 승구로 제시되고 있는 시・공간은 옛 사랑이 무르익었던 그 때 그대로이지만, 지금은 어디론가 돌아 가버린 꿈이 된 채, 이제는 전구의 "歸何處(어디로 돌아갔나?)"와 결구의 "不

復遊(다시 놀이 안 오시니!)"로 읊어지는 것처럼 외로운 여인의 한과 원망만이 남아 울릴 뿐이다.

又
또 한 수

신선 계수 꽃그늘이 온통 누각 감싸 있고,	仙桂花陰滿玉樓
수정 주렴 서늘하여 이슬 맺혀 흐르는데,	水晶簾冷露華流
은하 다린 한번 끊겨 소식일랑 없는 채로,	銀橋一斷無消息
다만 그냥 그 당시의 꿈 속 놀이일 뿐일세!	只是當年夢裏遊

* 仙桂 : 신선 세계의 계수나무라는 말이나, "水晶簾", "玉樓", "銀橋" 등과 함께 시적 시·공간과 주인공의 신분적 특수화를 위한 심상적 보조 기능의 소재들이다.

해설 이 작품도 기·승구로 가을과 玉樓 같은 특정의 시·공간을 설정 제시하고, 전구에서 "銀橋一斷(은하 다린 한 번 끊겨)"이라고 하여 고대하던 소망을 급박하게 절망으로 변전시키고 다시 "無消息(소식일랑 없는 채로)"으로 결말지으면서, 결구를 "夢裏遊(꿈 속 놀이일 뿐일세!)"라고 하여 허망감으로 종결하고 있다.

이 작품에서도 一人稱 話者로 설정된 주인공인 여인이 설화 속의 織女로 화신하여 자아의 절박한 고독감과 한애를 청승맞게 읊고 있는 것이다.

又
또 한 수

매일매일 봄 바람은 고운 누각 불어 오고,	日日春風吹綺樓
새벽 누각 버들 숲엔 꾀꼬리들 노닐더니,	樓前楊柳曉鶯流
지금이 또 바로 다시 지나가는 곳이건만,	如今又是經過處
시내 누각 홀로 앉아 옛 놀던 걸 그려 보네!	獨坐旗亭戀舊遊

* 綺樓 : 화려한 누각. 여기에서는 바로 이 시의 제목인 이 "映月樓"를 가리키는 것으로 추정된다.
* 旗亭 : 시내나 시장 거리에 있는 누각을 지칭하는 말인데, 여기에서는 이 시의 제목인 "映月樓"와 기구에서 쓰인 "綺樓"를, 詩語의 중복 사용의 금지라는 시적 요건에 따라 "旗亭"으로 바꾸어 지칭한 것으로 판단된다.

해설 이 작품의 기구와 승구는 작자가 과거 어느 해 봄, "映月樓"에 와서 노닐 때 구경한 풍경을 회상하는 것이고, 전구와 결구는 지금 또 다시 와서 전에 와서 놀던 정황을 그리워하며 회상한 것이다.

又

또 한 수

옥 난간에 가을 오자 이슬 기운 맑아 있어,	玉檻秋來露氣淸
수정 주렴 서늘하고 계수 꽃은 화안한데,	水晶簾冷桂花明
귀인 행차 오지 않고 은하 다린 끊긴 채니,	鸞驂不至銀橋斷
서글퍼라 신선님은 흰 머리만 나겠구나!	惆悵仙郞白髮生

해설 이 작품은 "玉檻(白玉樓의 난간)"과 "秋來(가을 오자)" 그리고 "露氣淸(이슬 기운 맑아지며)"이라는 기구와 "水晶簾冷(수정 주렴 서늘하고)"과 "桂花明(계수 꽃은 화안한데)"라는 승구로 설정된 초절적 시·공간에, "仙郞(신선님)"이라는 天上의 존재를 주인공으로 삼아 놓고는 기다림의 상대인 "仙女"를 만날 수 없게 함으로써, 우리는 물론 중국이나 일본에서도 애틋한 사랑의 典型으로 說話化한 牽牛와 織女 이야기를, 작자 자신은 물론 당시 시를 사랑하는 선비들, 아니 지금까지의 많은 식자들까지 안타깝게 아끼고 사랑하게 하는 기막힌 작품으로 바꾸어 놓고 있다.

이 작품에 수용된 시어들은 어느 하나, 어느 한 자 허투루 선택되거나 놓인 것이 없어, 하나하나의 질량이 정선되어 곱고 얌전하게 배합되고 조직되어 있다. 그래서 이 시는 안타까운 손길로 그려진 곱고 정갈한 그림이면서, 애처로운 눈물이 태연한 듯 가슴 속으로 삼켜진 채 들릴 듯 말 듯 애련한 가락의 노래가 되는 것이다.

이 작품의 주인공 "仙郞"에 작자 자신이나 당시의 시인들과 후대의 독자들이 스스로를 대입하여 시에 동참하며 이 시를 애송하여 왔고 또 계속 애송할 것이 분명하다.

謝雲長送酒 適出晩歸 來使空返

술을 보내준 운장에게 고마워하며, 마침 외출을 했다가 늦게 돌아오니 심부름을 왔던 사람은 그냥 돌아가서

돌아올 제 산 밖에는 해가 마악 져갔는데,	歸時山外日初斜
사립문엔 심부름꾼 왔다 그냥 갔다 하니,	虛道柴門使者過
고맙게도 한 병 술을 눈보라 속 가져온 건,	珍重一壺風雪裏
봄의 참맛 가난한 집 나눠주자 해서겠지!	爲分春色與寒家

* 雲長 : 동시대의 학자이면서 명필가였던 宋翼弼의 字로, 작자와 친한 벗이었다.

해설 이 작품은 술을 보내준 宋翼弼의 고마운 우정에 대한 감사와 그 인편을 직접 맞지도 못한 것에 대한 미안함을 전하는 시다. 그래서 이 작품에서는 전구의 "一壺(한 병 술)"와 결구의 "春色(봄의 맛)"이라는 시어들이 이 작품 시상의 진수를 집약한 것들임을 알아야 한다.

德津堂

덕진당을 보고서

절 아래엔 깊은 채로 강물 사뭇 흘러가고,	寺下沈沈江水流
낡은 사당 안개·비 속 고금 없이 쓸쓸한데,	荒祠煙雨古今秋
절 스님은 웃으면서 역 앞 길을 가리키며,	居僧笑指驛南路
"가는 사람 오는 사람 사뭇 쉼이 없다" 하네!	人去人來長不休

* 德津堂 : 경기도 파주의 德津山城에 있는 옛 사당으로, 옛날부터 전해지는 무명 전사자들의 영혼을 달래기 위해서 지어진 사당이었던 것으로 추정된다. 이 시에서 "荒祠"라고 한 것을 보면 이 당시에도 이미 황폐해져 있었던 것으로 추정된다. 그런데 이 祠堂에 얽힌 설화로 李曙의 夫人 이야기가 있으나, 이들은 작자보다 후대의 사람들이라 이 작품의 내용과는 어떤 상관성이 있을 수 없다.

해설 이 작품은 德津山城에서 戰歿한 무명 병사들의 영혼을 제사 지내던 사당에서, 이제는 그 제사의 풍습이 거의 사라진 채, 쉼 없이 오고 가는 사람들의 망각과 이것을 웃으면서 가리키는 스님의 무관심을 실례로 읊은 시이다.

따라서 이 작품은 저 무한 반복의 여일 유상한 자연에 무상한 역사와 인간사를 무언으로 對比시키고, 동시에 이 산성에서 전사한 무명 병사들의 죽음 현장을 "秋(쓸쓸한데)"자로 암시하고서, 이 사당에 대한 스님과 오가는 사람들의 무관심을 "人去人來長不休('가는 사람 오는 사람 사뭇 쉼이 없다' 하네!)"라는 결구로 제시함으로써, 이 사당 앞을 오가는 사람들과 스님의 역사 망각을 말없이 꾸짖고 있는 것이다.

咸興題詠

함흥을 제재로 삼아 읊다

함흥 여긴 예적부터 큰 도회지였었기에,	咸興自古大都會
해만 뜨면 시끄럽게 말·마차들 붐비네만,	日出喧喧車馬塵
성 밖이나 다리 머린 수양버들 숲들이니,	城外橋頭楊柳樹
가고 오는 많은 사람 이별하는 이였겠네!	往來多是別離人

해설 이 작품은 함흥이라는 도시의 생활풍경과 자연풍경을 인간의 浮華한 외면 생활과 진솔한 내면생활로 나누어 살피고, 육신의 삶과 마음의 삶으로 나누어 살피며 읊어낸 좋은 시이다.

鏡城題詠 送李善吉還朝

경성을 제재로 삼아 읊고, 조정으로 돌아가는 이선길을 보내면서

철령 넘어 관북지방 이천리가 넘게 멀고,	鐵關更遠二千里
허연 풀과 누런 모래 아득 외진 지역인데,	白草黃沙迷絶域
서기로서 좇아 와선 어느 날에 돌아갈까?	書記從征幾日歸
매해마다 귀향객만 보내면서 남았으니!	年年空送還鄕客

* 李善吉 : 누구인지 확인할 수는 없지만, 아마도 작자의 벗이었던 인물로 추정된다.
* 書記 : 작자가 이곳에 와서 근무할 때의 벼슬이 北評事였으므로, 아마도 이것을 스스로 지칭한 용어로 추정된다.

해설 이 작품은 작자가 北評事로 관북지방에 와서 근무하면서, 벗들이 서울로 돌아가는 것을 전송만 하고 자신은 못 돌아가는 서글픈 심경을 담아 벗에게 전하는 시다.

이 작품에서 전구의 "幾日歸(언제쯤에 돌아갈까?)"와 결구의 "空送還鄕客(귀향객만 보내면서 남았으니!)"는 스스로 넋두리 하며 자신의 막막한 처지를 기막히게 잘 호소하고 있는 것이다.

遊三角山

삼각산에 노닐면서

많은 병에 몇 해째를 폐가 사뭇 성찮다가,	多病年來肺不蘇
오늘 아침 시험 삼아 험한 산길 올랐더니,	今朝聊試陟崎嶇
산 절 스님 새벽밥에 신선 산챌 곁들이니,	山僧曉飯供新菜
동호에서 잡은 횟감 뱃살보다 훨씬 좋네!	絶勝東湖鱠腹腴

해설 이 작품은 잠시나마 病苦를 잊게 된 자신의 情狀과 산승에게 받은 접대에 대한 소회를 나름대로 답례에 맞게 읊어낸 시다.

산사의 스님이 준비한 공양의 음식이니, 맨밥에 신선한 산채가 당연하고 불가피한 수준의 준비지만, 작자가 "新菜(신선 산채)"라고 한 이 "新"자에는 고마움과 반가움의 심기를 빚는 신선한 감각미가 담겨 있으며, 따라서 순간적 탈속의 정감과 함께 "絶勝(훨씬 좋네!)"이라는 감탄어로 마무리하고 있는 것이다.

贈性眞上人

성진상인 스님에게 주다

지난 해엔 비 내리는 이 절 앞에 배 댔을 제,	去歲維舟蕭寺雨
꽃 꺾어선 물가 와서 떠날 사람 보내더니,	折花臨水送行人
산 속 스님 슬픈 이별 상관하지 않는 채로,	山僧不管傷離別
문 닫고서 무심하게 또 한 봄을 맞겠구려!	閉戶無心又一春

* 性眞上人 : 시의 내용이나 사연으로 봐서, 이 스님은 아마 당시 廣陵이며 지금은 강남구에 있는 奉恩寺의 스님으로 추정된다.
* 蕭寺 : 중국의 南北朝 시대 梁나라의 武帝인 蕭統이 불교를 신봉하여 사찰을 많이 세우고 蕭子雲에게 명하여 飛白體의 글씨로 "蕭寺"라고 써서 달게 함으로써, 蕭氏인 자신의 皇室 운수가 이어지기를 기원했는데, 蕭寺는 이 이후로 절 자체를 일컫는 말이 되었다.

해설 이 작품은 문면 상에서 작자가 지난해에 겪은 실제 사연과 그 때 스님의 행태를 사실대로 기록하여 회고하고 현재의 형편을 추정한 뒤, 단 한 마디의 안부도 없이 다만 스님은 喜怒哀樂의 속세 인간사에 초연한 채, 무심한 양 문을 닫고 봄을 맞을 것이라 추정하고 있을 뿐이다.

그러나 이별이 너무 아쉬워 꽃을 꺾어 주면서 슬픈 마음으로 떠나는 사람과 작별하는 인생살이에 있어서 가장 가슴 아픈 일을 보고 듣고서도 전혀 개의하거나 괘념하지 않은 채 그저 무심한 듯 문을 닫고서 또 다시 한 해의 봄을 맞고 있다는 이 스님의 이런 자세에 한 마디의 褒貶이 없는 것은 오히려 무언으로 이 스님의 보다 높은 수양과 得道의 경지를 한껏 기리고 있는 것이다.

그래서 이 작품은 작자의 수준 높은 구상 식견과 남다른 수사 수법을 잘 보여주는 아주 좋은 시이다. 전구의 "不管傷離別(슬픈 이별 상관하지 않은 채로)"과 결구의 "無心又一春(무심하게 또 한 봄을 맞겠구려!)"은 기막힌 인과관계와 호응관계로 엮여 읊어지고 있으며, 결구의 글은 또한 "무심하게 또 한 봄을 보내겠구려!"로도 읽혀지는 것임을 알아야 한다.

題寶雲軸

보운 스님의 시 두루마리에 쓰다

쌀 동냥을 할 적마다 서울 초입 올 것이라,	乞米時時到漢關
광릉에선 가을 비 속 홑옷 입고 떠날 제면,	廣陵秋雨旅衣單
한밤중엔 자주자주 고향 꿈을 꿀 테지만,	中宵頻作故鄕夢
물길 넓고 하늘 멀어 가는 길이 어렵겠네!	水濶天長行路難

* 寶雲 : 스님의 法名일 것이며, 아마 당시 廣陵인 이곳에 있는 奉恩寺의 스님일 것으로 추정된다.
* 廣陵 : 당시 경기도 廣州를 가리키는 말로, 지금 서울 강남구의 광나루 일대와 奉恩寺가 있는 지역 일대를 가리키는 것이다.

해설 이 작품은 상대인 寶雲 스님이 동냥질을 해야 하는 처지를 놓고, 수도하는 스님이나 수양하는 도인이 아니라 그냥 타향을 떠도는 乞人 처지의 나그네로 삼아, 지극히 인간적인 연민과 동정을 언외로 숨겨서 무언의 위로처럼 읊어 놓은 시이다.

그래서 기구와 승구를 "乞米(쌀 동냥)" · "秋雨旅衣單(가을 비 속 홑옷 입고)"과 같은 처지의 배고프고 추운 상황으로 설정하고, 전구에 "頻作故鄕夢(자주자주 고향 꿈을 꿀 테지만)"이라는 애처로운 꿈길을 마련하지만, 결구에서 "行路難(가는 길이 어렵겠네!)"이라고 단정하게 함으로써, 무한한 연민과 동정을 언외로 실어 무언의 위로를 전하는 애달픈 시가 되었다.

自奉恩歸舟

봉은사로부터 배로 돌아가면서

돌아갈 난 출발하며 매화 가질 꺾어 갖고,	歸人臨發折梅花
백사장 끝 걸어오자 해는 다시 기우는데,	步出沙頭日又斜
물길 돌고 산 바뀌며 배는 멀리 떠나가니,	水轉山移舟去遠
온 강 가득 이별 시름 바람 물결 일 뿐일세!	滿江離思起風波

해설 작자의 시에는 물론 작자 동료들의 시에도 봉은사에 놀이한 것이나 봉은사의 스님들에게 시를 지어준 것이 많은 것으로 봐서, 이 작품도 작자가 수일 동안 봉은사에 머물다가 돌아가는 길에 지은 것임이 분명하다.

그래서 이번 길에는 배를 타고 한강을 내려가서 파주 쪽에 있는 집으로 돌아가는 길이지만, 이 절에서의 모임과 벗·스님들과 나눈 정분으로 이별이 아쉬워서, 귀가하는 자신의 행색과 심경을 이야기하듯 읊어 놓은 시다.

旅館秋思

여관에서 가을을 맞으며 갖는 생각들

가을 오며 괴롤 만큼 그 먼 서울 그립기에,	秋來苦憶漢陽城
가뿐 남행 날 기러기 앉은 채로 부러워서,	坐羨南飛一雁輕
그 곳 스님 만나 놓고 반나절을 푸념한 건,	逢着鄕僧半日話
변방 하늘 찬 비 속에 귀향 못한 심정일세!	塞天凉雨未歸情

해설 이 작품은 작자가 함경도에 北評事로 가서 있을 때나 鍾城府使로 있을 때에 지은 작품으로 추정된다.

그래서 괴로울 만큼 서울을 그리워하는 심경이라, 겨울을 맞으며 가뿐하게 거침없이 마음껏 남쪽으로 날아가는 기러기를 자신은 꼼짝할 수 없이 앉은 채 부러워만 하면서 전구에서 "半日話(반나절을 푸념한 건)"하는 것은 결구에서 "未歸情(귀향 못한 심정일세)" 때문이라며, 혼자만의 청승맞은 넋두리인 양 읊고 있는 것이다.

寄楊州成使君 義國

양주 성목사 의국에게 부치다 이름은 의국이다

큰 다리에 눈 개이자 새벽 추위 더 심해도,	官橋雪霽曉寒多
아전들은 東軒 문 앞 일찍 대기하겠지만,	小吏門前候早衙
원님께서 항상 늦음 얄궂다고 하지 말라,	莫怪使君常晏出
취한 채로 문을 열고 매화 감상해서이니!	醉開東閣賞梅花

* 官橋 : 국가, 곧 관청에서 건설하고 관리하던 다리를 말하며, 대개 "큰 다리"라고 불렀다.
* 東閣 : 동쪽으로 나 있는 작은 문을 말한다. 중국 漢나라의 재상인 公孫弘이 이 작은 문을 열어 놓고 훌륭한 선비(賢士)를 초빙했기 때문에, 훌륭한 사람을 초빙하는 곳을 "東閣"이라 불렀고, 이 동쪽 문 앞에 피어나서 많은 사랑을 받게 된 매화를 "東閣梅"라고 한다.

해설 이 작품은 상반된 이해와 평가의 가능성이 있는 시이다. 일단 문면만의 이해와 평가를 전제로 하면, 작자와 친분이 있었을 벗인 楊州牧使 成義國을 가만히 기리는 시이다. 추위가 심한 이른 아침인 데에도 아전들이 일찍 출근한 것은 기강이 엄정한 것을, 원님이 술에 취한 채 문을 열고 매화를 감상하는 것은 시급하고 심각하게 처리해야 할 공무가 없을 정도로 민생의 행정이 태평스러운 것을 반증해주는 것으로 이해할 수 있어서, 아전들의 기강과 백성들의 태평이 모두 이 주인공인 성의국의 훌륭한 업적이 되는 것이다.

그래서 이 시는 한 마디의 직설적인 칭송이나 찬사 없이, 주인공인 양주목사 성의국을 태평을 이룬 치적과 매화꽃 감상을 여유롭게 즐기는 높은 운치의 풍류로 은근히 기리고 있는 것이 된다.

그런데 李睟光의『芝峰類說』에는 이 작품을 평하면서, "成斯文某爲楊州牧使 畜一妓 名梅花 沈惑廢衙 崔慶昌 贈詩曰 …… 盖用何遜事以譏之(성사문인 아무개가 양주목사가 되어서 한 기생을 오로지 사랑하여 이름이 '매화'였는데, 이 기생에게 정신이 빠져서 관청의 공무까지 안 돌보게 되었다. 최경창이 시를 지어 주기를 …… 이라 하였는데, 대개 何遜의 일을 가지고 이것을 기롱한 것이다)"라고 한 것을 보면, 이 작품은 작자가 직설적인 비평 없이 아전들의 얄궂게 여길 행태와 자신의 반어적인 평판으로 매서운 혹평과 기롱을 숨겨서 하고 있는 시라고 할 수도 있으며, 따라서 이런 이해와 평가가 보다 더욱 진실일 수 있는 가능성도 있는 것이다.

江樓

강가의 누각에서

광릉 이곳 성 주위엔 놀이 누각 많기도 해, 廣陵城邊多酒樓
붉은 주렴 푸른 장막 강물 어려 비쳤는데, 紅簾綠幕映江流
달 밝은 속 노래와 춤 예서 사뭇 못 잊는 건, 月明歌舞此中宿
비 흩이듯 구름 날 듯 허망한 옛 놀이였네! 雨散雲飛空昔遊

---

* 此中宿 : "宿"자는 "자다"라는 뜻으로 쓰인 것이 아니라, "마음에 못 잊는 것"이라는 뜻으로 쓰인 것이다.
* 雨散雲飛 : 비가 흩이듯 구름이 날 듯 허망하게 없어지는 상태를 말하며, 이와 비슷한 "雨散雲收(비가 흩어지고 구름이 걷히는 것)"는 雲雨之樂(남녀간의 성교)이 허망해진 것을 말한다.

해설 이 작품은 작자 당시의 광릉, 지금의 동호대교가 있는 한강 일대에 있는 누각들은 붉은 주렴과 푸른 장막들로 꾸며져 있었고, 그래서 이곳에서는 달빛이 환한 속에 기녀들과 함께 작자 자신을 위시한 문사들의 주연이 베풀어져, 춤과 노래가 흥겹게 진행되면서 한껏 즐거움을 누렸었지만, 이제 와서 되짚어 보니 즐거움으로 누렸던 그 못 잊는 것들이, 비가 흩어지듯 구름이 날려 가버리듯 허망한 옛 놀이가 돼버렸다는 회고의 한탄을 담은 시이다.

그래서 전구의 "此中宿(예서 사뭇 못 잊는 것)"과 결구의 "空昔遊(허망한 옛 놀이였네!)"는 유기적 수술 구조의 구상이면서 치밀한 수법의 수사가 아닐 수 없다.

漁陽

어양에서

고국산천 아득 먼 채 이 어양을 지나자니,	關山迢遞過漁陽
시든 풀만 끝도 없는 예부터의 싸움터데,	衰草茫茫古戰場
燕나라의 名將 · 賢士 모두 죽어 흙이 된 채,	燕國衣冠盡成土
황폐한 터 昭王 弔問할 곳조차 없어졌네!	荒臺無處弔昭王

* 漁陽 : 중국의 河北省에 있는 지역으로, 요동지역에서 북경으로 가는 경유지이며 춘추전국시대에는 燕나라의 중요한 지역이었다.

해설 이 작품은 회고시이다. 춘추전국 시대 이곳에 있던 燕나라의 昭王이 훌륭한 선비를 초빙해서 국력을 기르겠다고 하자, 郭隈가 "우선 저 같이 하찮은 사람부터 우대하면, 훌륭한 사람들은 모두 제발로 찾아옵니다"라고 하자, 새로 宮을 지어 우대하였으며, 그래서 樂毅 같은 名將이 정말로 燕나라로 귀화하였으며 연나라의 국력이 신장되었다.

따라서 작자는 이 옛날 燕나라 지역에 와서, 그 옛날 인간의 역사가 흥망성쇠의 무상함에 묻히고 마는 것을 회고하고 실감하면서, "衣冠盡成土(名將 · 賢士 모두 죽어 흙이 된 채)"라는 전구와 "無處弔昭王(昭王 弔問할 곳조차 없어졌네!)"라는 결구로 안타깝게 탄식하며 회고하고 있다.

迎勅日

칙서를 맞이하는 날

칙서 발표하실 날에 장양궁에 납실 행차,	勅書來日幸長楊
큰 거리엔 수천 고관 황상님을 따르는데,	紫陌千官從漢皇
온 거리엔 횃불 비춰 마차 통과 알려 주고,	火照通衢知輦過
겹겹 궁성 새벽 풍경 새삼 맑고 푸르구나!	重城曉色更蒼蒼

* 長楊 : 중국 漢나라의 長楊宮을 말한다. 이것은 원래 秦의 舊宮을 漢이 修理해서 황제의 行幸에 대비한 것으로, 垂楊이 몇 畝가 있어서 붙여진 명칭이고, 門은 射熊館이라 불렸다.

* 蒼蒼 : 무성하면서 맑고 푸르른 상태를 말한다.

해설 이 작품은 아마 가상적으로 중국 明 皇帝의 칙서를 발표하는 행사를 기리는 의미로 지어진 시로 판단된다.

그래서 기구와 승구에서 황제가 칙서를 내리기 위해서 중심 궁전으로 행차를 할 때에는 큰 거리 가득 천 여 명의 고관 신료들이 모시며 뒤따르고 있는 것으로, 전구와 결구에서는 온 거리엔 횃불들을 환히 비춰 타신 마차의 통과를 알 만하고, 황제가 나오는 겹겹 궁성의 새벽 풍경은 다시금 맑고 푸르른 것으로 서경되고 있는 것이다. 그래서 이 작품은 제재의 성격에 상응하여 총체적으로 이렇게 엄숙하고 경견하고 장중한 심기를 살려 잘 구상되고 수사되어 있는 것이다.

題寺壁 二首

사찰의 벽에 써놓다 두 수

어저께 와 놀던 사람 오늘 이제 또 와보니,	昨日遊人今又來
빈 암자엔 향불만이 반은 재가 돼 있는데,	空庵香火半成灰
난데없이 내린 밤눈 아늑한 길 덮어버려,	無端夜雪埋幽逕
스님은 딴 절서 자나? 아직 돌아 안 왔구나!	僧在他山宿未廻

해설 이 작품은 특별한 구상이나 수사의 의도와 솜씨의 작위가 전혀 없이, 아직은 초겨울 난데없이 내린 밤눈에 덮여 절연된 듯 정적에 싸인 채 고즈넉한 산사의 풍경을 있는 대로 스케치하듯 곱게 그려 자신의 그윽한 심경을 언외로 실어 읊어낸 아주 좋은 시이다.

그래서 이 작품에서는 승구의 점경 포착도, 전구의 실경 제시도 좋지만, 결구의 예상적 경지 포착과 추정은 참으로 무작위의 작위가 오히려 좋다는 것을 잘 보여주고 있다.

又
또 한 수

오늘 스님 돌아올 젠 달도 바로 둥글테고,	今日僧歸月正滿
텅 빈 절서 흰 구름만 짝해 빈 채 잠들 텐데,	空庵伴宿白雲空
지면 불던 가을바람 흔적 없이 사라진 뒤,	秋風捲地無行跡
한 길만인 겨울 산만 낙엽 속에 있겠구려!	一逕寒山落葉中

해설 이 작품은 시의 주인공인 스님의 행적과 인품을 한 마디의 칭송이나 찬사 없이 그냥 있는 대로 이야기하듯 읊으면서도, 그 득도한 인품을 말없이 전하고 있는 시이다.

기구의 "月正滿(달도 바로 둥글 테고)"은 스님의 圓滿無涯한 인품을, 승구의 "空庵伴宿白雲空(텅 빈 절서 흰 구름만 짝해 빈 채 잠들 텐데)"은 스님의 높은 수양과 정신의 경지를, 전구의 "秋風 …… 無行跡(가을바람 …… 흔적 없이 사라진 뒤)"은 자타와 피아 인생의 세파 극복을, 결구의 "寒山落葉中(겨울 산만 낙엽 속에 있겠구려!)"은 스님의 超然 屹立할 득도의 경지를 은유로 기린 것으로 추정되는 것이다.

次益之贈彈琴女韻

李益之 達이 거문고 타는 아가씨에게 지어서 준 시의 운자를 따라서 짓다

푸른 하늘 아득하게 玉皇 행차 길은 먼 채,	碧落迢迢鸞路長
하늘 바람 桂樹 꽃의 향 만 불어 보내올 뿐,	天風吹送桂花香
옥퉁소의 가락만이 瑤壇 위로 울려가고,	玉簫歸去瑤壇上
서릿발에 비단버선 찬 기운만 깊어가네!	羅襪寒深一寸霜

---

* 碧落 : 푸른 하늘을 말한다.
* 鸞路 : 원 뜻은 중국의 옛날 舜임금이 타던 마차인 "鸞車"를 이르는 것이었는데, 나중에는 임금이 타는 마차를 말하는 것으로 쓰였다. 여기에서는 하늘 위의 玉皇上帝가 타는 마차가 다니는 길로 쓰였다.
* 玉簫 : 글자대로의 뜻은 "옥퉁소"를 말하는데, 이것은 선녀들이 부는 악기이다. 여기에서는 아가씨의 거문고를 대신하여 쓰인 것이다. 이 시에서는 이 거문고 타는 아가씨를 선녀로, 거문고 소리를 듣는 상대 남성을 신선으로 설정했기 때문에, 실제로 탄 악기는 거문고이지만 이 옥퉁소로 대체하여 표현한 것이다.
* 瑤壇 : 신선들이 산다는 곳을 말한다.

해설 이 작품은 현실의 주인공인 거문고 타는 여인을 선녀로, 거문고를 들려준 대상을 천상의 신선으로 삼아, 초현실의 상황으로 허구화한 시이다.

기구에서는 "鸞路長(옥황상제 같은 신선의 행차 길은 먼 채)"이라며 어려운 상황으로 설정하고, 승구에서는 "吹送桂花香(桂樹 꽃의 향만 불어 보내올 뿐)"이라며 더욱 안타깝기만 하도록 하였으며, 전구에서도 "歸去瑤壇上(요단 위로 울려가고)"이라며 다시 제한적 조건에만 놓인 채, 결구에서 "寒深一寸霜(한 치 서릿발에 찬 기운만 깊어가네!)"이라는 탄식만으로 종결함으로써, 서릿발 추위 속에 잠도 못 이룬 채 노천 아래에서 임을 고대하는 애처로운 여인상을 그려 보이고 있다.

次玉峰寄李伯生韻

백옥봉이 이백생에게 부쳐준 시의 운자를 따라 짓다

궁 안 못가 버들 숲에 아침까지 비 내리다,	龍池楊柳雨連朝
한 조각의 맑은 구름 궁안 다릴 지나가니,	一片晴雲渡御橋
시름겹다 한 해마다 짙어지는 고운 풀빛,	惆悵一年芳草色
그 강남엔 사뭇 그냥 아득하게 푸를 텐데!	江南無限碧迢迢

* 龍池 : 거문고 밑의 구멍을 일컫는 말로 위의 것을 "龍池", 아래 것을 "鳳池"라 하였다. 또 중국 唐나라 玄宗이 太子로 살던 興慶宮에 있는 못을 말하기도 한다. 따라서 뒤에는 왕궁 정원에 있는 못을 일컫는 말로도 쓰였는데, 여기서는 그 뜻으로 쓰였다.
* 江南 : 원래 중국의 長江 남쪽 지역을 말한다. "江南"이라는 지역은 과거 역사에서는 중국의 역사나 문화의 중심 지역이 아니었으나, 기후가 온화하고 풍광지가 많으며 물산이 풍부하고 생활이 여유로와 환락과 낭만의 지역이었고, 나라에 죄를 지은 사람들에게는 귀양을 가서 돌아오기 쉽지 않은 恨哀의 고장이기도 하였다. 그래서 문학적으로는 낭만의 지역이면서 원한의 지역이었다. 따라서 "江南曲"·"江南好"·"江南弄" 같은 樂府詩와 詞牌가 나왔다. 우리나라에서는 대개 湖南地域을 지칭하기도 하고 故鄕을 비유하기도 하면서 시에 많이 등장하는 지명이었다.

해설 이 작품은 原韻인 白光勳의 시가 "仙郎初下午門朝(요직관리 처음으로 궁문 들어가는 아침)"라고 한 것을 읽고, 작자 자신도 궁안에서 근무하는 중에 봄을 맞아 고향이 그리워지는 애틋한 향수를 읊은 시로 추정된다.

그래서 기구와 승구는 봄비가 내리던 궁궐 안의 아침과 한 조각의 맑은 구름이 궁 안 다리 밑 맑은 물에 건너가듯 지나가는 상황과 정경을 매우 사실적으로 전하면서, 이로 인해 이내 애틋하게 연상·환기되는 향수를 전구와 결구에서 "一年芳草色(한 해마다 짙어지는 고운 풀빛)"은 "無限碧迢迢(사뭇 그냥 아득하게 푸를 텐데!)"라며 안타까운 목청의 가락으로 실어 읊고 있다.

僧軸
스님의 시 두루마리에 쓰다

등·담쟁이 얽힌 절정 예가 바로 도 닦는 곳,	絶頂藤蘿是道場
흰 구름에 가을 풍경 소리 온통 서늘케 해,	白雲秋磬滿天凉
산바람에 매일매일 계수 꽃만 져내리니,	山風日日桂花落
돌아가선 내일 아침 글 올리길 그만두리!	歸去明朝休上章

해설 이 작품은 초탈적인 수도의 공간에서 상대가 아닌 절대만의 진리를 인식함과 동시에 자아 성찰과 청정 자아의 계기 획득, 그리고 탈속적 법열의 체험을 확인함으로써, 세속적 가치의 굴레를 과감하게 벗어버리겠다는 선언 같은 시이다.

僧軸
스님의 시 두루마리에 쓰다

문 닫힌 채 향 탁자에 한 풍경만 소리 잦자,	門掩香臺一磬殘
달 밝은 속 상방에는 스님들의 말소린데,	月明僧語上方間
오늘 밤 내 잠 못든 채 홀로 쓸쓸해질 것은,	今宵不寐獨惆悵
이 산 놀던 소년 시절 그 때 그리워서일세!	憶昨少年遊此山

해설 이 작품은 향 탁자 · 풍경 소리 · 상방의 스님들 말소리 등 절의 풍경과 정황은 조금도 변함이 없건만, 세속에 찌들어 살아가는 속인인 나는 뜻도 있고 포부도 지녔던 소년시절의 자신과 지금을 비교하자니, 너무 허망하여 잠도 못 이룰 것 같다는 한탄의 시이다.

出塞

변방 국경으로 출정하면서

소년 때도 내 자신을 李輕車에 비겼기에, 少年身比李輕車
사막 벌판 만 여리를 멀리까지 달려갈 것, 遠赴沙場萬里餘
옛날부터 정벌 전툰 죽을 곳이 따로 없어, 由來征戰死無地
가족에게 '편지 부칠 생각 말라' 말했었네! 說與家人莫寄書

---

* 李輕車 : 중국의 漢나라 武帝 때 李廣이 흉노를 정벌하여 공을 세우고, 흉노로부터 飛將軍이라는 말을 들으며 용맹이 알려지고, 그래서 輕車將軍에 임명되었기 때문에 붙여진 명칭이다.

해설 이 작품은 작자가 시적 화자 자신을 주인공으로 삼아, 소년 시절부터 자신을 옛날 중국의 漢나라 名將 李廣에 비기고 자부하면서, 오랑캐를 무찌르기 위해서 만 여리의 사막 벌판을 달려가서, 어느 곳에서 어떻게 죽게 될 지도 모르니, 아예 집의 가족들에게 편지도 부칠 생각을 하지 말라고 했다는, 나라와 임님을 위해 서슴없이 용맹으로 목숨을 바쳐 충성과 절개의 표본이 되겠다는 선언을 하고 있는 시이다.

그래서 이 작품은 중국의 邊塞風을 모의하여 읊은 시로서, 작자 자신이나 우리나라의 어떤 실존 인물이나 우리나라의 실제 상황과는 아무 상관이 없으나, 시 자체의 구상이나 수사 수법으로서는 매우 새롭고 치밀하며, 특히 "死無地(죽을 곳이 따로 없어)"와 "莫寄書(편지 부칠 생각 말라 했네!)"라는 상관 구조의 문맥은 대장부다운 용맹과 호기가 놀랍게 잘 꾸려져 있다.

自水鍾歸舟 贈僧

水鍾寺로부터 배로 돌아오게 되어 스님에게 주다

강어귀서 스님 이별 홀로 배에 오르자니	離僧江口獨登舟
삼월 맞은 고운 풍경 광릉 물가 가득한데,	三月煙花滿廣洲
오늘 밤엔 이별 한뿐 그댄 볼 수 없을 테니,	今夜別懷君不見
서울에서 비바람 속 문 닫은 채 시름하리!	洛城風雨閉門愁

---

* 水鍾 : 水鍾寺라는 절의 준말이다. 경기도 남양주시 운길산에 있는 사찰로 신라 때에 창건되었으며, 강이 내려다보이는 전망이 아주 좋은 절이다.
* 廣洲 : 당시에는 지금의 경기도 광주를 廣陵이라 부르기도 했다. 그래서 이 廣洲는 廣陵의 물가라는 말로 쓰였으며, 지금 말로 고쳐 부르면 廣州를 흐르는 강의 가장자리라는 뜻이 된다.

해설 이 작품은 작자가 아마 운길산의 수종사에 와서 머물다가 떠나면서, 친절하고 고마운 대접을 해주었을 뿐만 아니라 서로 시를 지으며 담론도 주고받아 정분이 깊어졌을 스님과 헤어지는 것이 너무도 안타까워 쓴 시이다. 이 시에서는 이별 후의 기막히게 외로울 심경과 상황의 전달을 전구의 "君不見(그댄 볼 수 없을 테니)"과 결구의 "閉門愁(문 닫은 채 시름하리!)"로 대신하고 있다.

偶吟 此下三首 家藏本無之 而得於崔白集中

우연히 그냥 읊다

이 아래의 세 수는 집에 있는 책에는 없는 것이나, 崔・白詩의 合本에서 찾아 싣는다

동쪽 산봉 구름・안개 아침 해를 가리워서,	東峯雲霧掩朝暉
깊은 숲에 깃든 새들 아직 날아가지 않고,	深樹棲禽晩不飛
낡은 집엔 이끼 펴나 문만 홀로 닫은 채로,	古屋苔生門獨閉
뜨락 가득 맑은 이슬 장미꽃을 적셨구나!	滿庭淸露濕薔薇

해설 이 작품은 지극히 소박하고 순수한 선비의 일상을 조금의 꾸밈이나 가감이 없이 있는 대로 보여주고 있는 시이다. 기구의 구름과 안개로 아침 해가 가리어 있다는 것, 이로 인해서 승구의 숲에 깃든 새가 아직 날아가지 않았다는 것, 전구에 문만 홀로 닫은 채로 있다는 것, 결구의 맑은 이슬이 장미꽃을 적셨다는 것 등, 이 모든 것들이 있는 그대로 보여주듯 그냥 제시되고 있으면서, 작자 자신이 제목에서 "우연히 그냥 읊다"라고 한 바대로, 작자의 열없을 만큼 한적한 정황과 행태가 문외로 그려지고 있다.

寒食客中

한식을 맞은 객지에서

안개비는 부슬부슬 홀로 문을 닫은 채로, 煙雨蕭蕭獨掩門
서울에서 한식 맞은 나그넨 넋 나갈 거라, 洛城寒食客銷魂
봄바람에 한도 없이 강남(고향) 생각 간절한데, 東風無限江南思
몇 그루의 매화꽃은 저문 마을 어렸겠지! 幾樹梅花映晩村

해설 이 작품은 객지인 서울에서 한식을 맞는 작자가 간절해지는 향수를 못 견뎌하며 읊은 사향시이다.

그래서 전구에서 실토하는 "無限江南思(한도 없이 고향 생각 간절한데)"라는 안타까운 애소는 바로 결구의 "幾樹梅花映晩村(몇 그루의 매화꽃은 저문 마을 어렸겠지!)"이라는 기막힐 풍경 때문임을 푸념하듯 풀어 놓고 있다.

憶故山梅花

고국 내 집의 매화꽃을 그리워하며

봄바람은 만 리 불어 나부산에 닿으련만, 春風萬里到羅浮
야윈 채로 그인 지금 한강 머리 있을 텐데, 憔悴人今漢水頭
전란 겪은 薊門 북쪽 소식 전할 인편 없어, 薊北煙塵無驛使
그리움에 넋 빠져선 해 진 누각 기대 있네! 相思魂斷夕陽樓

---

* 羅浮 : 중국의 광동성에 있는 산으로, 晉나라 葛洪이 여기에서 道教로 수양하였고, 隋나라 趙師雄이 여기에서 꿈에 梅花仙女를 만났는데, 이 꿈을 "羅浮夢"이라 한다. 그래서 "羅浮客"은 이 매화선녀를 가리키는 것이다.
* 憔悴人 : 어디에서도 用例를 찾을 수 없는 말이나, 詩題나 文脈上의 意味網이 相關되는 것을 놓고 추정해 보면, 아무래도 작자가 살고 있는 서울 근처 한강 가 자신의 집에 있는 야위고 늙은 매화나무가, 아직 꽃을 피우지 못하고 있을 상태를 擬人化한 것으로 추정된다. 따라서 이것은 "야윈 미인"이나 "야윈 선비"라는 뜻을 비유적으로 담아 써왔을 것으로 추정된다. 그래서 여기에서는 "憔悴人"을 "야윈 채로 있을 그이"라고 번역하였다.
* 薊北 : 당시 중국 북경의 德勝門 밖에 있는 薊門이라는 지역의 북쪽이라는 말이다. 여기에서는 우리나라 서울로부터 너무 먼 곳이라는 뜻으로 사용된 말이며, 작자는 이 당시 북경에 와 있었던 것으로 추정된다.
* 煙塵 : 전쟁 중의 말·마차로 인한 먼지를 말한다.
* 驛使 : 驛과 驛을 왕래하며 통신을 담당하던 관리를 말한다.

해설 이 작품은 작자가 宣祖 9년(丙子, 1576) 冬至使의 幕僚로 중국 북경에 가 있는 동안에 지은 시로 추정된다. 아마 고국 서울에서 매화가 불원간 피어나게 될 무렵을 맞아서, 아직은 미처 피지 못한 채 있을 고목의 매화꽃을 너무도 애틋하게 그리워하며 읊은 시이다.

이 작품에서는 작자의 그리워하는 심경을 기막히게 집약하여 보여주는 시어인 "憔悴人(야윈 채로 있을 그이)"을 곱씹어 읽고 음미할 필요가 있다. 매화꽃을 擬人化하는 경우는 시에서 많이 볼 수 있지만, 이렇게 애틋한 同情과 憐憫을 유도하는 대상인 사람(人)으로 삼아, 바로 "가엽게 야윈 미인"이나 "가엽게 야윈 선비"로 연상될 수 있게 한 경우는 좀처럼 볼 수 없다. 이 시어는 작자의 이처럼 새롭고 놀라운 시적 상상력과 수사의 수법을 확인하게 할 뿐만 아니라, 작자의 시인적 감성과 함께 선비로서의 기질도 읽혀지고 있으며, 그래서 작자가 三唐詩人이라는 것을 자연스럽게 확인시켜주고 있는 것이다.

扶餘懷古

부여에서 옛날을 돌이켜 보며

풍악・노래 다 흩이고 물만 괜히 흘러가니,	笙歌散盡水空流
그 당시에 화려 누각 있던 곳이 어디인가?	何處當年結綺樓
고란사란 옛 절만이 오직 남아 있는 터라,	唯有皐蘭古寺在
돌아가는 스님 홀로 석양 무렵 배를 타네!	歸僧獨上夕陽舟

* 綺樓 : 중국의 六朝時代 陳나라의 後主가 화려하게 지은 누각인 "結綺閣"을 가리키는 말이다.

해설 이 작품은 작자가 부여에 와서 그 옛날 백제의 왕족과 고관들이 즐겼을 풍류의 흔적들은 흩어지듯 없어지고 강물만 흘러, 그 화려했을 궁전과 누각들이 있던 곳도 모르겠고, 오직 남아 있는 고적은 고란사뿐이라, 석양이 져가는 무렵을 맞아 절로 돌아가는 오직 한 사람의 스님만 홀로 배를 타고 있더라고 읊은 것이다.

이 작품에서는 백제의 지나간 풍류와 번화가 이제는 허망한 과거의 찾을 길 없는 이야기만으로 남은 것을 "歸僧獨上夕陽舟(돌아가는 스님 홀로 석양 무렵 배를 타네!)"라는 결구로 기막히게 읊어 놓고 있거니와, 여기의 "獨"이라는 부사어와 "夕陽"이라는 관형이는 이 작품의 주제적 심상을 집약적으로 잘 암시하고 있는 것들이다.

四. 五言律詩

挽玉峰

옥봉을 위한 만사

붓글씨는 鍾·王 妙諦 터득하였고,	筆得鍾王妙
시 짓기엔 魏·晉 卑劣 수치라 하며,	詩羞魏晉卑
집 가난해 벼슬길에 나갔으면서,	家貧事遊宦
몸 늙은 뒤 아내·자식 애타하더니,	身老憶妻兒
자네 영군 남쪽 고향 돌아가는 날,	旅櫬南歸日
나의 임문 북쪽으로 가는 때라서,	戎旌北去時
인간 세상 이젠 바로 영 이별이니,	人間便永訣
저승서나 바로 만날 약속하세나!	泉下是交期

---

* 鍾王 : 隸書를 잘 쓴 三國時代 魏나라의 鍾繇와 晉나라의 명필가인 王羲之를 말한다.
* 魏晉 : 중국의 三國時代 魏나라와 그 뒤를 이은 晉나라를 말하며, 중국문학사에서 이 시기의 漢詩는 그 문예적 수준이 卑劣하다고 평가되어 있다.
* 旅櫬 : 객지에서 사망한 사람의 靈柩를 말한다.
* 戎旌 : 군사적 임무를 띤 사람의 행차 깃발을 말하는데, 여기에서는 아마도 작자가 이 무렵 鍾城府使로 임명되어 군사적 임무를 겸하고 부임하는 것을 말한 것으로 판단된다.

해설 이 작품은 벗의 죽음을 기막히게 애달파하는 진정의 시로, 전반의 생시 이야기와 후반의 사후 이야기로 읊어지고 있다.

그래서 수련의 재능 칭예와 함련의 행세와 처사에 대한 연민, 그리고 경련의 가슴 쓰리게 애소하며 고백하는 생사의 이별 한은 기막힌 진정으로 눈물을 머금은 채 읊어지고 있을 것이 분명하다. 더구나 겨우 46세의 나이로 죽은 백광훈은 시신으로 남쪽 고향으로 떠나야 하고, 44세의 나이인 자신은 鐘城府使로 군사적 임무까지 띤 채 북쪽으로 떠나야 하는 生死의 離別은, 이제 참으로 너무 절박해 미련은 이내 "人間便永訣 泉下是交期(인간 세상 이젠 바로 영 이별이니, 저승서나 바로 만날 약속하세나!)"라며 정녕 흐르는 눈물을 꾹 참고 읊었을 것이나, 1년 후에 자신도 죽음을 맞이한 작자라는 사실을 놓고 읽어 보면, 이 "是交期"는 무자각의 자기 운명 암시로 읽혀지는 것이기도 하여 안타깝기 그지없는 시가 되어있다.

別秦上舍 好善
진상사 호선과 작별하면서

먼 곳 손이 한식 무렵 놀라는 것은,	遠客驚寒食
귀향 시기 꽃 진 뒤로 처져서이라,	歸期後落花
흰 구름은 바라보는 곳마다 있고,	白雲隨望在
고운 풀은 관문 나가 많아질 텐데,	芳草出關多
병 때문에 강 머리서 작별도 못해,	病負江頭別
꿈속에나 보게 될 걸 어떻게 하나?	看如夢裏何
내일 아침 봄날은 또 흘러갈 게니,	明朝春亦去
봄과 함께 그 하늘 끝 지나가겠지!	相伴過天涯

해설 이 작품은 작자의 벗이었을 秦好善이 아마도 북방의 어느 먼 곳으로 가는 것을 전송하면서 지어 준 시로 추정된다. 상대가 떠나는 시기가 한식 무렵을 지난 것으로 추정된다. 그래서 수련에서는 이렇게 한식 무렵을 지나 늦게 출발하면서 놀라게 되는 것은 그렇게 됨으로써 귀향 시기가 이 꽃이 다 지고 난 계절일 것이기 때문이라고 하였다. 함련에서는 상대가 가는 곳마다에서 구름을 보고 고향을 생각하게 될 것이고, 곱게 자란 풀들을 보며 헤어진 사람들을 생각할 것이라고 하였다. 경련에서는 작자 자신이 이렇게 떠나는 상대를 직접 작별해 보내지 못하는 것과 그래서 꿈속에서나 만나 보게 될 것이 안타깝다는 것을 전하면서, 미련에서는 가고 있는 봄과 함께 자네는 "가는 곳 하늘 끝까지를 지나가겠다"라며 안타까워하고 있는

것이다.

수련의 떠나는 벗을 진정으로 아끼고 안쓰러워하는 고마운 마음이, 미련의 "明朝春亦去 相伴過天涯(내일 아침 봄날은 또 흘러갈 게니, 봄과 함께 그 하늘 끝 지나가겠지!)"라는 애틋한 동정과 연민으로 잘 마무리 되어 읊어지고 있다.

代人挽 仁聖王后

남을 대신해서 인성왕후님의 만사를 짓다

感化시킴 周의 葛覃 맞춰 하셨고,	化極周邦葛
원통함은 楚 강둑 대 만큼이신 채,	寃深楚岸篁
의문 우려 홀로 대처 어려우셨다,	憂疑獨處難
눈이 녹듯 행운 만남 펴나셨더니,	消雪幸逢昌
세자빈 적 여러 해의 병환으로 해,	鳳寢多年疾
신선 마차 하룻밤에 바빠졌지만,	霞車一夜忙
새로운 능 옛 隧道로 이어질 게니,	新陵連舊隧
사뭇 주상 받드실 수 있으오리다!	長得奉君王

---

* 仁聖王后 : 조선왕조 12대인 仁宗大王의 妃로 潘南 朴氏이며 錦城府院君 朴墉의 딸이다.
* 化極 : 感化가 한껏 이루어졌다는 말로, 여기에서는 이 仁聖王后의 덕이 백성들에게 말없이 베풀어져서 백성들이 이 덕의 感化를 한껏 받게 되었다는 말이다.
* 周邦葛 : 『詩經』 「國風 周南」의 〈葛覃章〉과 〈樛木章〉에서 王妃가 덕을 갖추어서 후궁들과 여인들이 감화되게 하였다는 것을 말한다.
* 楚岸篁 : 고대 중국의 서남쪽으로 뒤에 楚나라 지역이 된 瀟湘江의 강둑의 대나무라는 말이다. 중국의 상고시대 虞나라의 임금인 舜이 治水事業을 위해서 이 지역에 와 있어서, 舜 임금의 두 왕비인 娥皇과 女英 두 자매가 舜임금을 찾아서 그 근처인 瀟湘江에 왔는데, 순임금이 蒼梧山에서 궂겼다는 소식을 듣고는 너무 원통하여 이 강가의 대나무 숲에 눈물을 뿌리고 죽자, 이 대무는 마디마다 아롱아롱 무늬가 생겨서 유전자로 계속 남아,

이 대나무를 "瀟湘斑竹(소상강 가의 아롱무늬 대나무)"이라고 부르게 됐으며, 娥皇과 女英의 영혼을 달래기 위해서 이 강가에 지은 사당을 "湘君廟"라고 부르게 되었다. 여기에서는 아황과 여영이 찾아 갔으나 만나지 못한 채 굿긴 순임금을 향해서 원통해 하다가 죽은 것처럼, 인성왕후도 인종대왕이 임금이 된 지 1년 만에 승하하게 된 것에 대한 원통함이 아황과 여영의 그것과 같다는 말이다.

* 霞車 : 火神이 탄다는 마차이나, 여기에서는 신선이 타는 마차로 쓰였을 것이다.

해설 이 작품은 仁聖王后 朴氏의 불운한 일생을 眞情으로의 稱譽와 함께 哀憐으로의 弔慰를 실어 눈물겹게 올리는 弔詩이다.

이 시의 수련에서는 인성왕후 자신의 덕성과 원통한 삶을 제시하고, 함련에서는 계시어머니인 문정왕후의 음모에 대한 대처의 어려움과 그럼에도 인종의 왕비였음으로 해서 明宗이 등극하게 되자 왕대비로 책봉이 되는 행운을 기리고 있으면서도, 경련에서는 빈궁에서부터의 생래 연약한 체질과 明宗 역시 아들이 없이 승하하고 선조가 왕위를 승계하면서 明宗의 왕비인 仁順王后 沈氏가 垂簾聽政을 하게 되자, 왕대비로서의 권위를 잃고 쓸쓸하게 서기 1577년 64세로 승하하면서, 仁宗의 능인 孝陵에 함께 묻히는 고독과 불운의 과정을 함축 집약하고 있으며, 미련에서는 그래도 지하에서는 주상을 영원히 받들어 모시면서 함께 하실 거라는 기원으로 애통의 정을 대신하듯 마무리하고 있다.

이 작품은 수련과 미련만으로 주제의 대강을 말하는 한 수의 五言絶句가 되었으면서, 함련과 경련으로 그 대강을 실상들로 보충하는 또 한 수의 五言絶句가 內包됨으로써 한 수의 율시가 되었다. 이 작품은 이렇게 至尊에 버금하는 왕비를 위한 만사이므로, 그냥 애통의 정만을 공감하고 동정하듯 한껏 풀어 읊기만 할 수가 없고, 그래서 한 나라 國母로서의 德性과 도리를 본으로 삼아 始와 終으로 실천하시는 垂範을 말없는 안타까움으로 讚美도 하고 있는 典範의 작품이다.

挽白四宰 仁傑

白參贊 인걸 어른을 추모하는 만사

온 세상이 그저 그냥 그런 속에서,	擧世悠悠裏
선생만이 홀로 진실 품으셨건만,	先生獨抱眞
온 산하는 바로 그냥 적막해진 채,	山河正寂寞
忠臣・直士 날로 차츰 몰락해 가니,	忠直日沈淪
시험 삼아 나라 安危 살피어 볼 제,	試看安危際
그 누구가 사직 지킬 신하가 될까?	誰爲社稷臣
한 평생 나라 걱정하신 눈물로	一生憂國淚
오늘 밤엔 거듭 수건 적시시리다!	今夜重沾巾

* 白四宰仁傑 : 여기에서 "四宰"는 네 번째 정승이라는 뜻으로 "參贊"을 일컫는 말이며, 白仁傑이 이 벼슬에 임명되었었다. 白仁傑은 잘 알려진 바대로 靜庵 趙光祖의 수제자로서 일평생 스승을 존경하며 스승의 학문과 행동을 따르려 하였다. 그래서 이른바 士林派의 중진으로서 문정왕후와 윤원형 등 훈구세력의 비리와 횡포를 비판함으로써 수많은 어려움과 제재를 받기도 하였다. 당시의 큰 선비들인 李珥・成渾 등과 친밀하였고, 뒤에는 宣祖大王의 총애를 받아 右參贊에 임명되기도 하였으나 취임하지 않았다. 사후에는 文敬公이라는 시호를 받았으며 후학들에 의하여 이른바 世道(세상의 도리)를 바로잡는 "正士(정의로운 선비)"로 추앙을 받았다.

해설 이 작품은 당시 지성을 대표하던 正士로 큰 뜻을 다 펴지 못한 채 궂기신 休庵 白仁傑 선생의 서거를 진심으로 애도하는 시다.

그래서 수련에서는 그저 그냥 대충 살아가는 세태 속에서, 홀로 인간의 진심을 품고 바르게 살아가려 하신 휴암 선생임을 전제하였고, 함련에서는 온 산하 곧 온 나라가 정의의 소리라고는 들리지 않게 된 채, 충성하려는 신하나 강직하게 대응하려는 선비도 차츰 사라져 가려 하는 형편을 탄식하고 있으며, 경련의 "試看安危際(시험 삼아 나라 安危 살피어 볼 제)"와 "誰爲社稷臣(그 누구가 사직 지킬 신하가 될까?)"은 당시 모든 지성인의 위기의식이면서 특히 시적 주인공인 휴암선생에게 가장 절실한 위기의식이었을 것이다. 따라서 미련은 "一生憂國淚(한 평생 나라 걱정하신 눈물로)"와 "今夜重沾巾(오늘 밤엔 거듭 수건 적시시리다!)"이라는 휴암선생의 사후 영혼으로까지 기막힐 여한으로 읊어 놓고 있다.

이 작품은 休庵先生이 直臣이오 正士이면서, 致君堯舜(임금님을 요·순 같은 聖君이 되게 하고)과 濟世安民(세상을 구제하고 백성을 편안하게 함)의 꿈을 이루지 못하신 채 궂기신 것을 기막힌 동정과 통한으로 읊어낸 수작이다.

挽崔兵使夫人

최병사 부인을 위한 만사

고운 쪽에 주상 은혜 더해질 제는,	寶髻加恩日
깊은 안방 병환으로 있으신 때라,	中閨寢疾時
남은 향은 비단 자리 그냥 있는 채,	殘香委錦席
시중 여종 비단옷을 바꿨으련만,	侍女易羅衣
앵무만이 남긴 말씀 전하게 됐고,	鸚鵡傳遺語
연꽃 송인 옛 가지만 그리울 테니,	芙蓉戀舊枝
장군님은 텅 빈 방안 꿈만 꾸다가,	將軍夢虛幌
하룻밤 새 살쩍 흰 실 같이 되겠네!	一夜鬢如絲

"髻(쪽)"자는 아마도 "誥(辭令狀)"자가 돼야 할 것이다. 髻疑作誥

---

* 崔兵使 : 이 사람이 누구인 지는 확인이 되지 않는다. 혹시 같은 친족이면서 연장자였던 崔慶會가 아닐까 추정해 보지만, 최경회는 고죽이 이미 굿긴 뒤에 전공으로 兵使가 된 것이라 이 시의 제목과 맞지 않는다.
* "髻(쪽)"자는 아마 "誥(辭令狀)"자가 돼야 할 것 같기도 한데, 이렇게 보면 이 작품의 첫 구는 "고운 쪽"이 아니라 "사령장"으로 번역되어야 옳다.
* 寶髻 : 여인들이 머리털을 곱게 묶어서 뒤쪽으로 쪽을 진 것을 말하나, 여기에서는 下賜된 머리 꽂이를 꽂은 것을 말하는 것으로 추정된다.
* 加恩日 : 관리가 높은 직급으로 승진하여 임명되는 날을 말한다. 이 날에 이 관리의 부인도 남편의 직급에 상응하는 호칭을 받게 되는데 이것을 命婦라 하며, 왕궁이 아닌 일반 관리들의 부인들이 받는 것을 外命婦라 한다. 이 시에서는 崔兵使가 임금님으로부터 임명을 받던 날 부인도 함께 상응하는 外命婦의 호칭과 함께 修飾品(머리 꽂이 같은 것)을 下賜 받은

것을 말한다.

* 鸚鵡傳遺語 : 이 시구를 직역하면 "앵무 만이 남긴 말씀 전하게 됐다"가 된다. 그런데 중국에서는 귀족이나 부호들도 앵무새를 길렀다고 알려졌으나, 우리나라에서는 귀족고관이나 부호들도 앵무새를 기르는 경우는 없었다. 그런데 여기에서 마치도 崔兵使의 집에서 앵무새를 기른 듯이 표현된 것은, 실제로 앵무새가 있어서가 아니라, 아마도 최병사의 부인이 최병사가 임지에서 근무 중 운명하면서 남편에게 남길 유언을 내용의 가감이나 조작이 없이 나중에 남편에게 진실 그대로 전해져야 함으로, 그대로 전해 줄 앵무새에게 해 두었다는 말로 표현한 것이다.

* 芙蓉戀舊枝 : 이 시구에서 "芙蓉(연꽃)"은 운명의 시간을 맞는 최병사 부인 자신을 지칭하는 말로, 아마 부인 자신이 낳은 자녀가 아직은 성장하지 않은 처지라 이에 대한 유언을 남겼을 것이지만, 그 자녀가 마치 아직 다 익지 않은 연밥(연의 열매)이 연밥송이에 박혀신 채 연꽃이 달려 있던 그 옛 대궁(가지)에 매달려 있는 것처럼 아직 어리기 때문에, 어머니가 아직 어린 자녀를 남겨 놓고 죽으며 그것을 못 잊어 그리워하듯, 떨어지는 연꽃 송이는 지기전의 그 연밥송이가 달려 있는 옛 대궁을 애틋하게 그리워 할 것이라는 말이다.

해설 이 작품은 작자의 벗이었을 崔兵使의 부인이 궂긴 것을 진실로 애석하게 여긴 시이다. 경련에서 "鸚鵡傳遺語 芙蓉戀舊枝(앵무 만이 남긴 말씀 전하게 됐고, 연꽃 송인 옛 가지만 그리울 테니)"라고 읊은 내용으로 봐서, 부인이 아직 젊은 나이로 어린 자녀들을 남겨 놓고 남편에게 그 자녀들을 위한 부탁의 유언을 남겨 놓고는, 최병사가 임지에 있는 사이 옛 집에서 외롭게 운명한 것을 애도하고, 겸하여 최병사의 외로움을 위로한 시이다.

수련에서는 최병사가 승진하면서 부인도 새로운 外命婦의 호칭을 받게 됐을 때 병환 중에 있었음을 말하고, 함련에서는 외명부의 호칭을 새로 받게 되면서도 제대로 바르게 단장도 할 수 없었고, 시중을

드는 여종이 겨우 비단 치마만 바꿔 입혀 주었다는 형편을 말하였으며, 경련에서는 궂기면서 남긴 유언은 정녕 남편이 없어서 기르는 앵무새가 듣고 있다가 뒤에 전해줄 것이고, 궂기는 부인은 외롭고 철모르게 어린 채 남겨 놓고 떠나는 자녀들을 애처롭게 그리워 할 것이라고 하였지만, 미련에서는 작자가 아무래도 가장 딱하게 여겨 진정으로 동정하고 싶은 벗 崔兵使의 고독할 처지를 "夢虛幌(텅 빈 방안 꿈만 꾸다가)"와 "鬢如絲(살쩍 곧 귀밑 털만 흰 실 같겠네!)"라며 애처롭게 위로하고 있는 것이다.

因李益之北歸 寄朴觀察 民獻

이익지가 관북으로 가는 편에 박 관찰사 민헌에게 부치다

국경 수빈 당신만이 할 수 있어서,	鎖鑰惟公可
연속해서 북방 요직 맡게 됐으니,	連膺北鎭雄
甘棠章의 새 樂府詩 지어지겠고,	甘棠新樂府
細柳營의 옛 봄바람 불게 됐으며,	細柳舊春風
외진 터라 자문 받긴 멀어졌어도,	絶域咨詢遠
三軍들은 절도, 통제 능통할 테니,	三軍節制通
종래부터 세운 위엄·은혜를 갖고,	從來仗威惠
모름지기 백성 한껏 보호하게나!	須此保民窮

* 鎖鑰 : 원 뜻은 "자물쇠와 열쇠"를 말하며, "수비와 단속"이라는 뜻으로 쓰인다. 여기에서는 국경 지역을 수비하는 역할을 말한다.

* 甘棠 : 『詩經』「國風, 召南」의 〈甘棠章〉을 말한다. 이 작품은 召公이 백성들을 사랑하고 각기 편안하게 살 수 있게 하자, 백성들이 召公이 기대었던 甘棠나무를 아끼면서 그를 기리는 노래를 불렀으며 이 노래가 바로 〈甘棠章〉이다.

* 細柳 : "細柳營"의 준말로 쓰인 것으로 판단된다. 細柳營은 중국의 漢나라 文帝 때 장군인 周亞夫가 "細柳"라는 지역에 陣營을 세워서 "細柳營"이라고 했다. 이 진영은 군기가 엄격해서 황제도 규율을 따르고서야 이 진영에 들어왔고, 그래서 황제는 周亞夫를 극찬하였다.

* 咨詢 : 자문을 받아서 무엇을 도모하는 것을 말한다.

* 三軍 : 중국의 周나라 때 군대의 제도로 中軍이 최고이고 上軍이 다음이고 下軍이 또 그 다음으로, 이 세 軍을 합한 수는 三萬七千五百名이었다. 그래

서 天子는 六軍·大國은 三軍·次國은 二軍·小國은 一軍이다. 또 군대를 통칭하는 말이기도 하다. 고대에는 步兵·車兵·騎兵을 합쳐서 부르는 말로도 쓰였는데, 여기에서는 그냥 군대를 일컫는 말로 쓰였다.

해설 이 작품은 咸鏡道의 관찰사로 부임한 朴民獻의 자품과 권위, 그리고 능력을 추장하면서 善政과 함께 그 기대를 담아 격려하는 시이다.

그래서 수련에서는 朴民獻이 文才만이 아니라 戰略도 있음을 말하였고, 함련에서는 민생을 잘 돌보아서 칭송을 들을 뿐만 아니라 군대도 위엄과 자애로 잘 통솔할 것임을 믿고 있다고 하였으며, 경련에서는 자문을 받기에는 멀어도 군대를 잘 통제하고 지휘할 것을 확신하면서, 미련에서는 "仗威惠(자신의 자질과 능력으로 확립해 놓은 무관적 위엄과 문관적 은혜를 갖고서)"해서 "保民窮(백성들을 한껏 보호하시게!)"하라고 간곡하게 당부하고 있는데, 勸勉과 推奬의 격식을 잘 살린 좋은 작품이다. 이 작품에서도 역시, 수련과 미련만으로 주제의 대강을 살리는 한 수의 좋은 五言絶句가 될 수 있다.

又

또 한 수

賊의 騎兵 국경 장벽 엿볼 판에다,	賊騎窺秦障
불길 징후 왕궁까지 전해져 오니,	妖星照漢宮
조정에선 전하 수라 늦게 드셔서,	朝廷方旰食
노년 자네 다시 전투 맡게 됐으니,	老子復臨戎
지휘 도끼 천산 북쪽 세워 놓고서,	住鉞天山北
병영 한해 농쪽까지 이어 지년난,	連營瀚海東
변방 안전 유가 술수 힘입을 테니,	安邊賴儒術
衛・霍들아 영웅이라 자랑들 마라!	衛霍莫誇雄

---

* 賊騎 : 글자들대로의 뜻은 "도적의 騎馬兵"이지만, 여기에서는 당시 우리나라의 북쪽 국경을 괴롭히는 女眞族의 말 탄 무리들을 일컫는 것이다.
* 秦障 : 글자들대로는 "秦나라의 障壁"이지만, 이것은 중국의 萬里長城을 말하는 것인데, 여기에서는 당시 우리나라 북쪽 국경의 성벽을 지칭하는 것이다.
* 妖星 : 글자들대로는 "요망한 별"이지만, 흔히 災害의 징조로 나타난다는 별인 彗星이나 流星을 말한다. 여기에서는 "불길한 징후"나 "불길한 징조"라는 뜻으로 쓰였다.
* 漢宮 : 글자들대로는 "漢나라 皇宮"이지만, 여기에서는 당시 우리나라의 왕궁이나 조정을 지칭하는 말로 쓰였다.
* 旰食 : 임금이 政事에 바빠서 식사를 늦게 하는 것으로, 걱정거리를 의미하는 말로 쓰인다.
* 老子 : 글자들대로의 뜻은 "늙은이"를 말하는데, 여기에서는 주인공인 朴

民獻을 지칭한 말로 쓰였다.

* 仗鉞 : 여기의 "鉞(도끼)"은 옛날 중국의 殷나라 湯王이 桀을 칠 때 사용했다고 하는 도끼를 말한다. 여기에서는 주인공인 朴民獻이 지휘의 도구로서 이것을 딱 세워 놓았다는 말이다.
* 天山 : 지금의 중국 북쪽인 몽고에 있는 산으로, 중국의 옛날 "燕然山"을 말한다. 중국에서는 이 산이 북방의 흉노족이나 몽고족의 침입을 막는 요충 지역이었으므로, 문헌이나 시에 많이 등장하는 산이다. 그래서 우리나라에서 북방의 국경지역에 있는 산들을 대유하는 말로 많이 쓰였다.
* 瀚海 : 중국에서는 唐나라 때 蒙古에 있는 넓은 사막을 가리키는 말로 쓰였다. 여기에서는 우리나라의 동북쪽에 있는 만주의 지역을 비유하여 지칭하는 말로 쓰였다.
* 衛霍 : 중국의 漢나라 때 명장들인 衛青과 霍去病을 가리킨다.

해설 이 작품은 주인공인 朴民獻을 名將으로 추어올리며 기리고 있는 시이다. 이 작품에서도 수련과 미련만으로 주제의 대강을 잘 살린 한 수의 五言絶句가 되었다.

그래서 수련에서는 "賊騎"와 "妖星"이라는 불길한 상황의 실상을 전제하고, 함련에서는 임금님과 朴民獻의 실제 형편과 상황을 진술하고 있으며, 경련에서는 박민헌의 부임 후 형편을 추정하면서, 미련에서는 "安邊賴儒術(변방 안전 유가 술수 힘입겠으니)"로 朴民獻의 善政의 效果를 한껏 추장하고 격려하면서 "衛霍莫誇雄(衛・霍들아 영웅이라 자랑들 마라!)"이라며 군사적 역량으로도 朴民獻을 한껏 추어올리며 격려하고 있다.

又
또 한 수

간 길 사뭇 재앙·역병 겪은 터라서,	一路經灾疫
삭막하기 난리판과 같았을 텐데,	蕭條似亂離
외려 듣긴 변방 수비 더해야 하고,	猶聞增塞戍
여기 다시 백성 기근 만났다 하니,	復此値民飢
모든 일이 평상시와 다를 것이라,	事與平時別
근심으로 옛 살쩍 더 늘어지련만,	憂添舊鬢垂
훌쩍 떠난 漢나라의 使節들인 양,	飄飄漢使節
오고 감에 피곤함도 몰랐었구려!	來往不知疲

해설 이 작품은 주인공 朴民獻이 북쪽 함경도의 관찰사로 부임해 가서 형편이 어려울 터인데도, 서슴없이 떠난 자세와 정성을 높이 사서 격려하는 시이다.

그래서 수련에서는 그가 간 함경도의 형편이 재난과 역병으로 마치도 난리를 치루는 것 같음을 제시하고, 함련에서는 그 함경도의 국경지역엔 수비를 증강해야 하는 데다 민중들이 기근을 만난 형편임을 말하고, 경련에서는 관찰사가 가서 해야 할 일이 어렵게 되어 있어서, 걱정거리로 인해서 살쩍(귀밑털)이 전보다 더 많아져 늘어지게 됐을 것이라고 전하고 있지만, 미련에서는 朴民獻 자네는 서슴없이 옛날 중국의 漢나라 使節이었던 張騫처럼 그냥 훌쩍 떠나시, 오건 가건 피곤함을 아예 몰랐을 거라고 하였다.

이 미련은 바로 이렇게 朴民獻의 서슴없는 행태만을 전달함으로써, 그가 임금에 대한 충성과 나라와 백성을 아끼고 사랑하는 신하로서의 도리를 다하는 참된 인물이라는 것을 말없이 말해주고 있으면서, 또 그런 신하로서의 인물이 되어 달라는 격려와 권장을 역시 말없이 전하고 있는 것이다.

又

또 한 수

물가에서 하찮은 술 바삐 나누며,	草草河邊酒
뒷기약 뿐 하염없이 작별하고선,	悠悠別後期
겨우 북쪽 그곳 가는 나그네 편에,	聊因北歸客
이제 겨우 작년 지은 시를 부치니,	始寄去年詩
변경밖엔 이른 서리 내릴 것이고,	塞外早霜落
관북 거긴 곱던 풀도 시들 터인데,	關中芳草衰
서로 생각 달은 자주 찼다 지건만,	相思月頻滿
기러기도 날아오기 더딜 뿐일세!	秋雁到來遲

---

* 草草 : 불안한 상태, 허둥대는 상태, 신통치 않은 상태, 걱정스럽고 힘든 상태를 말하는데, 여기에서는 신통치 않은 것과 허둥대는 상태를 겹쳐서 쓴 말이다.
* 悠悠 : "하염없이"라는 부사로 쓰인 말이다.

해설 이 작품은 앞의 세 수의 시에서 모두 상대인 주인공 朴民獻에 대한 이야기만 읊은 것과 달리 자신의 우정과 그리움을 읊어서 전하고 있는 시이다.

그래서 수련에서는 양도 많지 않고 맛도 별로인 술로 건너가야 할 강가에서 겨우 몇 잔을 나누어 마시면서, 뒷날 만나자는 기약만 하고서 너무 허전하게 작별을 하고서는 이제까지 아무 소식도 모른다고 하였으며, 함련에서는 이렇게 안타깝게 궁금해 하던 차에 마침 그 북쪽으로 가는 李益之(李達)의 인편에 이제야 작년에 자네를 그리워하며 지은 시를 부친다고 하였고, 경련에서는 "자네가 있는 그 북쪽 변경에는 서리가 일찍 내려 추울 터이고, 역시 그 지역에는 곱던 풀들도 일찍 시들 터인데"라며 상대의 정상을 안타까워하고, 미련에서는 "相思月頻滿 秋雁到來遲(서로 생각 달은 자주 찼다 지건만, 기러기도 날아오기 더딜 뿐일세!)"라며 작자 자신의 애틋하게 기다리는 심정을 실어 읊고 있는 좋은 시이다. 이 미련의 "頻滿(달은 자주 둥글게 찼다)"이라는 어휘는 그 끝에 글자의 기록이 없이 "지건만"이나 "기울건만"이라는 말이 함께 함축되어 있는 것임을 알고 그것을 읽어낼 수 있어야 한다.

臨津

임진강 나루에서

손짓하며 친한 이들 작별하고서,	揮手謝親愛
말을 몰아 幽燕으로 달려갈 적엔,	走馬赴幽燕
시월이라 눈도 좀씩 내릴 것이고,	十月雪微下
黃河에는 얼음 얼려 할 터이지만,	長河氷欲堅
구름 저 끝 主上 大闕 은은한 터라,	雲端隱鳳闕
칼집 속에 꽂힌 칼은 울리는 바니,	匣裡吼龍泉
대장부로 모름지기 노력을 하여,	丈夫須努力
아녀잔 양 슬퍼하진 말아야겠네!	不爲兒女憐

---

* 親愛 : 서로 가깝고 친한 사람을 말한다.
* 幽燕 : 우리나라에서 지금의 중국 북경으로 가는 길목에 있던 지역 일대를 가리키는 말로, 지금의 河北省과 遼寧省 일대이며 戰國時代 燕나라 지역이었고 唐나라 때 幽州였기 때문에 붙여진 명칭이다.
* 長河 : 銀河를 가리키는 말이면서 黃河를 말하는 것이기도 한데, 여기에서는 하북성을 흐르는 황하를 가리키는 말로 쓰였다.
* 鳳闕 : 皇帝의 宮闕을 말하나, 여기에서는 당시의 우리나라 서울의 궁궐을 가리키는 말로 쓰였다.

해설 이 작품은 작자가 중국 북경에 가는 冬至使 行列의 隨行員으로 가게 되어, 당시 자신의 집에서 가까웠을 臨津江 나루를 건너

떠날 즈음, 자신을 배웅하기 위해 나왔을 친지들과 작별하면서 나름대로 자부심에 차서 대장부로서의 소임을 다하겠다는 각오를 자랑스럽게 풀어 읊은 시로 추정된다.

수련에서는 서슴 없이 중국 북경으로 말을 달려가는 정황을 예상하고 있으며, 함련에서도 역시 현지에 눈이 내리고 얼음이 어는 혹한 상황을 가상하면서, 경련에서는 멀리 서울 궁궐을 향해 주상 전하를 위한 충정을 상정하고, 남아로서의 기상을 살려 報國할 기개를 예정해 보면서, 미련에서는 대장부의 굳은 의지로 결코 만 리 타국에서 아녀자 같은 향수의 감정을 결연히 털어버리겠다는 선언을 "丈夫須努力 不爲兒女憐(대장부로 모름지기 노력을 하여, 아녀잔 양 슬퍼하진 말아야겠네!)"라며 마무리하고 있는 것이다.

이 작품도 수련과 미련만으로 주제의 대강을 잘 살린 한 수의 五言絶句가 될 수 있음을 확인할 수 있다.

閭陽驛

여양역에서

말 위에서 계절 장차 바뀌려 하고, 馬上時將換
서쪽 향해 가는 길은 멀기만 한데, 西歸道路賒
인가라곤 강 건너며 적어만지고, 人煙隔河少
눈보라는 관 가깝자 많아지면서, 風雪近關多
고국에서 편지 오긴 어렵게 됐고, 故國書難達
타향이라 귀밑털만 쉽게 세지니, 他鄕鬢易華
하늘 끝서 마음만 쓸쓸해진 채, 天涯意寥落
홀로 서서 잘 까마귈 헬뿐이구나! 獨立數棲雅

* 閭陽 : 중국의 遼寧省에 있는 지역으로, 우리 사절단이 경유하는 지역에 있었던 것으로 추정된다.

* 人煙 : 사람들이 사는 집에서 피어오르는 밥 짓는 연기를 말한다. "人家의 연기"라는 말이라 그냥 "人家"를 말하는 것이기도 하고 또 "사람이 사는 마을"이라는 뜻으로 쓰기도 한다.

* 寥落 : 띄엄띄엄 있는 상태, 쓸쓸한 상태, 몰락한 상태를 말한다. 여기에서는 "쓸쓸한 상태"로 사용되었다.

해설 이 작품은 작자가 중국 북경에 가는 사절단을 수행할 때, 지금의 중국 요녕성 閭陽의 역에서 그 지역의 황량한 상황과 고국을 향한 향수를 읊은 시이다.

수련에서는 말을 타고 가는 여행의 시간이 너무 길어 겨울이라는 계절이 바뀔 판인 데에다, 북경을 향해 서쪽으로 가고 있는 길은 멀기만 함을 말하고 있으며, 함련에서는 황하의 저 건너편에는 인가가 거의 없고 山海關에 가까워지자 눈보라만 내리는 여행 도중의 황량한 풍경을 제시하였고, 경련에서는 고국으로부터 편지도 받을 수 없는 형편이라 이 외국 타향에서 귀밑털만 쉽게 희어지게 된 처지를 푸념하면서, 미련에서는 이렇게 간절해지는 향수로 고독해진 자아를 "天涯意寥落 獨立數棲雅(하늘 끝서 마음만 쓸쓸해진 채, 홀로 서서 갈까마귀 헬 뿐이구나!)"라며 스스로를 연민하며 그리듯이 보여주고 있는 것이다.

馬上口占

말을 타고 가면서 즉석에서 지어 읊다

앞선 말은 벌써 둔덕 밖을 가건만,	前騎已墟外
뒤의 기순 외려 골짝 속에 있는 채,	後旌猶峽中
북쪽 향해 사람들은 쓸쓸히 가고,	蕭蕭人向北
동쪽으로 물은 아득 흘러가는데,	杳杳水流東
낡은 역엔 한 밤 내내 눈이 내리고,	古驛經宵雪
휑한 마을 하루 종일 바람 불건만,	荒村盡日風
이 내 몸은 주상 은혜 입은 터라서,	此身蒙主澤
간 곳마다 어려움을 면하게 됐네!	隨處免途窮

해설 이 작품은 그 제목이 시사하는 바대로 조금은 특수한 여행의 경험을 배경으로 하여 매우 지적인 自省을 읊은 시이다.

수련에서는 공식 행차의 과정을 제시하고, 함련에서는 행차의 적적한 상황을 진술하고 있으며, 경련에서는 행차의 과정에서 체험하는 황량감을 말하면서, 미련에서는 이런 감정을 安分知足(분수를 편하게 여기고 만족할 줄을 아는 것)하는 선비로서, 守分殁身(분수를 지키고 몸을 바치는 것)하는 臣民으로서의 자아 각성을, "蒙主澤(주상 恩澤 입은 터라서)"과 "免途窮(어려움을 면하게 됐네!)"이라며 기막힌 감격으로 고백하고 있는 것이다.

七家嶺 立春

칠가령에서 입춘을 맞으면서

나그네로 식사 중에 봄채소 보니,	旅食逢春菜
객 시름 속 시절 풍물 또 만나건만,	羈愁且物華
핼 넘기며 외려 그냥 길에 있으니,	經年猶在路
언제쯤에 정녕 집에 돌아갈 건가?	幾日定還家
산마을엔 버들 숲에 안개 끼었고,	山郭煙和柳
강다리껜 모래펄에 눈이 반이라,	河橋雪半沙
좋은 시절 떠돌인 양 되어버린 채,	佳辰任蓬梗
안색·살쩍 갈수록 더 꼴이 아닐세!	顔鬢轉蹉跎

---

* 七家嶺 : 우리나라의 使節團이 중국 북경으로 오가는 길목으로, 지금의 중국 遼寧省에 있는 지역이다.
* 物華 : 풍경, 물건들의 광채를 말하는데, 여기에서는 "풍경"이라는 뜻으로 쓰였다.
* 蓬梗 : 마른 쑥대궁으로, 여기에서는 쑥대처럼 이리저리 날려 떠도는 신세를 비유하여 쓰였다.
* 蹉跎 : 발을 헛디디어 넘어짐, 시기를 잃고 빛이 바램, 실의에 빠져 불행함을 말하는데, 여기에서는 "꼴이 말이 아님"을 말한 것이다.

해설 이 작품도 작자가 중국 사절단의 수행원으로 갈 적에 집을 떠나 수 천 리 밖 타국의 낯선 곳에서, 입춘을 맞아 간절한 향수와

함께 여행의 괴로움을 푸념하듯 읊은 시이다.

그래서 수련에서부터 객지에서 한 해를 보내고 맞는 봄을 시름으로 겪고 있음을 말하고, 함련에서는 타국의 먼 길 여행 도중에 한 해를 보내고 새로 맞는 처량함과 함께 귀향의 무예정을 한탄하고 있으며, 경련에서는 겨울에서 봄으로 바뀌는 이 칠가령의 을씨년스런 현장 풍경들을 작자 자신의 정서적 상황을 알리기 위한 무언의 사물적 대유물로 제시하고 있으면서, 미련에서는 이내 "任蓬梗(떠돌인 양 되어버린 채)"과 "轉蹉跎(갈수록 더 꼴이 아닐세!)"로 자신을 돌아보며, 기막힌 한애의 가락을 읊어 내고 있다.

三河 途中

삼하의 도중에서

변경이라 봄도 외려 차가운 터에,	塞上春猶冷
모래바람 매일매일 불어 날려서,	風沙日日飛
화표 지나 기러기도 거의가 없고,	雁過華表少
계문 향해 가는 사람 드문 편이며,	人向薊門稀
한 물가엔 외론 주점 문 닫혀 있고,	一水掩孤店
수천 산봉 저녁 해만 지고 있는데,	千峰沈夕暉
옛 관문엔 고운 풀이 푸르르련만,	故關芳草綠
서글프다 돌아가지 못한 채이니!	惆悵未言歸

* 華表 : "華表柱"의 준말로, 중국 고대에 있어서는 임금들이 臣下들의 諫言을 받아 듣겠다는 것을 표시해 주거나, 道路를 지시해 주는 표시물인 기둥을 말하는 것이나, 후대에는 중국의 晉나라 陶潛의 「搜神後紀」에 나오는 바대로, 遼東 사람인 丁令威가 신선이 되어 鶴으로 변신하여 다시 요동으로 돌아와서 華表柱에 앉았었다고 하는 전설을 의미하는 말로 사용되었다. 여기에서는 화표주가 있었다는 요동 지역을 대신한 말로 쓰였다.
* 薊門 : 중국의 明나라 蔣一葵의 『長安客話』에 나오는 북경의 서쪽 德勝門 밖에 있는 지역으로 "薊丘"라고도 불렸다.

해설 이 작품도 사절단의 수행원으로 가는 도중에 경험하는 상황과 함께 절감하는 향수를 읊은 시이다.

그래서 수련에서는 현지의 스산한 날씨와 풍경을 제시하고, 함련에서는 기러기도 잘 날아오지 않고 행인마저 드문 곳을 가고 있음을 알리고 있으며, 경련에서도 물가의 닫힌 채인 주막, 그리고 지고 있는 저녁 햇빛 등 고적하고 쓸쓸한 정경 등을 자아의 내면화로 시사하면서, 미련에서는 귀환의 날을 아직 기필하지 못한 채 고운 풀들이 푸르러질 날을 기다리며, 아직 돌아가지 못한 채로 있는 자신의 처지를 무한한 서글픔으로 읊고 있을 뿐이다.

哀楊摠兵

양총병을 애통해 하며

봉화불은 남쪽 끝에 통해졌지만,	烽火通南極
전투 먼진 북쪽 변경 거기 남은 채,	煙塵在北垣
진의 병졸 요새 곁서 틈을 엿보고,	秦兵傍塞覘
되놈 기병 물 건너편 주둔한 채로,	虜騎隔河屯
선우 놈의 머리를 베지 못하여,	未斬單于首
한갓되이 상장 영혼 슬플 뿐이나,	徒悲上將魂
지금 와서 용기·결단 생각해 보니,	至今思勇決
성공·실팬 모름지기 논할 게 없네!	成敗不須論

* 楊摠兵 : 누구인지 확신할 수는 없으나, 이 작품에서 평가되고 있는 문맥의 내용들을 추정해 보면, 용맹과 자부심이 있고 여러 번 전투에서 승리를 하였으며, 부하들을 사랑하고 용감한 전투 지휘로 알려졌으며, 밤에 행군 도중 길을 잃어 포위를 당한 채 적의 화살에 전사하였다는 사실과, 그래서 사당이 遼東에 있는 것이나 그의 생애 약력으로 봐서 중국의 明나라 嘉靖皇帝 때의 名將이었던 楊照로 추정된다.

해설 이 작품은 중국의 明나라 嘉靖皇帝 때 遼東摠兵官이었던 楊照의 이야기인 듯하다. 그는 요동에서 胡兵과 전투 중에 화살을 맞고 전사하였으며, 그래서 요동에 사당이 있는데, 이 시는 그의 죽음을 애통해 하며 그 영혼을 위로하는 시이다.

그래서 수련에서는 胡兵의 침범 소식이 남쪽 끝까지 전해졌지만, 실제 明나라 군대와 胡兵의 전투는 북쪽에서 벌어졌음을 말하고, 함련에서는 秦(明나라)의 병사는 북방 경계선에서 정찰을 하고, 虜騎(되놈의 기병)는 바로 강 건너에 주둔했다고 하였으며, 경련에서는 그 되놈의 두목인 單于를 목 베지 못한 채, 楊照 자신이 끝내 적의 화살에 전사한 것을 한갓되이 슬퍼만할 뿐임을 말하고, 미련에서는 楊照 자신이 그 전투에서 승패를 예상하고 용단과 결정을 했을 것을 생각해 보니, 그 전투의 성공과 실패에 대해서는 논할 것이 아니라며 楊照의 외로운 충혼을 推奬하고 慰撫하며 끝맺고 있다.

通州館 望朝陽門

통주관에서 조양문을 바라보면서

聖祖께서 용으로서 태어나신 곳,	聖祖龍興地
겹겹 闢門 웅장도 한 皇帝 處所라,	重闢壯帝居
산과 강은 燕 나라의 옛 터전이오,	山河燕代古
人物들은 옛 冀州의 후예들이며,	人物冀州餘
상서로운 안개 온통 어울려 꼈고,	藹藹祥煙合
교화된 빛 맑고 환히 펼쳐졌으니,	暉暉化日舒
도성문을 바라보며 차츰 가깝자,	都門望漸近
외려 고향 마을 만나 보는 것 같네!	猶似見鄉閭

* 通州館 : 通州는 지금의 중국 河北省의 通縣인데, 여기에서 北京의 都城까지 거리가 그리 멀지 않았던 것으로 추정되고, 館은 이곳에 있는 旅館을 가리키는 것으로 보인다.
* 朝陽門 : 북경의 동쪽 성문이며, 一名 "齊化門"이라고도 한다. 황제의 인품과 덕망이 뛰어나야 한다는 의미와 신하들도 정직하고 과감하게 임금에게 간해야 한다는 의미를 지니고 있다고 한다.
* 聖祖 : 아마 北京에 燕王으로 봉해졌다가 이내 明나라의 황제가 된 成祖 永樂皇帝를 말하는 것으로 추정된다.
* 冀州 : 古代 中國의 九州 중의 하나를 가리키는 말로, 이곳은 당시의 북경 근처 지역으로, 지금의 山東省 西北部와 河北省 東南部 일대를 가리키는 것이다.

해설 이 작품은 작자가 북경에 입성하기 직전 북경과 황제의 궁궐에 대한 역사적 회고와 감흥을 약술하고, 실제의 입성하는 소감을 무한한 감격으로 진솔하게 읊음으로써 축하와 감격의 정을 典型으로 잘 살린 좋은 시이다.

그래서 수련에서는 이 지역과 문물 풍경들을 神聖·壯麗化하여 제시하고, 함련에서도 이어서 이 지역의 역사와 인물의 연원을 언급하였으며, 경련에서는 明朝의 빛난 문화와 敎化의 혜택을 말함으로써, 미련을 무한한 반가움의 감회와 함께 동심의 외침 같이 마무리하고 있는 시로서, 당시 陪臣의 직분에 딱 맞추어진 솜씨가 돋보이는 좋은 작품이다.

朝天宮

조천궁을 보고

푸른 집은 참 세계를 지표한 거라,　　碧宇標眞界
신선 제단 太淸에서 내려온 거니,　　玄壇降太淸
난새들은 신선 정원 숲에 깃들고,　　鸞棲珠圃樹
고운 노을 이 궁성을 감싸 있는데,　　霞繞紫微城
신비의 기록에는 三才 神秘 갈무려 있고,　　寶籙三元秘
신선 단약 아홉 번을 구웠으련만,　　神丹九轉成
황제님의 마찬 흔적 볼 수가 없고,　　芝車人不見
하늘 저 밖 퉁소 소리 들릴 뿐일세!　　空外有簫聲

---

* 朝天宮 : 지금의 중국 남경에 있는 박물관의 명칭으로만 알려져 있으며, "朝天"의 뜻은 天子께 朝會하는 것, 또는 天帝께 조회하는 것, 또는 "向上"을 의미한다. 그런데 이런 명칭의 건물이 당시 북경에 없었던 것이라면, 이것은 아마도 작자가 "天帝께 朝會 드리는 宮"이라는 의미를 담아서, 당시는 물론 지금도 북경에 남아 있는 것으로서 당시 황제가 실제로 하늘에 제사를 드리던 곳인 "天壇"이나 "道觀"일 수 있으나, 여기에서는 작자가 "天壇"을 임의적으로 지칭한 것으로 추정된다.
* 眞界 : 寺刹이나 道觀을 말하는 것이나, 여기에서는 玉皇上帝와 신선이 함께 있다는 하늘 위를 지칭하는 말로 쓰인 것으로 추정된다.
* 玄壇 : 道敎의 "道觀"이나 "道壇"을 말하며, 여기에서는 道敎에서 최고의 신선이면서 하느님이기도 한 "玉皇上帝"께 제사를 올리는 祭壇으로 쓰였을 것이다.
* 太淸 : 도교의 신선이 산다는 三淸, 곧 玉淸과 上淸과 太淸 중의 太淸을

말한다.

* 珠圃樹 : 典故를 찾을 수 없어서 무엇인지 확인할 수는 없으나, 아마도 신선들의 정원의 숲이라는 말로 쓰인 듯하다.
* 紫微城 : 天帝가 살고 있다는 궁궐과 성으로, 뒤에는 황제의 궁궐과 성을 지칭하는 말로 쓰였다.
* 寶籙 : 道家에서 미래를 예언한 내용을 기록한 신비의 기록서이며, 도가의 符籍을 기록한 책이기도 하다.
* 三元 : 上元(1월 15일)과 中元(7월 15일)과 下元(10월 15일), 三才(天・地・人), 正月의 초하룻날(한 해의 처음이면서, 한 달의 처음이면서, 하루의 새벽 첫 시각), 進士試驗에 합격한 一・二・三等이나 鄕試・會試・廷試의 壯元 등을 말하는데, 여기에서는 天・地・人의 이치와 신비를 뜻하는 것으로 쓰였을 것이다.
* 九轉 : 道教에서 丹藥을 만들 때에 아홉 번을 다시 빚고 구워서 만든다는 것으로, 그 제조의 과정이 어렵고 정성스럽다는 것을 말하는 것이다.
* 芝車 : 옛날에 天子나 諸侯가 몸소 밭 갈기를 시범할 때만 타고 가는 마차인데, 작자는 이것을 천자가 제사를 지내러 갈 때에도 타는 것으로 오해한 것으로 추정된다.

해설 이 작품은 작자가 당시 북경에 있는 "道觀"이나 "天壇"을 주 대상으로 삼아 읊은 것으로 추정된다. 許筠은 『鶴山樵談』에서 작자 최경창이 이 북경 "道觀"의 道士 청탁을 받아 시를 지었다고 하였으나, 이 작품이 바로 그 작품인 지는 확인할 길이 없다. 또 작자 자신이 분명 유학자로 자처했을 것임을 감안 하면, 이 "道觀"을 "宮"이라고 호칭하여 시를 지었을 것인가 하는 의문도 제기될 수 있는 것이라, 이것은 아무래도 "天壇"을 주 대상으로 읊어진 것으로 추정된다.

그런데 "天壇"도 아마 아무나 아무 때나 관람할 수는 없었을 것이므로, 직접 그 내부까지 구경하지 못한 채 그 외부의 형태만 관람하고 내부의 실상은 전해서 듣거나 기록물을 보고서 지은 것으로 추정된다.

그래서 수련에서는 이 건물의 외관과 그 내부의 제단을 상정하여 엄숙하고 경건한 상황으로 구성 제시하고 있으며, 함련에서는 궁의 외부 주위 풍경을 궁의 성격에 상응시켜 좀은 秘境化하였고, 경련에서는 다시 "三元秘(三才 神秘 갈무려 있고)"와 "九轉成(아홉 번을 구웠으련만)"으로 神秘化하고서는, 미련에서는 황제가 천단 안에서 제사를 정녕 엄숙 경건하게 봉행하느라 밖에는 인적이 보이지 않는 마차만 있고, 제사를 받고는 이제 바로 하늘로 돌아가는 옥황상제의 시종이 부는 퉁소 소리만 남아 들리고 있을 뿐이라고 하였다. 따라서 이 작품도 그 제재의 특수성을 아주 잘 살려서, 격식에 맞게 소재의 질량적 조절과 배치, 그리고 그에 상응하는 수사로 전형화한 좋은 시다.

重陽後 有感

중양절을 보낸 뒤에, 감회가 있어서

좋은 명절 쉽게 쉽게 바뀌어 가니,	佳節易徂換
소년 시절 능히 얼마 길기나 했나?	少年能幾何
노란 국화 구경하곤 또 시들었고,	黃花看又歇
흰 머리털 뽑음 다시 많아진 터로,	白髮鑷還多
외진 골목 누가 서로 묻기나 하랴!	窮巷誰相問
사립문만 종일 제냥 기운 채지만,	柴門日自斜
어린 아인 점점 말을 배우며 노니,	癡兒漸學語
이것으로 뒤틀린 삶 위안을 삼자!	聊此慰蹉跎

해설 이 작품은 중양절이라는 명절을 보낸 뒤, 쓸쓸해지고 백발만 늘어가는 채 곤궁해진 삶을 돌아보며, 애써 자위하는 몸짓을 보이고 있는 애틋한 시이다.

그래서 수련에서는 순수와 천진의 삶을 누렸던 소년시절의 덧없음을 안타까워하고, 함련에서는 어느덧 젊음을 놓치고 늙음을 맞는 서글픔을 되짚어 보고, 경련에서는 아예 관심 밖의 존재로 고적해진 자아를 확인하면서, 미련에서는 그래도 애써 찾은 일상의 작은 보람으로 자신의 뒤틀린 삶을 안타깝게 자위하려는 애틋한 몸짓을 "癡兒漸學語(어린 아인 점점 말을 배우며 노니)"로 찾아 "聊此慰蹉跎(이것으로 뒤틀린 삶 위안을 삼자!)"라며 읊어 보이고 있다.

題圓明軸
원명의 시 두루마리에 써 넣으려고

서울에서 나그넨 옷 얇아진 채로,	京國旅衣薄
풍진 속에 참 아는 벗 거의 없기에,	風塵相識稀
시름겨워 푸른 산 길 찾아 갔다가,	愁尋翠微逕
홀로 백운 바라보며 돌아오자니,	獨望白雲歸
한강 북쪽 여긴 천 산 해 저무는데,	漢北千山暮
강의 남쪽 거긴 한 잎 날아 질 텐데,	江南一葉飛
아득 멀리 알만하오 석림사에는,	遙知石林寺
늦는 이 해 겹 사립문 닫고 있겠소!	歲晩掩重扉

* 石林寺 : 같은 명칭의 사찰이 『新增東國輿地勝覽』의 「全羅道」에는 어디에도 없고, 다만 경기도 의정부시 장암동 수락산에 같은 이름의 사찰이 지금도 있다. 그런데 이 시의 내용을 중심으로 추정을 해보면, 이 石林寺는 아무래도 작자의 고향인 靈巖에 있었던 사찰이 아닐까 추정된다.

해설 이 작품은 객지로 실감하는 서울에서 자신의 생활 형편과 고적감, 그래서 절감하는 향수를 상대와 비교되는 감정으로 읊어낸 시이다.

그래서 수련에서는 객지에서의 어려운 생활 형편과 벗이 없는 고독의 정한을 토설하였고, 함련에서는 상대인 圓明을 그리워하며 찾듯이 같은 이름의 절이 있는 수락산 속을 찾아갔다가, 혼자 서서 저 멀리 고향을 그리워하게 하는 흰 구름만 바라보다가 돌아왔음을 말하였고, 경련에서는 현재 자신이 있는 이 서울의 북한산 천봉우리들에 해가 저무는 걸 보니, 그대 원명이 있을 그 먼 강남에는 한 잎이 바람에 날려 지기 시작했을 것으로 추정된다고 했으며, 미련에서는 아득 멀리 圓明 그대가 있을 그 석림사에서는, 이 해가 겨울을 향해 가면서 그대는 정녕 겹 사립문을 닫은 채 있을 것으로 알 것 같다고 한 것이다.

이 작품은 자신은 서울에서 서글프게 가을을 보내고 겨울을 맞고 있거니와, 보고 싶고 만나고 싶은 圓明 스님 그대는 그 강남 내 고향 석림사에서 한 해가 늦어져 가는 이 계절을 겹 사립문을 닫은 채 아늑하게 보내고 있을 것이라며 무언의 부러움과 외로움으로 읊고 있는 시다.

送片雲歸五臺

오대산으로 돌아가는 편운 스님을 보내면서

여러 번을 서울에서 노닐었어도,	屢遊京洛裏
옛 친구는 준 걸 점점 알게 되건만,	漸覺古人稀
옛 절에는 달이 도로 찰 것이라며,	古寺月還滿
밤중 배에 스님 잠시 의탁해 가니,	夜船僧蹔依
서쪽 능엔 찬 낙엽만 질 것이지만,	西陵寒葉下
동쪽 길엔 흰 구름이 날려질 거라,	東路白雲飛
돌아가선 머리 돌려 보지를 말고,	歸去莫回首
천 산봉 속 혼자 사립 닫고 살게나!	千峰獨掩扉

* 片雲 : 글자대로는 "한 조각의 구름"이지만, 분명히 "한 조각의 흰 구름"이라는 말로 쓰였을 것이므로, 스님은 분명 이 "白雲"의 상징인 "絶對世界에 住함"이라는 뜻을 겸손하게 빌려서 "片雲"이라고 自號하여 썼을 것이 분명하다.
* 月還滿 : "月滿"이나 "滿月"을 응용한 어휘로 이해되는데, 불교에서는 "滿月의 圓明 곧 둥글고 환한 체질은 곧 菩薩의 마음과 같다"라고 하였다.
* 西陵 : 작자가 살던 곳인 지금의 고양시와 파주시에서 멀지 않은 곳에 있던 "西三陵"인 禧陵과 孝陵과 睿陵을 말하는데, 여기에서는 고양과 파주를 대표하는 말로 대신하여 쓰인 것으로 추정되며, 바로 작자가 자신이 사는 곳을 스님이 가는 "東路"와 對比하여 지칭한 말로 쓴 것이다.
* 白雲 : "白雲"은 흔히 불교의 『碧巖錄』에서 "白雲重重(흰 구름만 겹겹이다)"이라고 하여 "絶對世界에 머물러 있음을 상징한다"로 이해되는 것이다.

해설 이 작품은 주인공인 片雲 스님의 法名을 풀이하듯 구상하고 수사하여 그 불심과 수양의 행태를 推奬하고 격려하면서 작자 자신의 심경도 곁들여 격식에 맞추듯 읊어 정중하게 전해주는 좋은 시이다.

그래서 수련에서는 古人 같이 참으로 좋은 옛 친구가 점점 줄어 거의 없게 된 자신의 처지를 말함으로써, 함련에서는 그런 옛 친구로 여기는 片雲 스님이 보름달의 원만하고 환한 체질로 보살의 마음을 닮고자 그 시기에 맞추어 옛 절을 찾아 가려고 서둘러 밤의 배에 잠시 의지하듯 탄 채 한강을 거슬러 五臺山을 향해 간다고 하여, 말없이 기막힌 아쉬움을 감추어 놓았으며, 경련에서는 편운을 보내고 자신은 서울의 서쪽 시골에서 낙엽만 지는 겨울을 쓸쓸하고 외롭게 보내야 하겠다 하고, 片雲 그대는 白雲으로 絶對境의 安住를 체험하며 동쪽 길로 갈 거라고 하며 상대적으로 비유되는 자아의 처지를 다독이고, 미련에서는 절로 돌아가서는 나와의 인연은 물론 일체 세속과의 미련을 절연하고, 그 천 산봉 속에서 홀로 사립문을 닫은 채 득도하라는 진정의 기원과 당부를 하고 있는 것이다.

이 작품에서는 함련의 "月還滿(달이 도로 찰 것이라며)"과 "僧蹔依(스님 잠시 의탁해 가니)", 경련의 "西陵寒葉下(서쪽 능엔 찬 낙엽만 질 것이지만)"와 "東路白雲飛(동쪽 길엔 흰 구름이 날려질 거라)"의 함의를 새겨 읽을 수 있어야 하고, 미련의 "莫回首(머리 돌려 보지를 말고)"와 "獨掩扉(혼자 사립 닫고 사시게!)"의 문맥적 의미의 무게를 살려 읽을 수 있어야 한다.

留別高霽峰而順

고제봉 이순을 남겨 놓고 떠나면서

여관에서 나그네로 서로 만난 곳,	逆旅相逢地
국경 지역 하루는 또 해가 지는데,	關河日又曛
가야 할 길 중국 국경 닿아 있으니,	歸程接漢塞
나그네 꿈 요동 구름 되어 있으며,	客夢在遼雲
작별한 뒨 수천 산에 가려진 채로,	別後千山隔
날씬 가을 한 기러기 들을 뿐이고,	天秋一雁聞
가을바람 속에 홀로 난간 기대어,	西風獨憑檻
밝은 달에 갑절 자넬 생각하겠지!	明月倍思君

---

* 留別 : 상대를 남겨 놓고 작별하며 떠나는 것을 말한다.

* 逆旅 : 여관을 말한다. "逆"은 "迎(맞는다)"자와 같은 뜻이라, "逆旅"는 "나그네를 맞는다"라는 뜻이며, 그래서 나그네를 맞는 곳, 곧 "여관"을 뜻하는 말로 쓰인다.

* 關河 : 중국에서 국경지역(關)과 황하(河)를 합쳐서 쓰는 말로서, 자연히 중국의 북방 국경지역을 말하게 되었으며, 우리나라에서도 북방의 국경지역을 지칭하는 말로 쓰였다.

* 漢塞 : "漢"은 "중국"을, "塞"는 "변경"을 지칭하는 말이므로, 여기에서는 당시 중국의 동북방 변경이었을 지금의 만주 지역을 지칭하는 것이다.

* 遼雲 : 지금의 중국 遼寧省의 한 지역을 말하는 것이나, 여기에서는 高敬命 자신의 마음이 먼저 가서 그 지역의 구름이 되어 있을 거라는 말로 쓰인 것이며, 여기의 "雲"자는 "遼"자의 접미사처럼 붙여 쓴 것으로 脚韻에 맞는 글자로 맞추어 쓴 것이다.

해설 이 작품은 조선시대 선조 14년(1581) 明나라에 辨誣奏請使로 가는 金繼輝의 書狀官이 되어 북경으로 가는 高敬命과 義州 근처 어디선가 만나서 함께 있다가, 그를 남겨 놓고 떠나면서 지어 준 이별의 시이다.

수련에서는 국경 지역에서 해가 진 황혼 무렵으로, 남겨 놓고 떠나는 안타까운 시・공간을 제시하고, 함련에서는 중국으로 떠나게 될 高敬命은 아마도 마음이 조금은 들떠서 오늘 밤 꿈에 먼저 중국의 遼東 어느 곳의 구름이 되어 있을 거라고 말하고, 경련에서는 자네는 막상 나와 작별하고 그 북경으로 가게 되면 나와는 물론 자네의 고향과도 수천 개의 산들로 가려진 채, 날씨는 자꾸 가을이 깊어가면서 여행 중에 집의 소식은 알 수 없게 된 처지로 오직 한 마리 기러기 소리만 듣게 될 것이라며 위로하듯 말하고, 미련에서는 나는 자네가 떠나고 나면 가을바람 속에 홀로 난간에 기대어 앉아서, 밝은 달만을 쳐다보면서 자네를 몇 갑절 더 생각하게 될 거라며, 위로하듯 안타까워하듯 마무리고 있다.

이 작품의 경련과 미련은 여타 율시 작품들의 그것과 그 시상의 인과 구조가 조금은 느슨하게 구성되어 있어서 거의 대비형의 양태를 유지하고 있으며, 그래서 이 두 연에는 그 문면들에는 없는 주체어로 "君(자네)"과 "我(나)"를 반드시 살려 놓고 읽어야 하는 것이다.

御題擣紈

임금님께서 내신 시의 제재 '비단 다듬질'을 따라 짓다

뉘집인가? 깁 다듬질 방망이 소리,	誰家搗紈杵
한번 칠 적 한번 슬픈 심정일 거라,	一下一傷情
지면 가득 가을바람 일어나면서,	滿地秋風起
외론 성엔 조각달만 환히 밝은 채,	孤城片月明
차고 맑게 서릿발 잎 우수수 지고,	凄淸動霜葉
적막하게 차가운 밤 깊어만 갈 뿐,	寂寞入寒更
출정 나간 그분 전방 그 먼 곳에서,	征客關山遠
능히 하늘 저 밖 소릴 들으실 건가?	能聽空外聲

* 搗紈杵 : 글자대로는 "깁, 곧 비단을 다듬이질 하는 방망이"이지만, 이 어휘는 자연히 言外로 "소리"라는 뜻을 함축하고 있는 것이다.

해설 이 작품은 남편을 저 먼 전선으로 출정시킨 여인이 그 남편에게 옷을 지어 보내기 위해서, 깊어가는 가을 밤 깁 곧 비단을 한 방망이로 한번 두드릴 적마다 한 번 더 슬픔을 견디며 다듬이질을 하고 있는 상황과 심정을, 실상 그 전선의 남편은 이 가을 밤 거기에 선 먼 하늘 밖인 이 고향의 다듬이질 소리나마 능히 들을 수 있겠느냐? 하며 기막히게 하소하듯 원망하듯 읊은 시이다.

수련에서는 다듬는 방망이 소리를 한 번 한 번 내려칠 적마다 한 번의 슬픔으로 들어 적고 있으며, 함련에서는 지면 가득 가을바람만 일고, 외로운 성 안에는 조각달만 밝아 있는 스산하고 고적한 밤의 정경을 전하고, 경련에서는 차갑게 낙엽들만 날리고, 적막하게 밤은 깊어가는 정황을 이어 전하면서, 미련에서는 그 남편을 향한 호소 아닌 호소요 원망 아닌 원망처럼 "能聽空外聲(능히 하늘 저 밖 소릴 들으실 건가?)"이라고 마무리하고 있는 것이다.

送趙雲江伯玉之任槐山

괴산의 원님으로 가는 조 운강 백옥을 전송하면서

곧은 길은 세상 용납 받기 어렵고,	直道難容世
아래 벼슬 또 가난만 할 뿐이지만,	微官且爲貧
온 가족이 산골 그 곳 향해 가느라,	全家向山郡
외론 돛배 봄 맞은 강 떠나가노니,	孤棹別江春
계단 아래 단약 부엌 불을 때다가	階下燒丹竈
창 사이선 홀 만지는 사람이 되어,	窓間拄笏人
왕교처럼 오리 신을 지녔을 테니,	王喬有鳧舄
조만간에 기린전서 주상 뵙겠지!	早晩謁麒麟

---

* 直道 : 말뜻은 "곧은 길"로 양심과 도리에 맞게 그대로 살아가는 옳고 바른 길을 말한다.
* 拄笏 : 『世說新語』에 나오는 이야기로, 글자대로의 뜻은 "笏만 만지다"인데, 南朝 宋의 王子猷가 桓溫의 車騎參軍으로 있는데, 溫의 물음에 대답을 하지 않고 手版(笏)만 만지며 빰을 문지르고 말하기를 "西山朝來 致有爽氣(서편 산에 아침이 되면 시원한 기운이 감돌 것이지!)"라고 한 바대로, 세상 권력 등에 초연한 채 자연의 홍취만 즐기는 것을 말한다.
* 王喬 : 중국의 漢나라 明帝 때 王喬가 葉縣의 縣令으로 있었는데, 황제를 뵈러 올 때마다 빨리 와서, 사람을 시켜 확인해 보니, 오리 한 쌍을 잡아서 그것을 신처럼 신듯이 타고 빨리 왔다고 하였다.
* 麒麟 : 중국의 漢나라 때 궁중에 있던 건물인 "麒麟殿"을 말하며, 여기에서는 皇帝가 신하들 중에서 훌륭한 사람을 선발해서 이 건물에서 그 가족들까지를 불러 잔치를 베풀었다고 한다.

해설 이 작품은 작자의 벗인 雲江 趙瑗이 충청도 괴산의 원님으로 부임해 가는 것을 전송하면서 위로와 격려를 담아 읊어 준 시이다.

그래서 수련에서는 주인공이 위로를 받아야 하게 된 처지, 곧 곧은 길로만 살려고 해서 세상에서 용납 받기가 어렵고, 벼슬도 아래 자리라서 가난할 수밖에 없을 것을 알리면서, 함련에서는 그런데도 전 가족이 임지로 가기 위해서 남한강의 외로운 뱃길로 출발하는 것을 전하고 있으며, 경련에서는 그래도 임지에 가서는 오히려 세속적 영화에 초연한 채 신선처럼 자연의 흥취에 자족하며 소임을 다할 것임을 말하고, 미련에서는 이내 임기를 훌륭하게 마치고 임금님의 부르심을 다시 받아 융숭한 대접을 받을 것이라는 격려와 기원을 전하고 있는 것이다.

金城板上韻

금성의 누각에서 현판에 있는 시의 운자를 따라 짓다

끝날 나팔 옛 고을서 불어 들리고,	殘角出古縣
긴 강물은 급류 어둑 흘러가는데,	長河急暝流
남쪽 고향 꿈 깨어나 마음 놀란 채,	驚心楚鄉夢
王仲宣의 누각에서 머릴 돌리니,	回首仲宣樓
북방 비는 개어지기 어려운 터에,	塞雨難逢霽
객의 시름 다시 가을 만났건마는,	羈愁更值秋
고운 이는 아득 천리 멀리 있어서,	佳人杳千里
여기에선 함께 놀기 가망이 없네!	卽此阻同遊

* 金城 : 강원도에 있던 縣으로 나중에 金化郡으로 통합되었다. 이 시에서 "仲宣樓"라고 비교되어 표현된 이 누각은 이곳에 있었던 "暎碧樓"를 말하는 것으로 추정된다.
* 仲宣樓 : 중국의 魏나라 때 建安 七才子의 한 사람인 王粲이 字가 "仲宣"이면서 荊州 當陽縣 城樓에 올라가서 "登樓賦"라는 名文章을 지었기 때문에, 이 "城樓"를 그 뒤에는 "仲宣樓"라 지칭하게 된 것이다.
* 佳人 : 글자대로는 "아름다운 사람"으로 일반적으로는 美人이라는 말이나, 우정이 깊은 사이의 친구나 벗, 때로는 임금님을 가리키기도 한다. 여기에서는 벗을 지칭하는 것으로 쓰였다.

해설 이 작품은 작자가 객지인 이 金城의 누각에 올라서 가을비 속의 나그네로서 고적한 회포를 읊은 시이다.

그래서 수련에서는 날이 샐 무렵 뿔 나팔 소리를 들으며, 급류로 긴 강물이 흘러가는 을씨년스러운 시・공간을 제시하고, 함련에서는 여기에서 고향 꿈을 깨고서 마음은 놀란 채, 누각에서 머리를 돌려 본다고 하였으며, 경련에서는 이 북쪽 지역 가을비도 개이기 어려운 터에, 나그네 시름으로 가을까지 맞게 됐음을 호소하건만, 미련에서는 그립고 보고 싶은 고운 이(벗)는 아득히 천리 밖에 있어서, 이제 여기에선 함께 놀기를 할 가망이 없다는 깊은 한탄을 하고 있는 것이다.

送李善吉還朝 時李以鏡判爲掌令

조정으로 돌아가는 이선길을 보내며

이 때에 이선길은 鏡城判官으로 있다가 掌令으로 발령되었다

문 앞 관리 급히 불러 전갈하기를,	門吏傳呼急
한밤중에 교지 내려 왔다 하더니,	中霄有旨來
판관으로 府使에게 하직을 하고,	繡衣辭玉帳
명마 타고 司憲府로 달려서 가면,	驄馬向霜臺
독수리가 하늘 타고 나는 듯해서,	鵰鶚乘霄漢
살쾡이들 풀 섶 속에 숨을 테지만,	狐狸伏草萊
이 동해 위 부쳐 보낸 편지라 해서,	莫教青海上
한 해 걸러 回答 오게 하지는 마세!	書札隔年回

---

* 繡衣 : 원래 暗行御使를 대칭하는 말인데, 여기에서는 아마도 李善吉이 일찍이 이곳 咸鏡道의 鏡城判官이라는 특수 관직을 맡았었기 때문이거나, 새로 임명된 掌令이라는 벼슬이 司憲府에 속한 것이기 때문에 이런 호칭을 붙여 쓴 것으로 추정된다. 함련의 문맥상 의미 구조로 봐서 그렇게 해석되고 추정되기 때문이다.
* 玉帳 : 한 관청이나 최고 책임자의 지휘 본부를 지칭하는 말로, 여기에서는 이 鏡城判官의 상관인 鏡城府使나 더 위인 咸鏡監司의 本部를 지칭하는 말로 쓰인 것으로 추정된다.
* 霜臺 : 서리는 가을을 상징하는 것이기 때문에 가을과 관련된 관청을 말하며, 가을은 또 刑罰과 상관된 계절이라, 관청으로 비유될 경우에는 조선시대의 刑曹와 義禁府, 또는 司憲府를 지칭하는 것이며, 여기에서는 司憲府를 지칭하는 것으로, 掌令은 이 관청의 4품 직급이다.

해설 이 작품은 작자 자신이 鍾城府使로 있었을 때 지은 것이 분명하다. 같은 道에 있는 鏡城에 判官이라는 특수한 관직에 와 있다가, 司憲府라는 서슬 퍼런 관청의 掌令이라는 무서운 관리가 되어 가는 李善吉이라는 친구에게 선망의 눈길을 실어 축하와 함께 간곡한 우정의 교환을 부탁하는 시이다.

이 작품은 수련의 敎旨 應命에서부터, 함련의 上京 赴任의 과정을 거쳐 주인공에 대한 권면・격려와 추장의 사설이 경련까지 이어질 수밖에 없어, 미련에서는 꼭 하고 싶고 또 해야 하는 서로의 交分과 問安 간청이 의미상 경련과의 긴밀한 연관성이 이완되어 있기는 하나, 미련의 자체 구상과 수사는 작자가 주인공인 李善吉과 간곡하게 授受하고 싶은 긴긴 우정이요 그 부탁이었던 것이라, 실제로는 이 작품에서 미련이야 말로 작자의 가장 진실한 마음을 싣고 있는 것이다. 따라서 "書札隔年廻(한 해 걸러 回答 오게 하지는 마세!)"는 그냥 산문적 해석의 관습에 따라 "편지는 해를 걸러 돌아온다"로 풀어 읽으면 절대로 안 되며, 여기에는 "우리 서로 편지를 자주자주 하고 그 답장도 서로 한 해를 걸러서야 오게 하지는 말자!"라는 간곡한 부탁이 실린 것이므로, 반드시 "(서로의 편지가) 한 해 걸러 回答 오게 하지는 마세!"로 풀어 읽을 수 있어야 하는 것이다.

이 미련에 대해 더 말하고 싶은 것은 한시의 문맥을 산문적으로, 기계적 이해 능력만으로 축자적 번역이나 해석을 해서는 한시를 살려서 이해할 수 없다는 점이다. 그래서 이 미련의 두 구는 그 내적 문맥상으로 한 문장의 긴밀한 구조를 외적 구조로 양분하고 있는 것이므로, 이것을 우리말로 다시 풀어 읽으려면 "以靑海上 莫敎書札 隔年而廻信(동해 위로서 멀다고 해서, 편지로 하여금 한 해를 건너 회답을 하게 하지는 말자!)"로 재조정해서 읽어야 하는 것이다.

秋官契軸

刑曹 官吏들의 계모임 시 두루마리에

형조 관린 天文 따라 호응을 하고,	列宿天文應
사무실선 관리들이 평가를 하니,	官曺大理評
제냥 능히 옥의 송사 깨끗이 하고,	自能淸獄訟
申子 刑名 그걸 배워 함이 아니라,	不是學刑名
높은 선발 영특한 동료 만나서,	高選英僚得
기쁨 찾자 흰 머리털 돋아 날테니,	追歡白髮生
모였다가 흩어짐을 어찌 견디랴?	那堪有聚散
술 대하자 다시 더욱 정이 드는데!	對酒復含情

---

* 列宿 : 하늘의 별자리인 二十八宿를 말하며, 여기에서는 刑曹의 관리들을 지칭하는 말로 쓰였다.
* 官曺 : 관청의 사무실을 말한다.
* 大理 : 刑法을 담당한 관리, 별의 명칭으로 刑獄을 담당한 별, 地方의 政權을 말하는데, 여기에서는 "관리"라는 말로 쓰였다.
* 刑名 : 중국의 戰國時代 申不害가 "循名責實 愼賞明罰(명분을 좇아서 실제를 문책하고, 상 주기를 신중히 하고 벌을 분명히 해야 한다)"라는 주장을 한 것을 "刑名之學(형벌과 명분의 학문)"이라고 하였다. 申不害를 "申子"라고도 불렀다.
* 高選 : 높은 기준으로 잘 선발된 관리나 고시 중의 높은 정도의 준칙이나 기준을 말한다.

해설 이 작품은 작자가 司諫院의 正言으로 있을 때 지은 것으로 추정된다. 형벌을 엄정하게 처리하는 관리들로서 당당함과 자부를 긍지로 여기면서도 만나고 헤어지며 늙고 죽음과 같은 인생의 한애는 어쩔 수 없음을 읊은 시이다.

수련과 함련의 전반은 刑官으로서의 자부와 긍지를 읊었으며, 경련과 미련의 후반은 인간사의 한계와 그로 인한 한애를 탄식하듯 읊고 있다.

齊陵典祀

제릉에 제사 봉행을 맡고서

새벽 대기 엄숙하신 제사 모시니,	候曉陪嚴祀
능 일대엔 눈도 개어 밝고 환한 채,	園陵霽雪明
산 영험해 범・표범도 물리쳐 없고,	山祗屛虎豹
향로 기운 온갖 향기 섞여 나는데,	爐氣雜芬馨
한껏 순종 깊으신 덕 받드시었고,	至順承玄德
끝도 없이 착하신 삶 짝하셨건만,	無疆配令命
정갈한 옷 寶座 한 쪽 비어진 채로,	荷裳虛寶座
차신 패물 남긴 소리 상상뿐일세!	環珮想餘聲

* 齊陵 : 조선왕조 태조의 初妃인 神懿王后 韓氏의 능으로, 당시에도 서울 근처가 아니고 개성의 근처인 豊德에 있었다.
* 山祗 : 산의 분위기가 엄숙하고 경건하여 신령이 있는 것 같은 분위기를 지칭한 말이다.
* 至順 : 글자대로는 "지극한 순종"인데, 바로 절대적인 순종을 하는 것을 말하는 것이다.
* 玄德 : 더없이 깊고 숭고하신 덕이라는 말로, 바로 임금님의 깊고 숭고하신 덕이라는 말이다.
* 無疆 : 지경이 없다, 끝도 없다는 말이다.
* 荷裳 : 글자대로는 "연잎으로 지은 옷"으로, 인품이 고결한 사람의 옷을 말하며. 숨은 선비의 옷이기도 하다. 여기에서는 神懿王后 韓氏의 옷을 말하면서, 이 옷으로 왕후 자신을 대신 지칭한 것이며, 왕후는 남편인 太祖 李成桂가 임금이 되기 전이라 미쳐 왕후가 아닌 채 궂겨서 서울로

오지도 못하고 개성 근처에 묻혀 있다가, 뒤에 왕후로 봉해져서 이 무덤이 齊陵이 되었고 지금도 그곳에 있다. 太祖의 健元陵은 홀로 지금의 경기도 九里市 東九陵에 있다. 이 詩에서 "荷裳虛寶座(정갈한 옷 보좌 한 쪽 비어진 채로)"라고 읊은 것은 太祖가 임금이 된 뒤에 이미 神懿王后가 궂겼기 때문에 임금의 자리인 寶座에는 그 한 쪽이 비어 있었다는 것이며, 또한 太祖가 궂겨서 묻힌 健元陵에도 그 한 쪽이 비어 있다는 것이다.

* 寶座 : 임금이 앉는 자리인 玉座를 말한다. 여기에서는 실제 임금님인 太祖 李成桂의 玉座이면서, 太祖의 健元陵 속의 자리도 함께 지칭하는 것이다.

해설 이 작품은 주인공인 神懿王后 韓氏의 齊陵에 祭祀를 올리는 상황과 왕후의 덕성을 추모하는 시로, 그 어휘들이 실제의 사실들을 상징과 비유로 표현하고 있어서 그 사실들의 내용들을 살펴서 읽어야 한다.

수련은 새벽을 기다려서 엄숙하게 능에 제사를 드리는데, 능 주위 일대에 내리던 눈이 개이고 환하게 밝아졌다는 것이고, 함련은 능이 있는 산에 영험이 있는지 범과 표범 같은 사나운 동물들이 이 제사를 위하는 듯 자취를 감추었고, 향로에 감도는 기운에는 여러 가지 향기가 섞여 경건함을 더하는 듯 감돌고 있다는 것이며, 경련은 왕후께서 생전에 절대적인 순종으로 태조의 깊고 숭고한 덕을 받드셨고, 끝없이 고운 마음씨로 지극히 착하신 태조의 삶을 함께 하셨다는 것이다. 미련은 이렇게 훌륭하신 왕후께서는 일찍 궂기셨기로 태조 옥좌의 한 쪽이 비어있게 되었고 태조 능에도 한 쪽이 빈 채로 있게 되어, 태조께서 승하하시기 전에도 왕후께서 생시에 차셨던 佩玉들의 남긴 소리만 상상하셨을 것이고, 태조께서 능 속에서도 그 소리만 상상하시게 되었으니, 참으로 통한스럽다는 것이다.

작자가 이 작품에서 신의왕후의 영혼을 정말로 崇慕하고 진심으로 위로하고 싶은 마음을, 가장 진실한 시상으로 재구성하고 가장 치밀한 수사로 집약 형상화한 미련의 "荷裳虛寶座(정갈한 옷 寶座 한 쪽 비어진 채로)"와 "環珮想餘聲(차신 패물 남긴 소리 상상뿐일세!)"이라는 두 구는, 太祖의 안타까운 왕후 추억은 물론 읽는 이들까지 이에 공감 동조하게 하는 것이라, 정녕 우리들의 무한한 반추와 찬탄을 유도하는 秀句들이 아닐 수 없다.

題友人僑居

벗의 임시 거처를 제재로 삼아서

남쪽 거리 가까이는 살기 싫어서,	厭住南街近
북쪽 마을 깊숙 이사 살고 있자니,	移居北洞深
宜城尉가 下賜 받아 살던 집터에,	宜城賜第宅
慶順翁主 옛날 아낀 정원 숲이라,	公主舊園林
이끼 빛은 책 질까지 덤벼들었고,	苔色侵書帙
솔 그늘은 베개·이불 덮고 있는 채,	松陰覆枕衾
말·마차의 자취라곤 딱 끊겨 없고,	絶無車馬跡
때로 찾는 옛 친구만 있을 뿐일세!	時有故人尋

* 宜城 : 조선시대 成宗大王의 四女인 慶順翁主의 남편인 宜城尉 南致元의 집터를 말하는 것으로 추정된다.
* 公主 : 성종대왕의 四女인 慶順翁主를 말하는 듯한데, 일반적으로 임금님의 딸들을 公主로 통칭하기 때문에, 翁主를 公主라고 표시한 것으로 추정된다.

해설 이 작품은 벗이 사는 곳이 비록 임시 거처지만 세속적 번잡을 벗어난 곳임을 세상에 알리듯 거처의 내력도 알리고, 아늑하고 평온한 주거의 분위기까지 소개하듯 알리면서, 미련으로 시끄러운 세속과 절연된 채 자신과 같은 옛 친구만 찾는 아늑하고 한적한 곳이라는 점을 찬동하며, 조금은 말없이 부러움도 담아 "絶無車馬跡

(말 · 마차의 자취라곤 딱 끊겨 없고)"하기 때문에 "時有故人尋(때로 찾는 옛 친구만 있을 뿐일세!)"한다고 읊음으로써, 자네는 절대 俗人은 사절하고 나 같은 故人(벗)만 찾아오게 하라는 말과 함께 말없이 "자네와 나만 俗人이 아닐세!"라는 마음을 전하고 있는 좋은 시가 되었다.

送人赴京

북경으로 가는 사람을 보내면서

어릴 적엔 정겨웠던 친구였다가,	童穉情親舊
중간 이후 얼굴 보기 뜸했었으니,	中間面目疎
만 리 길에 헤어짐은 어찌 견디나?	那堪萬里別
핼 넘겨도 편지할 순 없게 될 텐데,	未得隔年書
겨울 해만 관문 나루 비춰들 게고,	寒日臨關渡
잔 먼지만 수렐 따라 일 테지마는,	輕塵逐傳車
접성 있는 자네 집은 잘 있을 테니,	蝶城家好在
"어떠할까?" 염려는 또 하지 말게나!	且莫念何如

* 面目 : "얼굴"을 뜻하는 말로 쓰이나, "얼굴을 서로 마주하여 보는 행위" 자체를 의미하는 말로 많이 쓰여서 그냥 "얼굴 보기", 혹은 "對面"이라는 말로 많이 쓰이며, 여기에서도 이런 말로 쓰였다.

* 關渡 : 우리나라의 사절단이 북경에 갈 때 거치는 곳이었던, 중국의 하북성에 있는 만리장성의 동쪽 끝 관문인 山海關의 근처에 있는 나루터를 말하는 것으로 추정된다.

* 傳車 : 짐 같은 것을 실어 나르는 수레로, 여기에서는 우리 사절단의 짐을 받아 싣고 가는 중국의 수레를 말하는 것으로 추정된다.

* 蝶城 : 당시 우리나라의 어느 지역을 지칭하는 옛 명칭일 것이며, 아마도 이곳에 지금 북경으로 가게 된 작자의 벗이며 작품의 주인공이 살고 있을 것으로 추정된다. 작자와 유년 시절 친구였다는 점으로 봐서는 아마 전라도 靈巖의 어느 곳일 듯 하나 확인이 되지 않는다.

해설 이 작품은 당시로서는 아주 멀고 막막함을 절감하게 되는 중국의 북경을 가는 벗을 위로하고, 평안을 빌며 읊어준 시이다.

그래서 수련과 함련에서는 "자네와 내가 어렸을 적엔 정겹던 친구였다가, 중간에는 서로 만남도 뜸해지기만 했으니, 자네가 만 리 먼 길을 가게 되어 작별하는 데야 어찌 서글픔을 그냥 견디겠는가? 더구나 한 해를 넘겨도 편지도 할 수 없게 될 텐데"라며 안타까워하고, 경련에서는 친구가 가야 할 도중의 쓸쓸하고 어설픔을 예상하면서, 미련에서는 친구에게 여행 중 집 걱정은 하지 말라는 당부로, 무언으로 도중의 평안과 귀정의 무사 평안도 함께 기원하고 있는 정겨운 송별시다.

廢寺

폐허가 된 절을 보고

부천 남고 향 피우긴 끊겨진 채로,	有佛絶香火
스님 없이 제냥 아침저녁 맞는데,	無僧自暮朝
낡은 방엔 해진 장삼 걸리어 있고,	古寮垂破衲
마른 우물 헌 표주박 버려졌으며,	枯井棄殘瓢
지름길엔 금년 가을 낙엽 싸였고,	逕積今秋葉
부엌에는 작년 땔감 남아 있는 재,	廚餘去歲樵
찾아오는 손님 다만 맞고 있다간,	只應遊客到
돌아간 뒨 다시 고요할 뿐이겠지!	歸後更寥寥

해설 이 작품은 우선 수사적으로 아주 정교하고 치밀한 솜씨를 보이고 있다. 주제는 제목에서 쉽게 알 수 있는 바대로 "폐허가 된 절의 황량함"이다.

그런데 이 작품에서 수련과 미련만을 따로 분리해서 그 네 구를 순서 그대로 놓고 보면, 이것은 같은 제목의 아주 잘 된 또 하나의 五言絶句 작품이 된다. 그리고 함련과 경련만을 또 따로 분리해서 그 네 구를 순서대로 놓고 보면, 역시 같은 제목의 아주 새로운 수사로 네 구도 모두 對句(四句皆對)로 이루어진 또 한 수의 좋은 五言絶句가 된다.

작자는 폐허화한 절을 수련에서는 우선 대강과 외양 상태로의 대상으로 파악하고, 함련과 경련에서는 여기에 다시 그 내적 실상들을 탐색하듯 예거하여 보충 제시한 뒤, 이렇게 폐허가 된 절의 황량하고 적막한 상황에 누구나 공감하는 감정의 전부를 홀로 집약하여 절감한 듯 "只應遊到客 歸後更寥寥(찾아오는 손님 다만 맞고 있다간, 돌아간 뒨 다시 고요할 뿐이겠지!)"라며 청승맞을 만큼 구성진 목청으로 읊었을 이 미련은 이 작품의 수련에서 "有佛(부천 남고)"과 "無僧(스님 없이)"이라는 기막힌 對稱의 구상과 수사로 시작하여, 필요 없는 글자를 하나도 찾을 수 없이 40개의 글자들을 꼭꼭 박아 넣듯 읊어낸 이 절창을 기막히게 마무리한 끝맺음의 글이면서 끝남이 없을 沈吟의 목소리다.

奉先寺僧軸

봉선사 스님의 시 두루마리에 쓰다

신령한 뜻 중앙 사방 빛나게 되어,	靈圖光五葉
왕위 변혁 벌써 용을 타시었는데,	鼎水已乘龍
한 낮에도 신선 풍챈 갈무렸지만,	白日仙儀秘
푸른 산엔 영정 방이 허허로운 채,	青山影殿空
임금님 향 부처 등불 이웃해 있고,	御香隣佛火
무덤길은 큰 종소리 통할 테지만,	幽隧徹洪鍾
다만 모든 하늘 저 밖 계실 것이니,	只在諸天外
고운 명정 아득하여 못 좇겠구나!	霓旌杳未從

* 奉先寺 : 경기도 남양주시에 있는 절이다. 원래는 운악사라는 절인데, 조선왕조 世祖大王의 왕비인 貞熹王后가 세조대왕이 승하하자, 세조대왕의 명복을 빌고 光陵을 수호하기 위해서 중창하고 확장하여 새롭게 꾸민 願刹이다. 이 절에는 세조와 왕후의 위패와 영정을 모신 전각도 있었을 것이고, 신하들과 왕족들이 숙박할 수 있는 건물도 있었을 것이다. 지금은 문화재인 조선초기의 큰 범종이 남아 있다.
* 靈圖 : 浮圖와 明堂圖 등을 말하나, 여기에서는 "정희왕후의 신령스런 큰 계획이나 큰 뜻"이라는 의미로 쓰였을 것이다.
* 五葉 : 다섯 갈래의 잎인 人蔘, 다섯 개의 花瓣, 五代나 五世 등을 말하나, 여기에서는 아마도 다섯 개의 꽃잎 같이 "이 나라의 中央과 四方"이라는 상징어로 쓰인 것으로 추정된다.
* 鼎水 : 鼎은 卦名이다. "九鼎"이 王朝나 王權의 상징이라, "鼎者就新成變者也(鼎이라는 卦는 새로운 것으로 나가서 변화를 시키는 것이다)"라고 풀

이되는 바대로, 鼎革이라는 뜻인데, 鼎水는 여기에 "水(潮水)"자를 합친 말로서 世祖에 의하여 계획되고 시도된 왕권 簒奪의 情勢를 암시한 말로 추정된다.

* 乘龍 : 龍을 탔다는 말이므로, 世祖가 이미 王位를 쟁취한 사실을 말하는 것으로 추정되며, 작자도 世祖의 王位 찬탈을 의리관으로 정당시하지는 않았겠지만, 자신의 선조부터 이미 世祖 후예 왕실의 臣民이므로, 도리상으로 당연히 尊崇하고 미화한 것으로 추정된다.
* 仙儀 : 글자대로의 뜻은 "신선의 거동"으로, 여기에서는 이미 승하하신 세조대왕이 저 세상의 "신선이 되어 있는 풍채"라는 말로 쓰인 것으로 추정된다.
* 影殿 : 세조대왕의 影幀을 모시어 놓은 절 안의 殿閣일 것으로 추정된다.
* 御香 : 세조대왕의 영정이 모셔져 있는 전각에 향을 피우는 香爐일 것이다.
* 佛火 : 부처님이 모셔진 전각에 켜져 있는 등불일 것이다.
* 幽隧 : 봉선사에서 가까운 곳에 있는 世祖大王의 光陵 봉분 속에 만들어져 있는 "隧道"라는 것으로서 이른바 "무덤길"이라고 말하며, 이 "幽隧"는 "깊이 숨겨져 있는 무덤길"이라는 말이다.
* 霓旌 : 무지개처럼 아름다운 기를 말하는데, 여기에서는 임금님의 장례(因山) 행렬에서 앞에 가는 銘旌(장례의 주인공을 표시하는 깃발)을 말하는 것이다.

....

해설 이 작품은 비록 봉선사 스님의 시 두루마리에 적어 넣은 것이지만, 스님이나 절 자체를 주제로 하지 않고 오히려 이 절과 상관된 世祖大王과 그 王妃인 貞熹王后 尹氏, 그리고 이들의 무덤인 光陵을 주 제재로 삼아 읊은 조금은 신비롭고 엄숙하고 경건한 시이다.

그래서 수련에서는 세조대왕의 왕위 쟁취를 그 큰 뜻과 天命에 따른 것으로 추장하고, 함련에서는 光陵을 신선의 공간으로 삼고 그 안에 모셔진 세조를 신선으로 높여 그 풍채를 갈무렸다 하고, 봉선사 절 안의 영정 모신 전각 안은 조용한 채 허허롭다고 하였으며, 경련에서는 영정 전각의 향로와 부처님 앞 등불이 이웃하여 부처님의 가호를 받고, 능 속의 세조대왕과 왕후가 다니는 무덤 속 길에도 절의 큰 종소리는 울려가 축복할 것임을 암시하고 있으며, 미련에서는 이렇게 세조대왕과 왕비 두 분은 신선이 되어 불교와 도교에서 말하는 하늘나라에 가서 계실 것이니, 두 분을 선도하고 간 명정만을 좇아가서는 뵈올 수가 없어서 한탄스럽다는 감정을 담아 읊고 있는 시이다.

奉恩寺僧軸

봉은사 스님의 두루마리에 쓰다

이번 길도 꽃 친구를 찾아오면서,	此路尋花伴
허트러진 도롱이는 작년 같은 채,	披簑似去年
스님 만나 있는 산 절 물어보고는,	逢僧問山寺
말 세우고 나룻배를 부르며 보니,	立馬喚津船
멀리 숲은 봄 맞은 성 등져 서 있고,	遠樹春城背
풀밭에는 저녁 비가 사뭇 내리니,	平蕪暮雨連
외려 뒤편 풍경 소리 시름겹구나,	猶愁後臺磬
희미하게 얕은 안개 가리웠으니!	隱隱隔微煙

* 後臺 : 後面에 있는 高臺, 劇場 舞臺의 後面 部分, 背後操縱 등을 말하나, 여기에서는 “뒤편에 있는 높은 觀望臺”라는 뜻으로 쓰였다.

해설 이 작품은 봉은사를 찾아가다가 겪는 상황과 구경하는 풍경들을 하나씩 놓아 그리듯 읊어낸 시이다.

그래서 수련에서는 꽃구경을 함께 할 친구를 찾아오면서 허트러진 도롱이를 걸치고 있는 자신의 꼴이 작년과 꼭 같은 행색임을 소개하고, 함련에서는 마침 만난 스님에게 어느 절에 있느냐고 묻고, 타고 가던 말을 세우고는 저 건너편에 있는 나룻배를 부르면서 바라보고 있는 자신의 행태를 그려 보이고 있으며, 경련에서는 바라보고 있는 강 건너편 멀리의 숲은 성 등성이를 등져 서 있고, 펼쳐진 풀밭 위에는 저녁비가 사뭇 내리고 있음을 전하면서, 미련에서는 아직 미쳐 강을 건너지도 못한 채 저 봉은사 뒤편에서 멀리 울려오는 풍경 소리만 은은하게 얕은 안개에 가린 채 들려 시름겹기만 하다며 애틋한 듯 읊고 있다.

奉呈使相 又寫一通 分示會穩兩府伯

관찰사께 받들어 드리면서, 또 한 통을 베껴서 會寧과 穩城 두 곳의 都護府使님들에게도 나누어 보여 드렸다

聖主께서 몸소 친히 先導하시니	聖主親推轂
장군들은 책무 처음 덜게 됐지만,	將軍服始除
평화 시도 호령은 엄숙히 하고,	平時號令肅
해 넘겨도 편한 놀인 뜸했었기로,	經歲宴遊疎
눈 속 영에 봉화불이 오른 적 없고,	雪嶺無烽火
북쪽 국경 전황 보고 없었던 터라,	楡關絶羽書
왕실 조정 국방 수비 철저히 하니,	漢家深鎖鑰
그 누가 북쪽 국경 허술타 하랴!	誰道北門虛

---

* 使相 : 중국의 唐나라 때 節度使와 中書, 門下省의 平章事를 겸직한 사람을 지칭하는 말이나, 우리나라에서는 宰相이면서 觀察使로 가는 사람을 이르는 말이었다. 여기에서는 咸鏡道 觀察使를 말하며, 推轂이라는 표현으로 봐서 상당한 軍權이 부여되어 있었을 것이다.
* 推轂 : 마차 바퀴를 밀어서 나가게 하는 것을 말하나, 여기에서는 황제가 장군에게 軍權을 위임하면서 先導하는 것을 말하며, 마차의 바퀴를 끌어서 움직이게 하는 것이라는 뜻이다.
* 楡關 : 중국 河北省에 있는 山海關을 지칭하는 말이나, 여기에서는 咸鏡道 북쪽의 국경 관문을 말하는 것이다.
* 羽書 : "羽檄"과 같은 말로 "위급한 전황 보고서"를 말한다. 전황이 위급하기 때문에 깃을 꽂은 화살과 같이 빨리 달려가서 전달돼야 한다는 의미에서 "羽(깃)"자가 붙어 쓰였으며, 군대를 소집하는 徵兵文書를 말하기도

한다.

* 漢家 : 중국의 漢나라 皇室을 말하는 것으로, 뒤에는 중국 자체의 황실을 지칭하는 말로 쓰였다. 여기에서는 우리나라의 조정을 의미하는 말로 쓰였다.

해설 이 작품은 작자 자신이 함경도의 鍾城府使로 가서 있을 때에 지은 것으로, 관찰사가 왕명을 받들고 바로 와서 북쪽 국경지역을 시찰·점검하는 것을 찬양·경하하는 의의를 담아 읊은 시이다. 그러나 이 같은 제목의 세 번째 작품에서 확인되는 바대로, 작자는 鍾城府使에서 罷職의 命을 받고서 지은 것을 알 수 있다.

그러나 이 작품의 수련에서는 聖明하신 주상께서 關北의 安寧을 친히 챙기셔서 使相으로 관찰하게 하여 이 지역의 장군격인 都護府使들의 책무가 처음 덜어지게 됐음을 말하고, 함련에서는 조정에서 평화 시에도 군사적 호령은 엄숙·정연하게 수행하고, 지역의 도호부사들은 안일과 宴樂에 몰두하는 것이 거의 없었음을 말하고 있으며, 경련에서는 이렇게 했기 때문에 봉화불이 올라가고 전황 보고서가 전달되는 위급한 상황이 없었음을 말하면서, 미련에서는 왕실과 조정에서는 북방의 민생과 국방의 안녕을 이렇게 잘 지키게 되었으니, 그 누가 북방이 허술하게 되어 있다고 말할 수 있겠는가? "절대로 그렇지 않다"는 것을 "誰道(그 누가 그렇다고 말할 수 있겠는가?)"라는 두 글자로 강력하게 반문하듯 강조하고 있다.

이런 점에서 이 작품의 첫 수는 함경도에 관찰사로 임명돼 온 어느 분에게 바친 것으로, 함경도 현장에 와서 있는 使相께 바친 것으로 판단되며, 여기에 실린 뜻은 자신의 罷職을 몰고 온 빌미인 조정의 논의에 항의의 의도를 간접적으로 담은 것으로도 추정되는 것이다.

又

또 한 수

여러 차례 원수님의 돌봄 입은 게,	屢得元戎顧
너무 많이 예절 넘쳐 부끄러운데,	多慙禮數除
뽑힌 그댄 謀策 어찌 모자라겠소?	叅卿奈謀拙
용렬한 난 재간 엉성 한탄스런데,	○○歎才疎
관기들도 되놈 춤에 능통해 있고,	官妓能胡舞
보초병도 陣法 책을 환하게 꿰어,	番兵解陣書
본부 안에 한 가지도 일이 없는 채,	幕中無一事
노래와 북 개인 하늘 울려 납니다.	歌鼓沸晴虛

* 元戎 : "元帥"라는 말과 같은 것으로, 군대의 사령관을 의미하나, 여기에서는 앞에서 나온 使相(宰相이면서 觀察使로 가시는 분)이 그냥 觀察使가 아니라, 어느 곳보다 軍事的인 권한이 있었던 관리였기 때문에 이렇게 "元戎"이라 호칭한 것이다.
* 禮數 : 예절 · 예의 · 의식 등을 말하나. 여기에서는 "대우하는 예절"이라는 뜻으로 쓰였다.
* 叅卿 : "參軍" 또는 "參謀"에 대한 敬稱이다. 그런데 이 어휘에서 "參"은 "뽑히다"이고 "卿"은 "당신" · "자네"라는 말로도 쓰이므로, 우리말로는 "뽑힌 그대들"이라는 말로 쓰인 것으로 추정된다.
* 虛 : 여기에서는 "허공" 곧 "하늘"이라는 말로 쓰였다.

해설 이 작품은 아마도 작자가 관찰사의 부름을 받아 동료인 會寧과 穩城 두 都護府使의 연회 자리에 참석하여 그 도호부사들에게 준 시로, 그들의 재능에 대한 칭송과 함께 그들의 好意에 대한 고마움을 전하는 시이다.

그래서 수련에서는 元戎(元帥)님의 과분한 예우에 고마움과 함께 부끄럽다는 인사를 정중하게 차리고, 함련에서는 상대 도호부사들의 남다른 謀策에 비해 모자란 자신의 재능을 실토하였으며, 경련에서는 관기들도 되놈 춤에 능하고, 보초병도 陣法을 환하게 꿰고 있어서, 두 都護府使 그대들은 되놈들에 대한 대비를 완전하게 하여 걱정 없이 연회까지 베풀고 있음을 말없이 감탄하고 있으면서, 미련에서는 그래서 이 본부 안에서는 한 가지의 불상사도 없이 태평한 분위기라, 이것을 한껏 즐기는 노래와 북 소리가 저 맑게 갠 하늘로 울려 퍼지고 있다는 축하이며 감탄을 하고 있는 것이다.

이 작품에서 넷째 구는 앞의 두 글자가 없이 "歎才疎(재간 엉성 한탄스런네)"라는 서술부분만 기록되어 있다. 이 두 글자는 문면상으로는 분명 脫字이거나 誤記로 판단되지만, 문집에서도 비워진 채로 있는 것을 봐서는 그렇게 쉽게 판단할 것이 아님을 알아야 한다.

필자는 이 구에 대해서 그 없는 두 글자를, 작품 전체의 文意的 有機 構造로 추정하여서 "劣我(용열한 난)"라는 語彙일 거라고 보충하여 풀어 國譯하였거니와. 이 두 글자는 필자 같은 短文한 사람도 어느 정도 추정할 수 있는 主語型 語彙일 것이므로, 이 글을 받는 會寧과 穩城의 두 都護府使는 마땅히 쉽게 보충하여 읽을 수 있었을 것이므로, 작자는 의도적으로 文氣의 멋 자랑과 遊戲를 슬쩍 실수처럼 비워서 그냥 둔 것으로 추정되는 것이며, 다음 작품에서도 꼭 같은 수법으로 그렇게 한 것을 보여주고 있어서 더욱 그렇게 추정되기 때문이다. 그러나 이 "劣我歎才疎"는 필자의 短見으로 再構해 본 것 뿐임을 밝혀 둔다.

又

또 한 수

옥 휘장 앞 어젯밤에 눈 내렸건만, 玉帳前宵雪
아침에도 다 쓸어서 제거 못한 채, 朝來不掃除
변방 바람 지면 걷듯 불어제치고, 邊風捲地吼
국경 햇빛 구름 새로 을씨년 한데, 塞日漏雲疎
흰 말 새로 타고 온 도호부사는, 白馬新都護
푸른 도포 입은 옛날 掌書였으니, 靑袍舊掌書
못난 채로 은혜로운 대울 입고서, ○○被恩遇
보답함에 감히 헛말 할 수가 있나! 報答敢云虛

---

* 玉帳 : 구슬로 꾸민 휘장을 말한다. 그런데 이런 휘장을 두른 건물이 주관청이나 사령부였기 때문에 본부를 대유하는 말로 쓰였다.
* 都護 : "都護府"나 "都護府使"의 준말로, 여기에서는 "都護府使"를 지칭한 말로서 바로 자신을 자칭하는 것으로 쓰였다.
* 靑袍 : 푸른 도포를 말하며, 이런 도포를 입은 사람은 조선왕조의 하급관리들이었기 때문에, 이것은 하급관리를 지칭하는 말로 쓰였다.
* 掌書 : 조선시대 東宮에 딸린 從8品의 女官이라고 하나, 여기에서는 아마도 작자 崔慶昌이 일찍이 禮曹와 兵曹의 員外郎으로 있을 때에 書籍을 많이 접해서 스스로 이렇게 말한 것으로 추정된다.

해설 이 작품은 작자 자신이 자신에게 주는 의의로 지은 이른바 "自贈詩"이지만, 여기에서는 會寧과 穩城 두 곳의 都護府使들에게도 보여준 것으로, 작자 자신이 宣祖大王의 특명으로 鍾城都護府使로 올 제 臺諫의 논쟁이 있었다는 것을 보면, 자신이 특명의 恩澤을 입은 것에 대하여 기막힌 감정을 절감하면서 자신의 굳은 責務 意志를 다짐하며 읊은 시이다.

그래서 수련과 함련에서는 부임한 시기, 부임한 곳의 서글픈 풍경과 상황을 제시했으면서도, 경련에서는 지금 백마를 타고 성장의 행차로 부임하는 자신을, 과거 寒微한 下僚의 자신으로 비겨 回顧하면서, 미련에서는 聖主의 크신 恩澤에 대한 결연한 의지로의 報答을 굳게 다지고 있는 것이다.

이 작품에서도, 미련의 앞 구에서 주격 어휘여야 할 두 글자가 빠진 채 "被恩遇(은혜로운 대우 받고서)"라는 서술 부분만 남아 있다. 이 두 글자도 물론 문면상으로는 脫字나 誤記가 분명하지만, 앞의 작품에서와 같이 文集에서도 비워진 채로 남아 있는 것은 역시 다른 의미로 유의하여 읽을 필요가 있다.

필자는 이 앞 구에 대해서도 그 없는 두 글자를 유추 추정하여 國譯한 바대로, 이 작품에서도 그 전체의 文意的 有機 構造로 추정하여서 "以駑(못난 채로)"로 보충하여 풀어 國譯하였거니와, 이 두 글자도 역시 필자 같은 短文의 눈으로도 추정 보충을 시도한 것이라, 會寧과 穩城의 두 府使들은 바로 이에 相當한 어휘의 글자들을 찾을 수 있었을 것이므로, 여기에서도 작자는 역시 의도적으로 文氣의 멋 자랑과 遊戱를 슬쩍 실수처럼 부려본 것으로 추정이 되는 것이다. 그러나 여기에서도 필자가 추정한 두 글자를 보충하여 再構한 "以駑被恩遇"는 물론 필자의 단견으로 再構한 것일 뿐임을 밝혀 둔다.

贈會山府伯

회령부사에게 주다

파면 되곤 이내 邊塞 머물렀는데,	罷官仍滯塞
敎旨 내려 새로 고쳐 除授하시니,	有旨改新除
중요 직위 바야흐로 임용할 때에,	公輔方須用
忠誠·善良하면 어찌 소외됐으랴,	忠良豈見疎
邊方 機先 유독 대책 기회 주시며,	邊機獨賜對
만 리 먼 길 그 몇 번 글 보내셨던가?	萬里幾封書
우습구나 뭇 異議만 초래했으니,	自笑招群議
재능·명성 이른 것이 헛것이었네!	才名早是虛

---

* 會山 : 會寧의 옛 명칭이다.
* 改新除 : "고쳐져서 새로 除授(任命)되었다"는 말로, 작자는 조정에서 국경의 軍事政策을 不實하게 했다는 탄핵을 받아 鐘城都護府使에서 파면되어 있었는데, 宣祖大王의 특명으로 성균관의 정5품 벼슬인 直講으로 임명을 받았다.
* 公輔 : 三公과 四輔를 말하며, 三公은 원래 중국 周나라의 太師·太傅·太保를 말하나, 당시 우리나라에서는 領議政·左議政·右議政을 말한다. 四輔는 임금의 전후좌우에서 임금을 보좌하는 벼슬아치로 前疑·後丞·左輔·右弼을 말한다.
* 忠良 : 충성스럽고 선량한 인재를 말한다.
* 邊機 : 함경도 변방 국경지역의 수비를 위한 사전의 대비를 이르는 말이다.
* 賜對 : 변방 국경지역의 수비를 위한 사전 대비책을 강구할 기회를 주셨다

는 말로, 임금님으로부터의 신임과 총애를 확인하고 무한히 감사하는 의의를 갖는 것이다.

* 封書 : 임금님이나 왕비가 기밀한 내용을 적어 봉한 다음 신임하는 신하나 아랫사람에게 은밀하게 보내는 글이다.

해설 이 작품은 작자가 자신의 어려워진 정황을 스스로 한탄하는 시이다. 이 작품은 鐘城都護府使로 임명될 때부터 반대를 하던 조정의 일부 신료들에 의하여, 다시 변방의 軍事政策을 잘 못했다는 비판으로 府使에서 파면되어 있던 중에, 宣祖大王의 특명으로 다시 成均館의 정5품 直講으로 임명을 받은 뒤에 지어서, 아마 交分이 두터웠던 會寧都護府使에게 하소연을 겸하여 기막힌 한탄을 실어 전해준 시로 판단된다.

그런데 작자가 미쳐 서울로 돌아가지도 못한 채 이곳 鏡城에서 객지 손님으로 불행하게 45세의 안타까운 생을 마친 것을 놓고 보면, 이 시는 자신의 운명을 예감한 듯 한 심기의 눈짓을 "早是虛(이른 것이 헛것이었네!)"라는 외마디에 二重構造의 아주 미묘한 의미를 함축시켜 놓고 있는 시이다.

그래서 수련에서는 파면에 뒤 이어 直講의 임명을 받은 것에 聖恩을 느끼면서. 함련에서는 조정과 임금님의 인재 등용의 공정함을 들어 자신의 당당함을 확신하고, 경련에서는 임금님께 받은 총애와 신임을 자부하면서, 미련에서는 이내 "才名早是虛(재능·명성 이른 것이 허망하였네!)"라는 마무리로, "재능과 그 명성"이라는 것을 주어로 삼아 강조하여, 읽는 의도로 해독하면 "재능이 있고 그래서 명성을 얻은 것이 이른 것은 실질적으로는 재능이 그렇지 못한 허망한 것이었다"는 자성이며 자수의 선언으로 읽혀지지만, 지극히 자연스런 문맥의 표현 구조로 해독하면 "재능과 그에 따른 명성이 일찍부터 알려진 지금의 결과로는 허망하다"는 일찍 인증 받은 재능과 그로 인해 듣게 된 명성이 오히려 뭇 사람들의 훼방 논의로 바뀐 것에 웃을 수 밖에 없이 허망할 뿐이라는 자탄이며 푸념을 하고 있는 것으로, 끝구의 끝을 맺고 있는 "虛"자에는 마치 그 먼 객지에서 외롭게 죽음을 맞을 것을 무자각으로 예감한 듯 한 눈짓이 읽혀지고 있다.

留別會穩兩府伯 到豊山寄呈

회령과 온성의 두 부사를 남겨 놓고, 풍산에 도착해서 부쳐 드리다

幕府 안에 손님 된 지 오래였다가,	幕中爲客久
관 밖으로 해를 걸러 돌아왔으나,	關外隔年廻
말에 안장 한밤 내내 선 채 있자니,	鞍馬通宵立
그 성문이 통행 시간 앞서 열려서,	州城先漏開
허겁지겁 미처 작별 못하고 와서,	匆匆未成別
아득하게 술잔 교환 기억뿐이라,	杳杳憶傳杯
비록 집에 갈 즐거움 있긴 하지만,	縱有到家樂
임들 두고 혼자 온 게 시름겨워요!	留君愁獨來

해설 이 작품은 작자가 일찍이 北評事에 임명되어 함경도에 와서 會寧과 穩城의 府使 幕僚로 근무한 다음 같은 道의 豊山으로 와서, 北評事로 두 府使 밑에서 잘 있다가 인사도 제대로 못 차리고 떠나온 것에 용서를 빌며, 또 이 두 府使들은 남겨 놓은 채 혼자만 돌아오자니 시름겹기도 하다는 심경을 전하는 시이다.

이 작품도 수련과 미련 네 구만으로 주제의 요지를 전달할 수 있는 한 수의 五言絶句가 될 수 있으며, 함련과 경련의 병렬형 네 구는 떠나오는 구체적 정황과 진솔한 심경을 여실하게 알리는 또 한 수의 五言絶句가 될 수 있어, 역시 치밀한 구상과 능숙한 수사의 높은 솜씨를 잘 보여주는 좋은 작품이다.

受由上京
말미를 받아 서울로 올라가면서

부하로서 많은 일은 없는 터라서,	幕下無多事
고향으로 잠시 귀환 허락됐지만,	鄕園許暫歸
지휘 중에 멀리 나와 힘드시는데,	指麾勞遠出
송별 연회 지는 해에 애틋했으며,	飮餞惜餘暉
작별 순간 거듭거듭 손잡으시니,	臨別重携手
은혜 새겨 옷깃 눈물 적실 듯하여,	懷恩欲濕衣
微誠으로 좀이라도 갚아야 하니,	微誠期少報
시골집에 감히 누워 못 있겠구나!	不敢臥柴扉

* 受由 : 글자대로의 뜻은 "말미를 받다"인데 그냥 "말미"라는 말로 쓰인다.
* 鄕園 : "鄕里(시골 마을)"라는 말로 "고향"과 같이 쓰인다.
* 飮餞 : 술자리를 베풀어 전송하는 것이나 전별의 연회를 말한다.

해설 이 작품도 작자가 北評事로 함경도에 가서 會寧·穩城의 府使들의 幕下에 있다가 말미를 받아 서울로 올 때 지은 것으로 추정된다. 작품의 제목에서 보는 바대로 府使의 막하에 있으면서 말미를 받아서 귀향하는 것이다.

수련에서는 府使의 막하에 있으면서 말미를 받아 잠시 귀향하는 사연을 말하고, 함련에서는 지휘라는 직무를 수행하는 바쁜 중에 府

使가 수고롭게 자신을 전송하기 위해서 멀리까지 나와서, 지는 해를 애틋하게 여기며 전송해 주는 것을 말하면서, 경련에서는 거듭거듭 손을 잡고 작별을 하는 부사에게 너무 고마운 은혜를 가슴에 새기며 눈물이 옷깃을 적실 듯 함을 실토하고, 미련에서는 적은 정성으로나마 조금이라도 은혜에 보답해야 하겠다는 마음의 약속을 하게 되니, 집에 돌아가서도 감히 편하게 누워 있질 못할 것 같다는 심경을 토로하게 되는 것이다.

武夷洞 少時作

무이동에서 소시에 지은 것

느즈막에 평대 위에 홀로 섰건만, 獨立平臺晚
시킨 촌술 더뎌지며 안 보이는데, 村醅入面遲
개암 덤불 숨은 풀은 애틋해 뵈고, 榛叢惜幽草
바위 여울 맑은 놀림 굽어보이며, 石瀨俯淸漪
폐허 된 절 낡은 탑만 남은 채 있고, 廢寺餘荒塔
임시 궁은 다만 옛터뿐이다마는, 行宮只舊基
봄바람 속 여기 와서 조망하는 건, 春風臨眺意
얼마쯤은 새론 시로 읊자는 걸세! 多少附新詩

---

* 武夷洞 : 앞에서도 이미 언급한 바대로, 이곳은 지금의 서울 마포구 성산동에 있었다는 마을로, 사람들이 무리를 짓지 않으면 갈 수 없을 만큼 으슥한 곳이라, "무리울"이라는 이름이 붙여졌다고 하는데, 이곳이 맞는지는 확인할 길이 없다. 그런데 작자의 五言絶句 作品으로도 같은 제목의 5수가 남아 있으며, 특히 이 중의 가장 마지막 수가 "佳會此時最 浩歌千古情 歌竟忽辭去 萬壑餘松聲"이라며 기막힌 高興과 시원한 聲調로 거침없이 읊어진 絶唱임을 감안하면, 이곳은 아주 경관이 뛰어난 곳으로 추정된다. 그런데 여기에서 "行宮(임금님의 임시 궁전)"이 있었음을 시사 하는 것을 보면, 武夷洞이 지금의 이 마포구 일대 어디에 있었을 가능성이 있다.
* 平臺 : 평평하게 펼쳐져 있는 조금 높은 바위 놀이터를 말한다.

해설 이 작품에 "少時作(소시에 지은 것)"이라는 부제가 붙은 것을 보면, 앞의 오언절구 작품으로 읊은 "武夷洞"의 여러 수들보다 오히려 먼저 지어진 작품으로 추정된다. 아마 풍광지로 알려졌을 武夷洞에 찾아 와서, 작자는 오히려 적적한 봄 풍경과 폐허된 절, 조금은 허전할 임시 궁의 옛터 등을 구경하고는 "餘荒塔(낡은 탑만 남은 채 있고)"과 "只舊基(다만 옛 터뿐이다마는)"라고 확인하면서 이내 쓸쓸함을 느껴, "春風臨眺意 多少附新詩(봄바람 속 여기 와서 조망하는 건, 얼마쯤은 새론 시로 읊자는 걸세!)"라며, 어설프고 황량한 정황의 현장에서 쓸쓸하고 어설퍼진 자신의 심경을 애써 다독이려는 몸짓을 애틋하게 보이고 있다.

將赴鍾山 贈鄭坡州 崑壽

鍾城으로 부임하려 하면서 坡州牧使 鄭崑壽에게 주다

公正 論議 나쁨 용납 어려운 건데, 公議難容惡
밝으신 님[主上] 자칫 재능 허락하셔서, 明君謬許才
은혜 품고 대궐 문을 떠나와서는, 含恩辭鳳闕
깃발 날려 용퇴 향해 떠나가자니, 飛旆向龍堆
노래하는 기생 맞을 필요가 없고, 不用邀歌妓
술잔 잡을 마음도 없는 바지만, 無心把酒杯
외론 신하 한 칼만은 남아 있으니, 孤臣一劍在
안 죽는 한 좀이라도 보답해야지! 未死報涓埃

---

* 鍾山 : 咸鏡道 鍾城의 옛 명칭이다.
* 公議難容惡 : 이 시구의 표현은 작자가 자신의 鍾城府使 임명이 너무 빠른 승급이라며 반대한 臺諫의 論議를 의식하여 표현한 것으로, 여기의 "公議(공정한 논의)"는 臺諫의 論議를 말하고, "惡(부끄럽고 나쁨)"은 바로 자신이 府使로 任命된 것을 말하는 것으로, 일단은 자신에 대한 臺諫의 논의가 公正한 것이라 자신이 임명된 것은 용납되기 어려운 것이라는 논지이다. 그런데 이것은 물론 다음 구인 "明君謬許才(밝으신 님, 곧 밝으신 主上께서 자칫 신의 재능 허락하셔서)"라는 것을 말하기 위한 전제의 시구지만, 자신의 府使 부임이 王命을 받들어야 하는 신하의 도리임을 말없이 암시하는 것이다.
* 明君 : "현명하신 임금님"이라는 말로서 汎稱으로 썼다고 할 것이라서, 필자도 國譯에서 "밝으신 님"이라고 풀어 썼으나, 여기에서는 실제로 宣祖大王을 지칭하는 것이므로, 이 작품을 표기함에 있어서는 "明君"을 그 앞

에 한 글자 더 떼어서 표기했어야 하는데, 문집에서도 그냥 붙여서 표기하였다.

해설 이 작품은 작자 자신의 府使 任命이 너무 빠르다는 臺諫의 論難이 있음에도 宣祖大王의 특별 임명으로 부임하게 된 것을 깊이 새기면서, 자신이 지금부터 장차 무엇을 어떻게 해야 할까를 헤아리고 새기면서, 그것들을 친구 鄭牧使에게 다짐하듯이 말하는 시이다.

그래서 수련에서는 공정한 의논에 나쁜 것을 용납하기는 어렵지만, 밝으신 임금님께서 잘못임을 아시면서도 자칫 자신의 재능을 허락하셨다면서, 함련에서는 깊은 은혜를 가슴에 깊이 갈무린 채 임금님께 謝恩하고, 깃발을 앞세워서 먼 함경도로 향하는 출발을 하면서도, 경련에서는 기생 불러 노래하고 술을 마시는 송별연 같은 것은 아예 생각하지 않은 채, 미련에서는 국토의 북방 변경을 지켜야 하는 중대한 책무를 지고 가는 신하라, 외로운 처지이긴 하지만 하나의 칼만은 지니고 있게 됐으니, 죽지 않는 한 나라와 임금님의 은혜에 아주 조금이라도 갚아야 하겠다는 결의요 맹서를 하는 것이다.

이 작품에서는 수련의 "公議難容惡 明君謬許才(公正 論議 나쁨 용납 어려운 건데, 밝으신 님 자칫 재능 허락하셔서)"와 미련의 "孤臣一劍在 未死報涓埃(외론 신하 한 칼만은 남아 있으니, 안 죽는 한 좀이라도 보답해야지!)"라는 깊은 사려의 구상과 섬세하고 미묘한 어감을 배려한 수사는 참으로 능숙한 솜씨를 잘 보여 주고 있다.

謝友人送米

쌀을 보내준 벗에게 감사해 하며

어렸을 젠 호화롭게 자랐지마는,	童年長紈綺
느즈막엔 어려움을 만나고 보니,	晩節值艱難
못난 채로 살림 궁린 어그러진 채,	守拙乖生理
이사하다 시장 근처 살게 됐는데,	移居近市闤
돈 생기면 오래 진 빚 갚아야 하나,	得錢還宿債
쌀 빌리면 처음 아침 밥해 먹으니,	乞米始朝餐
친한 벗들 때로 와서 물어볼 적엔,	親友時來問
살길 궁해 대면하기 부끄럽구려!	途窮愧抗顔

---

* 紈綺 : 화려한 비단 옷이나 貴族의 子女를 말한다.
* 守拙 : 졸렬한 채 만족함을 말한다.
* 抗顔 : 正色, 엄정한 태도를 말하는데, 여기에서는 面對(대면)의 뜻으로 쓰였다.

해설 이 작품은 작자 자신의 어려워진 삶을 한 평생에 대한 진솔한 회고로 반추하며 자탄하는 시이다.

그래서 수련에서는 일찍이 어렸을 적의 호화로웠던 걸 회고하며, 이제는 느즈막의 어려운 현실을 자탄하고, 함련과 경련에서는 못난 터라 살림 재간도 모자란 채, 주거의 공간도 편치 못한 시장 근처에 살면서 빚 갚기와 쌀 빌리며 겨우 사는 삶을 넋두리하면서, 미련에서는 "親友時來問 途窮愧抗顔(친한 벗들 때로 와서 물어볼 적엔, 살길 궁해 대면하기 부끄럽구려!)"라며 끝마치는 이 시로, 쌀을 보내준 벗에게 고마움을 전하는 작자의 심경과 인상이 처연하게 상상된다.

五. 七言律詩

次寄玉峯

시운을 따라 지어서 옥봉에게 부치다

늦 기러기 더디 오고 잉어도 또 숨었는데,	霜雁遲歸鯉又潛
고운 자넨 야윈 채로 강남 거기 누웠으니,	美人憔悴臥江南
따슨 화로 지난날엔 평상 함께 꿈꿨건만,	薰爐往日連床夢
등불 켜고 어느 때쯤 빗소리 속 얘기할까?	燈火何時聽雨談
봄바람 속 명매기에 비단 장막 생각나고,	紫燕東風思錦幕
가을 물가 흰 갈매긴 히언 갈대 이득할 것,	白鷗秋水杳蒼蒹
기봉 마을 가래나문 한아름이 됐을 텐데,	岐峯梓木今成拱
인간사만 쓸쓸한 걸 정말 못 견디겠구려!	人事蕭條政不堪

---

* 雁鯉 : "편지를 물고 오는 기러기와 편지를 먹은 잉어"라는 말로 모두 "소식"을 대신한 말이다.
* 美人 : 옛글에서 "아름다운 여인"·"그리운 사람"·"임금님"·"그리운 벗" 등으로 쓰였는데, 여기에서는 "그리운 벗"으로 쓰였다.
* 江南 : 중국에서 구체적으로 "長江(양자강)의 남쪽"이라는 말로, 중국의 詩歌에서는 시인들이 귀양을 가는 곳이 이 지역에 많아서 "한스러운 지역"이라는 心象과 기후가 온화하고 物産이 풍부하여 화려한 곳이라서 "화려하고 꿈같은 곳"이라는 心象을 함께 지닌 곳이다. 우리나라에서도 구체적으로 湖南地方을 가리키면서 "꿈같은 지역"이라는 인상과 함께 역시 "멀리 떨어진 곳"이라는 인상으로 쓰였다.
* 岐峯 : 원래 白光勳의 형님인 白光弘의 雅號로, 아마 백광홍이 살던 고향 長興의 마을 이름인 듯한데, 이것을 그대로 雅號로 삼은 것이 아닌가 싶고, 그래서 이 시에서 "岐峯梓木(기봉 마을 가래나무)"이라고 읊은 것으로 추

정되거니와, "梓"자는 "故鄕"이라는 뜻도 있어서 대대로 살아오는 고향을 "桑梓之鄕"이라고 부르기도 한다.

··

해설 이 작품은 평생의 知己之友였던 白光勳이 시골에 가 있는 것을 그리워하며 진실로 애틋해 하는 마음을 전하는 시이다.

그래서 수련에서는 "편지를 전해온다는 기러기도 안 날아오고 잉어도 물속에 깊이 숨었는데, 고운 벗 자네는 야위어진 채 강남지방 고향 고흥에 돌아가 누워있으니"라며 소식도 못 듣는 것을 안타까워 하고, 함련에서는 "지난날엔 따스한 화로를 함께 쪼이면서 밤을 보내다가 잠자리를 나란히 하여 자며 꿈을 꾸었건만, 언제쯤에나 또 다시 등불 앞에서 함께 앉아 밤비 내리는 소리를 들으며 긴긴 이야기를 나눌 수가 있을까?"라며 추억을 회상하면서, 경련에서는 그 옛날 봄바람 속에 날아온 명매기를 떠올리니 비단 장막이 생각나고, 그 가을 물가에 날던 흰 갈매기를 생각해 보니 허옇게 마른 갈대밭이 지금도 아득할 거라는 추억을 이어 말하고는, 미련에서는 "岐峯梓木今成拱 人事蕭條政不堪(기봉 마을 가래나무 한아름이 됐을 텐데, 인간사만 쓸쓸한 걸 정말 못 견디겠구려!)"이라며, 무한한 세월 속에 자연은 유상하건만 인간사만 무상함을 외마디로 한탄하고 있을 뿐이다.

雙溪僧軸 次圃隱韻

쌍계사 스님의 두루마리에, 포은선생의 시 운을 따라 지어 쓰다

시 지어서 멀리 석교 스님에게 부치는 건,	題詩遠寄石橋僧
앞 내 한 번 건너기도 아파 능히 못해서라,	一渡南溪病未能
좋은 절은 속세 먼지 따라 변친 않겠지만,	寶刹不隨塵世改
저 먼 구름 괜히 속객 시름 보태지게 하니,	碧雲空使客愁增
향불 대 앞 고목 숲은 새벽종을 가리어도,	香臺古樹殘鐘隔
물가 난간 성긴 주렴 저녁 풍경 맑을 텐데,	水檻疎簾晩景澄
육년 동안 벼슬살이 백발만 더 생겼으니,	六載宦遊生白髮
어느 때쯤 손을 잡고 잠시 함께 올라볼꼬?	幾時携手暫同登

---

* 石橋僧 : 글자대로의 뜻은 "돌다리 스님"인데, 이것은 아마 雙溪寺로 갈 적에는 실제로 石橋(돌다리)를 건너기 때문일 것이라, 雙溪寺로 작자가 스님을 찾아가는 경우에 스님은 石橋 건너 편 절 안에 있는 것이다. 그래서 "石橋僧"은 구체적으로 풀어 읽으면 "돌다리 건너편에 있는 스님"이 된다. 따라서 구태여 스님을 이렇게 "돌다리 건너편에 있는 스님(石橋僧)"으로 설정한 것은, 바로 다음 구에서 작자 자신이 "一渡南溪病未能(앞내 한 번 건너기도 아파 능히 못해서라)"이라는 자기 사정을 전하기 위한 전제 조건으로 구상・수사된 것이지만, 이 "詩軸"의 주인인 스님은 작자 고죽과 친분이 있는 스님임이 분명하며, 다만 집 앞에 있는 냇물을 한 번 건너는 것도 몸이 아파서 못하는데, 그 먼 쌍계사 돌다리 건너편에 있는 스님을 어떻게 찾아 가겠느냐? 라는 것이다.
* 碧雲 : 글자대로의 뜻은 "푸른 하늘의 구름"이지만, 아주 먼 곳이나 하늘

끝을 말하는 것이기도 하다.

해설 이 작품은 비록 멀리 있고 그래서 찾아가지는 못하지만, 참으로 만나고 싶고 보고 싶은 스님, 그리고 絶俗의 淸淨 風景도 보고 싶다는 심경을 읊어 전하는 시이다.

그래서 수련에서는 스님을 가서 만나야 하고 만나고 싶지만, 병으로 갈 수가 없다고 말하고, 함련에서는 絶俗의 淸淨 경지인 절에 가고 싶지만, 고향을 그리듯이 구름을 보고 시름겨워만 한다고 하고, 경련에서는 역시 그 절 안의 香臺와 水檻 같은 청정한 공간을 말하고는, 이내 미련에서는 六年 동안의 세속적인 벼슬살이로 백발만 더 생긴 것을 한탄하며, "어느 때쯤에나 손을 잡고 그런 곳에 함께 올라보게 될 것이냐?"며 한탄하고 있는 것이다.

發京城 宿高峰館 次壁上韻

서울을 출발해서 고양 여관에 자면서 벽 위의 운을 따라 짓다

한 필 말로 오늘 아침 서울에서 출발해서,	一騎今朝發上都
가는 서쪽 비바람은 앞길 가득할 터인데,	西歸風雨滿前途
생계 꾸릴 하늘 끝서 몸은 장차 늙을 테고,	天涯糊口身將老
가을 만난 객지에서 허판 기운 안도는 채,	客裏逢秋肺不蘇
만 리 향한 성공 명성 웅장한 뜻 이긋났고,	萬里功名違壯志
십년 해온 글공부는 참 선비엔 부끄러워,	十年鉛槧愧眞儒
고요한 속 휑한 여관 방문하는 이도 없이,	寂寥空館無人問
파란 등불 마주 시름 긴긴 밤 내 외롭구나!	愁對靑燈永夜孤

---

* 高峰館 : 高峰은 경기도 高陽의 옛 명칭이다. "高峰館"은 당시 高陽에 있었던 客館(官立旅館)으로 추정된다.
* 鉛槧 : 잘못 쓴 글자나 글씨를 지우거나 덧칠하는 胡粉인 "鉛"과 종이 대신 글씨를 쓰던 나무판인 "槧"을 말하는 것이라 붓과 종이와 같이 글공부를 대신하는 말로 쓰였다.

해설 이 작품은 작자가 明나라 使節團의 伴接使 隨行員으로 선발되어 가는 길에 지은 것으로 추정되거니와, 자신의 숨김없는 심경과 절간하는 처지를 가장 진솔하게 돌아보고 정리하여 표백하고 있는 참으로 좋은 시이다.

수련의 발단에서 "一騎"라는 나와 "風雨"라는 상황의 제시로 시상의 대강을 열고, 함련에서 "天涯에서 糊口를 도모해야 할 自身은 장차 늙을 수밖에 없으며, 客地 他鄕에서 가을이라는 凋落의 季節을 맞았는데 肺는 기운이 안돌고"라는 극단적 상황의 인식에, 경련에서 "萬里의 遠大한 目標로 세웠던 成功과 名聲은 雄壯하게 지녔던 意志와는 완전히 어긋나고, 十年 동안 꾸준히 해온 글공부의 結果는 참된 선비에 비기기에는 너무 부끄럽다"라는 한계적 자아의 인식은 응당 激情的 鬱憤이나 처량한 비탄의 목청으로 분출함직 하건만, 미련에서 "고요한 속 휑한 여관 방문하는 이도 없이, 파란 등불 마주 시름 긴긴 밤 내 외롭구나!"라며 결코 감정이 아닌 기막히게 지적인 내향의 자기 응시로 자아를 조용한 고독의 주체로 객체화하여 그리듯 제시하고 있다.

위에서와 같이 이 작품은 어느 구에도 激情的 言表가 전혀 없이 매우 사유적인 인상으로 마무리 되어 있어, 작자의 그런 모습이 눈에 선하게 잡힐 듯하다. 그래서 이 작품은 작자의 치밀한 구상과 수사, 그리고 지적인 인상을 잘 보여주는 수작이다.

劒水驛 次華使韻

검수역에서 중국사신의 운자를 따라 짓다

가을바람 부는 관 밖 손님 행차 전송하자,	關外秋風送客軺
가며가며 서울과는 차츰 멀어져 가는데,	行行漸與洛城遙
역 머리에 밤 내 내린 비에 시름 이어진 건,	愁連驛枕經宵雨
용나루의 다리 몇 자 물이 불어날까서고,	水上龍津幾尺橋
고향 꿈은 돌아갈 길 험한 것을 어찌 알랴?	鄕夢豈知歸路險
지친 놀인 장쾌한 맘 녹음 자못 깨닫네만,	倦遊頗覺壯心銷
친구들의 편지 끊김 어찌 차마 견뎌내나?	那堪親友音書絶
궁중 향한 큰 뜻 선비 옛 조정엔 넘쳤는데!	北闕青雲滿舊朝

---

* 劒水驛 : 黃海道 鳳山에 있던 驛이다.
* 客軺 : 글자대로의 뜻은 "손님이 탄 마차"이지만, 여기에서는 "明나라의 使臣이 타고 돌아가는 마차"를 말하며, 구체적으로는 "明나라의 使臣이 돌아가는 행차"를 말한다.
* 龍津 : 이곳에 있는 "栗串津"을 지칭하는 것이거나, 아니면 "神龍潭"을 지칭하는 것으로 추정된다.
* 北闕青雲 : 北闕은 임금님이 계신 궁 안을 말하며, 青雲은 높은 이상이나 벼슬을 가리키나, 여기에서는 그런 이상이나 벼슬을 가진 선비나 관리들을 지칭하는 것이다.

해설 이 작품은 당시로서는 天使라고 불리는 明나라의 使節團을 맞고 보내며, 글과 지혜로 자신의 재능을 자랑할 수 있는 伴接使의 隨行員으로서 매우 자랑스러운 작자 자신이었겠지만, 역시 義州까지의 먼 길과 긴 日程에 집과 고향, 그리고 벗들을 그리워하는 향수를 못 견뎌하는 심경을 토로하는 시이다.

이 작품에서는 함련의 "愁連驛枕經宵雨(역 머리에 밤 내 내린 비에 시름 이어진 건)"에 "水上龍津幾尺橋(용나루의 다리 몇 자 물이 불어 날까서고)"라는 聯句에서 "愁連"과 "水上" 두 시어의 기막힌 배치로 이뤄낸 因果的 流水對의 連結과 경련의 "鄕夢豈知歸路險(고향꿈은 돌아 갈 길 험한 것을 어찌 알랴?)"과 "倦遊頗覺壯心銷(지친 놀인 장쾌한 맘 녹음 자못 깨닫네만)"라는 聯句에서 "豈知 …… 險"과 "頗覺 …… 銷"라는 기묘한 두 어구의 구성으로 이뤄낸 對比的인 두 事情의 배치로 구성된 流水對의 連結은 참으로 작자의 능숙한 솜씨를 잘 보여 주고 있다.

同汝守君受 擬次蘇彦謙林畔館韻

汝守 李山海·君受 徐益과 함께 蘇彦謙 世讓이 林畔館을 읊은 시의 운을 따라 짓다

홀로 변방 기러기만 시름겹게 바라보나,	獨立愁看塞雁飛
수도 없는 푸른 산은 석양볕만 떠 가는데,	青山無數帶斜暉
금년에도 영남에는 봄 오기가 이르련만,	今年春到嶺南早
고향에서 이 관서로 편지 오긴 드문 채로,	故國書來關右稀
고운 풀의 한식날 길 비만 자욱 내리고,	芳草雨昏寒食路
꽃이 지는 초당 사립 찾는 사람 끊겼으니,	落花人斷草堂扉
하늘 끝서 시절 속에 두 귀밑 털 재촉할 뿐,	天涯時序催雙鬢
임금님을 위한 여정 언제쯤에 돌아갈까!	身逐王程幾日歸

* 林畔館 : 平安道 宣川에 있는 官立 旅館으로, 주로 중국의 사절단이나 우리나라에서 중국으로 가는 사절단의 숙박을 담당했던 장소였다.
* 關右 : "關西"라는 말을 平仄에 맞추어야 하기 때문에, "西"자와 같은 뜻을 지닌 "右"자로 바꾸어 놓은 것이다.
* 王程 : 임금님의 使命을 수행하기 위한 旅程이라는 말로, 中國의 使節團(明使)을 餞送하는 伴接使의 一員으로 작자가 참석하여 義州까지 가는 과정을 말하는 것이다.

해설 이 작품은 지루한 여정에서 겪는 고적감과 향수를 읊은 시이다. 수련에서는 석양 속에 기러기를 바라보며 고향 소식을 기다리는 자신의 행색 실경을 소개하고, 함련에서는 벗으로부터의 소식을 기다리는 고적감을 전하면서, 경련에서는 고적하게 봄을 맞는 객지의 상황을 소개하고, 미련에서는 귀밑털만 세어지며 기일도 모른 채 귀가하지 못하는 客愁를 원망하듯 한스러워 하고 있다.

旅懷 二首

나그네의 회포 두 수

외론 성에 가는 말은 찬 물만을 마시면서, 孤城去馬飮寒流
남의 나라 세월 속에 객은 여행 지쳤는데, 異國光陰倦旅遊
북쪽 변경 첫봄이라 기러기도 아직 없어, 楡塞新春無過雁
계주 성문 해 지는 속 홀로 누각 올라보니, 薊門斜日獨登樓
한 핸 벌써 넘겼는데 이별한 채 있으면서, 一年已辦在離別
만 리 밖서 이제까지 외려 멈춰진 채이니, 萬里如今猶滯留
적막 속에 하늘 끝서 머리 돌려 바라보나, 寂寞天涯回望處
푸른 산은 끝도 없이 향수만 이어지네! 青山不盡越鄕愁

---

* 楡塞 : 秦나라 때 蒙恬이 胡의 침입을 막기 위해서 黃河로 경계를 삼아 성을 쌓고 느릅나무를 심어 방어선을 표시한 것인데, 뒤에는 북방의 국경을 침범하는 것을 막는 장벽을 대신하는 말로 쓰이게 되었다.
* 薊門 : 중국 北京의 都城 서쪽 德勝門 밖에 있는 지역을 지칭하며, 여기에는 삽주 싹이 많아서 붙여진 이름이라 한다.
* 越鄕 : 故鄕을 離別하고 나왔다는 말로, "越鄕愁"는 "鄕愁"라는 말과 같다.

해설 이 작품은 먼 중국을 향해 출발해서 한 해를 넘겨 가고 있으면서 힘들만큼 간절해지는 향수를 읊은 시이다.

그래서 수련의 "異國光陰倦旅遊(남의 나라 세월 속의 객은 여행 지쳤는데)"는 타국 객지의 고적함을 기막히게 하소하며 있고, 함련의

"無過雁(기러기도 아직 없어)"과 "獨登樓(홀로 누각 올라보니)"는 고국의 집 소식을 들을 길이 없어서, 너무 외로워 누각에나 올라보는 안타까운 행태를 전하고 있으며, 경련의 "在離別(이별한 채 있으면서)"과 "猶滯留(외려 멈춰진 채이니)"는 그야말로 나그네로서 절박한 이별의 한이 중첩된 상황의 소치임을 호소하면서, 미련은 이내 "天涯回望處(하늘 끝서 머리 돌려 바라보나)"와 "不盡越鄕愁(끝도 없이 향수만 이어지네!)"라는 한탄만으로 끝내고 있다.

又

또 한 수

느릿느릿 서쪽으로 옛 지경을 나갈 때라,	遲遲西出故疆時
수천 산을 돌아보나 고국 아녀 서글픈데,	回望千山悵有違
역의 관린 마찰 몰아 지친 객을 맞아 주고,	驛吏驅車迎倦客
관문 아인 흙 모으며 나그네 옷 더럽히며,	關童聚土汚征衣
중국 변경 누런 구름 아득 사막 이어 있고,	漢塞黃雲連絶漠
북경 근처 푸른 숲은 저 멀리로 아련하니,	秦京綠樹遠依微
백년 인생 고생살이 반은 가는 길에서니,	百年辛苦半行路
해 뜰 동쪽 있는 내 집 어느 날에 돌아갈까?	家在日東何日歸

'영권객(迎倦客)'은 '권영객(倦迎客)'으로 된 책도 있다. 迎倦客 一本倦迎客

* 漢塞 : 여기에서 "漢"은 中國을 대표하는 말이고, "塞"는 중국에서 북방 변경을 의미하므로, 漢塞는 "중국 변경"이라는 말로 쓰인 것이다.
* 秦京 : 중국의 秦나라 서울이었던 "咸陽"을 가리키는 말이나, 唐나라 宋之問이 〈早發韶州〉에서 "綠樹秦京道"라 읊으면서 "秦京"은 흔히 중국의 서울을 범칭 하는 말로 쓰이게 되었다. 여기에서도 중국의 北京을 지칭한 것으로 쓰였다.

해설 이 작품은 북경 근처까지의 여정 경험과 만 리 타국 객지에서의 간절한 향수를 읊은 시이다.

그래서 수련의 "悵有違"를 필자가 국역에서 그냥 "고국 아녀 서글픈데"라고 거의 의역으로 풀었으나, 이 "어긋남이 있는 것" 곧 "아닌 것"이라는 것을 실제의 상황으로 풀어 읽으면 "수천 개의 산들을 아무리 돌아봐도 내 고국의 산이 아니다"라는 말이다. 함련의 "驛吏"와 "關童"을 만나 겪는 경험과 경련의 "漢塞"와 "秦京"을 見聞하는 과정 등이 모두 미련의 "百年辛苦半行路(백년 인생 고생살이 반은 가는 길에서니)"이기 때문에, "家在日東何日歸(해 뜰 동쪽 있는 내 집 어느 날에 돌아갈까?)"라며 간절한 귀향의 소망을 애소하듯 읊고 있다.

送李益之往長沙
장사로 가는 이익지를 보내면서

지난해엔 봄바람 속 영광에 가 있더니만,	去歲春風住武靈
금년에도 봄 오면서 또 남쪽에 가게 되니,	今年春至又南征
매년마다 객이 된 채 먼 타향에 있게 되어,	年年爲客他鄕遠
매해마다 꽃구경도 흰 머리털 나게 됐고,	歲歲看花白髮生
말 먹이고 낡은 술집 지쳐 찾아가는 길에,	秣馬倦尋荒店路
사람 만나 지난 시절 성명 대기 싫겠지만,	逢人羞說舊時名
높은 才士 옛날부터 빈천한 이 많았으니,	高才自古多貧賤
이별 걱정 갖고 마음 상해하진 마시게나!	莫把離憂損性情

---

* 李益之 : 蓀谷 李達을 말하며 益之는 그의 字다.
* 長沙 : 조선시대 전라도 茂長의 옛 명칭이며, 지금에는 高敞에 편입되어 그 일부로서 옛 명칭이 되는 것이다.
* 武靈 : 전라도 靈光의 옛 명칭이다.

해설 이 작품은 상대의 신분과 처지를 백분 감안하여 거기에 상응하는 구상과 수사로, 기막힌 推奬과 同感으로의 우의와 정분을 능수능란하게 잘 살려 읊어낸 수작의 시이다.

그래서 수련의 "又南征(또 남쪽에 가게 되니)"으로 상대인 손곡의 유랑적인 삶을 제시하며, 함련에서는 "爲客他鄕遠(객이 된 채 먼 타향에 있게 되어)"라는 기막힌 처지로 해서 "看花白髮生(꽃구경도 흰 머리털 나게 됐고)”라며 꽃구경 같은 좋은 경험도 오히려 시름만을 더 느끼게 해서 흰 머리털만 나게 됐다며 동정하고, 경련에서는 유랑인의 신세로 “倦尋荒店路(낡은 술집 지쳐 찾아가는 길에)”라는 형편에 있기에, “羞說舊時名(지난 시절 성명 대기 싫겠지만)”이라며, 지난날부터 시 잘 짓는 사람으로 성명이 알려졌지만 유랑하는 자신의 행색이 부끄러워 묻는 이에게 성명을 대기 싫겠다고 동정하면서, 미련에서는 애써 상대를 高明한 才士로 비겨 그 貧賤과 流浪의 신세를 어루만지며 달래고 있는 좋은 시다.

送閔恕初赴湖南幕 名忠元

호남의 幕府로 부임하는 閔恕初를 전송하면서 이름은 忠元이다

郞官으로 자자하게 시 잘 짓는 명성에다,	郞官藉藉有詩聲
幕客인 채 少年이니 사람들 또 놀랄 건데,	幕客少年人更驚
버들 따스 바람 불 젠 물가 역서 시 읊다가,	楊柳暖風吟水驛
살구꽃 철 보슬비엔 산성 멈춰 있겠지만,	杏花微雨住山城
청춘이란 시름 속에 다 보내기 쉬운 거고,	靑春易向愁中盡
백발일랑 이별한 뒤부터 많이 날 것이나,	白髮多從別後生
성상께서 이젠 선비 재능 중히 여기시니,	聖主如今重才士
명령 서신 조만간에 承明廬로 소환하리!	鸞書早晚召承明

* 郞官 : 上級의 官吏를 도우며 근무하던 下級의 관리로, 여기에서는 湖南의 全羅監司나 節度使 · 水使 · 留守 · 兵使를 도우며 그 幕府(본부)에서 근무하던 관리를 말하며, 幕客이 바로 郞官이다.
* 幕客 : 구체적으로는 幕府에서 근무하는 裨將을 말하며, 監司나 節度使 · 水使 · 留守 · 兵使를 모시고 따라 다니던 관리로 幕中 · 幕僚 · 幕裨 · 幕賓이라고도 불렸다.
* 承明 : "承明廬"의 준말로, 승명려는 중국의 漢나라 때 황제가 신하를 불러 대기시키던 건물로, 불려간 신하는 황제를 뵙고 여기에서 待制(황제의 글짓기나 질문을 기다리는 것)를 하던 곳이며, 글이 내려오면 그것에 자기 소견을 써서 올렸다.
* 鸞書 : "편지"라는 뜻이며, 한 편으로 結婚約束書이기도 하다. 여기에서는 "임금님이 내린 명령서"라는 뜻으로 쓰였다.

해설 이 작품은 湖南의 監司나 兵使의 幕府(本府)의 幕客(郎官이기도 하며, 바로 裨將)으로 부임해 가는 벗인 閔忠元의 年少한 詩的 才能을 推奬하고 激勵하며, 불원간 임금님의 부르심이 있을 것이라는 기대로 위로하는 시이다.

이 작품에서도 수련과 미련의 發想과 結想은 그 자체만으로 좋은 한 수의 七言絶句가 될 수 있으며, 함련의 聯句에서 "楊柳暖風"에는 "吟水驛"으로, "杏花微雨"에는 "住山城"으로 配合 造句된 것이나, 경련의 聯句에서 "靑春 …… 愁中盡"과 "白髮 …… 別後生" 같은 對照的 구상과 수사는 평이하면서도 서로 아주 좋은 댓귀를 이루고 있다.

寄人

어느 사람에게 부치다

뜬 인생이 다시 아득한 걸 벌써 깨달아서,	已覺浮生更杳杳
가난과 병 가진 채로 연년 넘겨 살고프나,	欲將貧病度年年
巴江 물이 나비 우는 三峽 길을 향해 가듯,	巴江向峽啼猿路
劍閣 길이 구름 낀 채 햇빛 지는 끝에 있듯,	劍閣連雲落照邊
봄빛마저 사람 함께 되려 늙기 쉽게 하고,	春色伴人還易老
이별 시름 취한 늣이 제냥 삼을 들게 하니,	離愁如醉自成眠
편지 써서 형양서 갈 기러기 편 부쳐보나,	裁書遠寄衡陽雁
물어보자 어느 때쯤 북쪽 燕에 전해질꼬?	借問何時北到燕

* 巴江 : 江의 명칭으로 중국의 四川省 南江縣 북쪽의 大巴山에서 흘러나오는 것으로 嘉陵江에 합류되어 長江(揚子江)으로 들어가며 "字江"이라고도 불렸다. 唐나라 李遠의 詩에 "巴江學字流(巴江은 글자 배워 흘러가네!)"라고 하였다.
* 向峽 : 여기에서 "峽"은 중국 사천성 양자강 상류에 있는 협곡인 "瞿塘峽"과 "巫峽"과 "西陵峽"을 말하며, 이 험난한 峽谷들을 향해 간다는 말이다.
* 劍閣 : 중국의 長安에서 蜀으로 들어가는 길에 있는 大劍山과 小劍山 사이에 要害地가 있는데, 여기에 사닥다리를 걸쳐 놓은 것을 閣道라고 하여서, 험난한 劍山의 사닥다리길이라는 뜻으로 쓰였다.
* 衡陽 : 중국의 湖南省에 속한 지역을 말하며, 한 편으로는 衡山의 남쪽을 말하기도 한다. 여기에는 回雁峯이라는 산이 있어서, 기러기가 남쪽으로 여기까지 날아와서 있다가는 봄에 도로 북쪽으로 날아간다고 해서, "衡陽雁斷(형양에서 기러기는 더 못가고 끊긴다)"이라는 말이 생겼다.

해설 이 작품은 작자가 중국 북경에 가 있는 벗으로 짐작되는 어떤 사람에게, 자신의 어려운 근황과 심경을 호소하듯 전하는 시이다.

수련에서 뜬 인생의 아득함을 일찍 깨달았기에 "가난과 병으로 연년 세월을 그냥 넘겨 살고프다"고 한탄하는 삶의 험난함과 곤고의 상태를 함련에서는 巴江과 劍閣이라는 한계의 공간 상황으로 비유하여 예시하였고, 경련에서는 이런 자아로 실제의 봄을 맞고 이별을 함으로 해서 쉽게 늙고 잠만 자게 된다는 푸념을 하면서, 미련에서 편지가 도착이나 될 지도 모르겠다는 막막한 아쉬움을 토로하는 한탄으로 맺고 있다.

그런데 이 작품에서 작자의 자기 상황이나 감정의 절실도가 고조된 점을 감안하면, 함련의 "啼猿路(나비 우는 三峽 길)"와 "落照邊(햇빛 지는 한쪽 끝)" 같은 인용이나 경련의 "還易老(되려 늙기 쉽게 하고)"와 "自成眠(제냥 잠을 들게 하니)" 등의 사례 제시는 허구가 아니라 실제일 수 있어서 나름대로 잘된 구상이요 수사다.

送鄭繡衣季涵之北關

咸鏡道에 觀察使로 가는 鄭季涵을 전송하면서

郎官(幕僚)으로 명 받들어 변방으로 향해 가니,	郎官承命向邊州
급한 행차 빨리 떠나 좀 체류도 못할 터라,	星騎駸駸不少留
이십 년 전 客이 되어 내가 있던 그 곳으로,	二十年前爲客處
삼천리 밖 유람 가는 자넬 바로 보내는데,	三千里外送君遊
매미 소리 한창이니 냇둑 날은 저물겠고,	蟬聲政亂川原暮
빗발 멀리 이어 오니 숲·숲 가을 오겠으니,	雨色遙連阜樹秋
관북 그 끝 하늘 어찌 바라나 볼 수 있겠나?	關塞極天那可望
다만 밝은 달빛 맞춰 이별 시름 함께 하세!	只應明月共離愁

---

* 繡衣 : 繡衣使의 준말로 繡衣使는 조선시대 暗行御史를 일컫는 말이었다. 그러나 지방의 民生과 民心을 살피고 다스리는 觀察使도 이 御使와 비슷했기 때문에 觀察使도 繡衣使라고 불렀다.
* 星騎 : 임금님의 명을 받들고 가는 "星使의 騎(타는 말, 행차)"라는 말로 임금님의 명을 받고 떠나는 급한 행차를 말하는 것이다.
* 駸駸 : "쏜살 같이 빨리", "거침없이"라는 말이다.

해설 이 작품은 작자와 자별한 사이의 벗이었을 松江 鄭澈이 咸鏡觀察使의 중책을 띠고 함경도로 가는 길을, 바로 작별하는 현장에서의 심정과 즉경의 전달로 풀어 읊은 시이다.

그래서 특별히 새롭게 생각을 꾸미거나 얽어 풀어낼 필요도 없이,

그저 떠나는 벗과 헤어지는 아쉽고 서글픈 심경을 있었던 일들과 눈앞에 있는 풍경들에 곁들여, 있는 그대로 조금의 막힘이나 매듭도 없는 숨결과 가락으로 실어 잘 읊어내고 있는 좋은 시다.

그러나 이 작품의 시상 구조를 분석해 보면, 수련과 미련만으로 큰 울타리로 된 단독 주택 같은 한 수의 七言絶句 속에, 함련과 경련으로 이루어진 또 한 수의 알뜰한 七言絶句가 이 작품 주제의 구체적인 실제로 들어와서, 서로 헤어짐의 간절한 정황을 보다 절실하고 안타까움으로 강화되도록 설정된, 날 저무는 냇가 언덕과 가을을 맞을 풀・나무숲이라는 시・공간적 배경을 도치시킴으로써, 회화적 제시 같은 시・청각적 효과를 높이고 있다.

그리고 끝구인 "只應明月共離愁(다만 밝은 달빛 맞춰 이별 시름 함께 하세!)"는 바로 "이제부터 우리는 서로 헤어져 있겠지만, 달이 밝은 밤이 되면 우리 서로 달을 보고 서로를 생각하며 외로움을 달래고 위로하도록 하세!"라는 말을, 기막히게 함축적이며 압축적으로 갈무려 놓은 것임을 알아야 한다.

贈安四耐

안사내에게 주다

집 떠나선 몇몇 곳 뜬 구름 쫓아 다녔는가?	離家幾處逐浮雲
성 안 장터 서로 만나 해가 지려 하는 땐데,	城市相逢日欲曛
기이한 기 지니고 온 靑牛 홀로 보건마는,	獨見靑牛來異氣
별빛 작동하게 하는 寶劍 누가 알 것인가?	誰知寶劍動星文
험한 갈 곳 아득한 채 슬픈 노래 끝이 나면,	關山杳杳悲歌斷
고운 풀만 우거지는 객들 길만 나뉠 테니,	芳草萋萋客路分
예서 떠나 숭양 가서 다시 깊이 들어가면,	此去嵩陽更深入
하늘 높이 그 소식을 어찌해야 듣게 될꼬?	天高消息若爲聞

---

* 安四耐 : "四耐"는 동시기 작자의 자별한 知人으로 인정되는 "安慶昌"을 말하며, 그는 開城 출신의 평민으로 "四耐"는 그의 호이고, 추위와 더위, 배고픔과 가난 네 가지를 인내하겠다는 의미로 호를 지었다고 한 것으로 봐서나, 이 작품에서 "靑牛"를 탔다는 것, 개성의 松嶽山을 대칭한 嵩岳의 남쪽이라는 의미로 추정되는 嵩陽으로 들아간다는 것으로 봐서, 그는 분명 道家的인 생각을 갖고 遁世的인 삶을 원했던 隱士다운 사람이었던 것으로 추정되며, 당시의 許筠·車天輅·崔岦·申欽 같은 사람들에 의하여 云謂되는 특이한 인물이었음을 확인할 수 있다.
* 靑牛 : 검은 털의 소, 土種의 소를 말하는데, 老子가 타고 다녔다는 소라 나중에는 老子를 대신 지칭하는 말이 되었으며, "靑牛師"·"靑牛翁"은 모두 老子를 가리키고, "靑牛句"는 老子의 『道德經』 句節을 일컫기도 한다. 여기에서는 주인공 安四耐가 老子를 좋아 하는 사람이라는 말이다.
* 寶劍 : 아주 좋은 칼이라는 말이나, 중국 唐나라 王勃의 〈滕王閣序〉에서

"物華天寶 龍光射斗牛之墟(고귀한 물건은 하늘이 내린 보물이니, 그래서 干將과 莫耶 같은 기막히게 좋은 칼의 龍 무늬 빛살은 곧장 北斗星과 牽牛星의 영역을 쏘아서 비추니)"라고 한 바대로, 이 칼들을 龍泉劍이라 하며 이 칼이 쏘아서 보내는 빛살을 "龍光"이라고 한다.

* 關山 : 험난한 지역이나 山嶺, 변방의 험난한 지역을 말한다. 그래서 王昌齡의 〈從軍行〉 중의 한 작품으로 〈關山月〉이 있다.
* 嵩陽 : 중국의 유명한 산인 嵩山의 남쪽이라는 말이나, 여기에서는 安四耐가 떠났다가 다시 찾아갈 고향 開城의 松嶽山 깊은 산속을 비유적으로 쓴 말로 추정된다.

해설 이 작품은 작자가 몇 번의 기회 끝에 安慶昌을 만났다가 이내 다시 헤어지면서, 조금은 方外人의 기질을 특히 道家的 행태를 지녔던 것으로 추정되는 상대의 인품과 그와 다시 헤어지는 상황, 그리고 작별한 뒤에 다시 적적해질 자신의 심경을 전해주는 시이다.

그래서 수련에서는 의도적 수사 수법인 양 "어쩌다가 이 성 안 장터에서 만났는데 하필 해가 지려 하는 때"로 안타깝게 시·공간을 설정하였으며, 함련에서는 "나는 자네가 道士의 기질을 띠고 있음을 바로 알겠건만, 그 누가 자네가 또 星斗를 움직이게 하는 道術을 지닌 것을 알겠는가?"라며 안타까워하고, 경련에서는 "더구나 아득한 갈 길로 서로 헤어져야 하기에 슬픈 노래가 끝나면 고운 풀이 우거져 헤어졌다가도 오히려 만나야 하는 이 계절에 떠나갈 길이 서로 나뉘어지니"라며 너무 안타까워, 미련에서는 자네가 道士로 그 신비의 松嶽山 속으로 깊이 들어가서 신선이 되면, "天高消息若爲聞(三淸인 그 하늘 높이의 소식을 어떻게 듣기나 하겠는가?)"이라며 안타까워하고 있다.

이 작품에서 수련의 "相逢日欲曛(서로 만나 해가 지려 하는 땐데)"이라는 안타까운 發端의 설정은 많은 사연들의 마련을 예시하면서, 미련에서 "消息若爲聞(그 소식을 어찌해야 듣게 될꼬?)"라는 기막힌 하소연으로 끝맺음을 하면서 끝없는 안타까움으로 마무리하고 있다.

次高山郵館韻

고산의 역 여관에 걸린 시의 운을 따라 짓다

집 떠나서 만 리 길을 軍裝으로 좇아가다, 辭家萬里從戎鞍
험한 갈길 노래 듣자 마음 절로 아프네만, 蜀道聞歌意自酸
비단의 글 짓는 방엔 편지 끝내 못 부치고, 錦字樓中書未寄
느릅나무 누런 요새 지역 유독 추워진 채, 黃楡塞上地偏寒
세월 때문 이별 회포 더해진 건 아닌 거나, 非關歲月增離抱
제냥 바람·서리 겪어 객지 안색 상한 건데, 自是風霜損旅顔
구슬퍼라 먼 고향도 함곡관에 막혔으니, 惆悵鄕園隔函谷
어느 곳서 서울 장안 바라볼지 모르겠네! 不知何處望長安

---

* 高山郵館 : 조선시대의 "高山"이라는 지역은 全羅道에 있는 縣이었으나, 이 작품 속에 등장하는 지역적 상태나 작품 속의 정황으로 봐서, "高山"은 아무래도 당시 "山"자를 지역 명칭에 많이 붙여 쓰는 관습에 따라 咸鏡道의 "高原"을 "高山"이라 한 것이고, 郵館은 "驛館"과 같이 쓰이는 것으로 역에 딸린 관청이 운영하는 여관이었다.
* 蜀道 : 중국의 樂府曲인 李白의 〈蜀道難〉이라는 노래를 말하는 것으로, 여기에서는 이 험한 지역을 가노라니, 누군가가 이 〈蜀道難〉 가사 같이 어려운 사정을 노래하는 것을 듣는다는 말로 쓰였다.
* 錦字樓 : "錦字書(비단에 써서 보낸 글)"를 말하는데, 錦字書는 중국의 晉나라 때 竇滔가 秦州刺史가 되어 먼 지역에 가서 있을 때, 그의 부인인 蘇蕙가 비단을 짜서(織錦) 여기에 廻文詩를 짓고 써서 보내 준 것에서 유래한다. 여기에서는 이 蘇蕙처럼 "아내가 비단을 짜고 시를 쓰는 방"이라는 말로 쓰인 것이다.

해설 이 작품은 작자가 그 먼 함경도로 부임해서, 가는 도중의 정황과 임지에서의 고적한 일상과 소회 등 자신의 실상을 자기 연민 같이 읊은 시이다.

그래서 수련에서는 任地인 咸鏡道 鍾城까지를 멀리 萬里로 여기며 軍裝으로 가다가, 그 노정이 아주 험난함을 누군가가 李白의 〈蜀道難〉 같이 어렵다고 부른 노래를 듣는 듯해서 마음이 절로 아프네만 이라고 하였고, 함련에서는 고향 집의 아내는 나에게 간절한 편지도 썼음직하지만 끝내 부쳐 보내지 못하고, 내가 있는 이 함경도 변방의 가을 날씨만 유난히도 차다고 하였으며, 경련에서는 세월이 가면서 이별의 안타까움이 더해진 때문만이 아니라, 그냥 이곳 함경도 변방의 차고 혹독한 바람과 서리에 시달려서 객지 나그네 같은 신세의 내 안색이 상한 거라고 하고, 미련에서는 구슬프게도 당장 돌아가고 싶은 고향은 저 중국의 유명한 險地인 函谷關 같이 험난한 곳들에 가리고 막혀 있어서, 어느 곳에 가야 서울 장안을 바라보기라도 할 수 있을지 모르겠다고 하였다.

그런데 임금님의 은총으로 임명을 받아 부임한 작자가, 수련에서부터 미련의 첫 구까지 시종 자신의 부임 과정 중 노고와 임무 중 곤란과 향수 등 개인적인 사정만을 푸념하다가, 미련의 끝구를 "不知何處望長安(어느 곳서 서울 장안 바라볼지 모르겠네!)"라고 읊어 마무리하고 있는 것은, 聖恩을 입은 臣子로서든 臣民의 道理를 다하는 선비로서든 자신의 직분을 다해야 하는 작자의 올곧은 마음과 몸짓을 여실히 보여주는 끝맺음으로, 이 작품을 잘 살려내고 있다.

次許河陽 震 草堂韻

하양현감 허진의 초당에 걸린 시의 운을 따라 짓다

고향에다 초가집도 하나 잡아 못 지은 채,	未卜東園一草庵
그 몇 해를 벼슬살이 남쪽에만 있었는데,	幾年宦遊在天南
유하혠 양 퇴출돼도 제 길 외려 꼿꼿했고,	士師遭黜道猶直
도잠처럼 집 되와선 가난 또한 감수하며,	陶令還家貧亦甘
문 밖 푸른 산을 위해 주렴 일찍 올려 걷고,	戶外青山簾捲早
울 앞 하얀 눈 위에는 세 지름길 내 놓고선,	籬前白雪逕開三
비록 시장 한편 사나 항상 맑고 조용해서,	雖居市郭常淸靜
마음 얼음 병과 같이 맑게 갠 달 담겨 있네!	心似氷壺霽月涵

* 河陽 : 조선시대 경상도에 있었던 지역으로, 지금은 慶北 慶山에 편입되어 있다.
* 東園 : 시골에 있는 田園이라는 뜻이나, 대개 고향에 있는 전원을 말한다.
* 士師 : 옛날 일종의 재판관으로 "士吏"라고도 하며, 형벌을 담당한 "秋官"에 속했다. 그런데 여기에서는 "士師"라는 재판관 자체를 말하려 한 것이 아니라 옛날 중국의 春秋時代 魯나라의 柳下惠(展禽)가 士師가 되어 곧바르게 재판을 하다가 임금의 뜻을 거슬러서 세 번이나 내침을 당했어도 끝내 떠나지 않으니, 사람들이 그 이유를 묻자 그는 "곧고 바른 길로 사람을 섬기면 어디 간들 세 번 이상 내침을 당하지 않겠는가? 바르지 않고 굽은 길로 사람을 섬겨야 할 바에는 어찌 부모님이 나를 낳아 주신 내 나라를 버리고 떠날 수가 있겠는가?"라고 말하였다는 고사를 인용한 것이다.
* 逕開三 : 중국의 漢나라 때 張詡가 정원에 松竹菊 세 가지를 심에 놓고

이것들에 따른 세 길을 만들었다는 데에서 나왔으며, 또 晉나라의 陶潛도 이것을 그대로 따라 정원에 세 길을 만들고 친구들을 그 길로 오게 하였다고 한다. 여기에서도 주인공 許震이 그 옛 사람들을 따라 흰 눈 위에 세 길을 만들어 놓았을 거라는 말이다.

해설 이 작품은 淸貧하고 剛直했던 생활과 정신의 선비이며 관리였던 주인공 許震을 매우 아끼고 기리는 마음으로 읊은 좋은 시이다.

그래서 수련에서는 주인공의 청빈한 생활을 소개하고, 함련에서는 옛날 중국의 柳下惠처럼 하급의 형법 관리로 강직하게 임무를 수행하다가 세 번이나 내침을 당했어도 강직함을 굽히지 않았으며, 나중에 지방의 원님으로 있다가 집에 돌아와서도 그 가난함을 감사히 여기었다고 하였고, 경련에서는 평시에는 살고 있는 草堂의 저 밖 靑山이 좋아서 매일 발을 일찌감치 걷어 올리고, 겨울에 흰 눈이 내리면 친구들이 그리워 陶潛처럼 그 눈을 쓸고 세 길을 만들어 놓고 기다린다고 하고, 미련에서는 "雖居市郭常淸靜(비록 시장 한편 사나 항상 맑고 조용해서)"이라는 주인공의 순화, 수련된 인격을 집약적으로 전형화하여 확인하면서 더없이 고상한 심상으로서의 비유와 더없는 진정으로의 찬탄을 "心似氷壺霽月涵(마음 얼음 병과 같이 맑게 갠 달 담겨 있네!)"라는 한 구로 마무리하였다.

따라서 이 작품의 미련은 주인공의 청정한 정신과 고결한 인품을 기막히게 집약하여 비유 제시함으로써, 참으로 진실·순수한 조선 선비의 삶의 전형과 가치 의식 그리고 그 실천의 모형을 읽게 해주는 좋은 작품이 되었다.

端午帖子
단오기념 시 모음 수첩

수천 궁문 열리면서 행차 길이 확 트이고, 開着千門輦路通
밝은 해가 처음 비춰 붉은 물결 바다 같아, 日華初射海濤紅
이슬 걷힌 명협 잎엔 따스한 바람 돌아 불고, 露收蓂葉薰風轉
안개 피는 용향로엔 붉은 기운 어렸으며, 煙起螭頭紫氣籠
宣政門 밖 낮 물시곈 한낮 뜨음 들려오고, 晝漏稀聞宣政外
建陽門 쪽 일찍 출근 겨우 흩쳐 끝났건만, 早衙纔散建陽東
임금님은 창포주도 진상 받지 않으시네!, 君王不進菖蒲酒
시절 순서 이제 와선 더운 때가 됐건마는. 時序如今屬蘊隆

---

* 端午帖子 : 端午日은 陰曆으로 五月五日이라 重陽節(陽이 둘인 날), 또는 天中節이라고 하였고, 陽氣가 가장 왕성해지는 시기라고 해서, 王이나 世子가 아닌 일반 사람이 이 날 태어나면 아주 불길하다고 여겨서, 기르지 않고 버리는 풍습이 있어서 弓裔가 버려졌었으며, 또 이날 태어난 여성은 陰으로서 陽의 기운을 타고난 不吉한 주인공으로 여겨 시집을 갈 수가 없었다. 그러나 한 나라나 한 임금님에게는 陽의 기운이 왕성해지는 날로서 아주 길한 날로 인정되었다. 그래서 端午날은 國家의 隆盛함이나 임금님의 만수무강을 기원하는 날로, 모든 고관이나 선비・문인들이 기념과 축하의 시를 지어서 책으로 만드는 것이 관례가 되어 이것이 바로 端午帖子인 것이다.
* 蓂葉 : "蓂莢이라는 풀의 잎"이라는 말로, "蓂莢"은 중국의 옛날 唐나라의 堯임금 시대 생겨난 상서스러운 풀로, 매달 초하룻날부터 보름날까지 하루에 한 잎씩 피어났다가 열엿새 날부터는 하루에 한 잎씩 져서 한 달을

표시해 주었으며, 작은 달에는 마지막 한 잎이 시들기만 하였다고 한다. 그래서 이것을 "曆草(달력풀)"라고 하였다.

* 薰風 : 초여름에 훈훈하게 부는 바람을 말하나, 여기에서는 왕성해지는 여름의 풀과 나무 그리고 모든 생명체들이 무럭무럭 잘 성장하도록 불어주는 바람으로서, 궁 안에 계신 임금님이 온 나라 안에 있는 백성들과 만물을 한껏 잘 살게 해주는 은혜와 덕택을 상징하는 말로 쓰인 것이다.
* 螭頭 : 글자들대로의 뜻은 "뿔 없는 용의 머리"라는 말인데, 여기에서는 궁궐 안 임금님의 용상이 있는 正殿의 뜨락에, 용의 형체가 조각되어 만들어진 채 놓여 있는 큰 향로를 대신하는 말로 쓰인 것으로 추정된다.
* 紫氣 : "紫微星의 기운"이라는 말로, 紫微星은 北斗星의 북쪽에 있는 별로서 황제나 임금님을 상징하는 것이다. 여기에서는 "임금님의 기상"이라는 말로 쓰였다.
* 宣政 : "政治와 教化를 宣揚한다"라는 뜻이다. 그러나 여기에서는 아마 지금 景福宮에 있는 正殿인 勤政殿의 정문인 勤政門을 지칭한 것으로 추정된다.
* 建陽 : 경복궁의 동쪽에 있던 문인 "建春門"을 지칭하는 것으로 추정된다.
* 菖蒲酒 : 창포의 즙을 가지고 담근 술로, 이 술을 端午 무렵에 마시면 잔병이 없어지고 피서도 할 수 있다고 알려져 있다.
* 蘊隆 : 더운 기운이 점점 높아진 상태를 말한다.

······························

해설 이 작품은 詩題인 "端午帖子"의 意義에 맞추어 아주 典雅한 格式을 잘 갖추어 宮中의 화려·장엄한 풍광과 분위기 그리고 임금님의 성군적 덕성을 앙축하는 시이다.

그래서 수련에서는 滿朝百官이 다 모이도록 모든 궁문들이 개방되며 임금님의 행차 길도 시원하게 확 트이고, 온 궁 안은 눈부신 밝은 해가 처음 솟아오르면서 햇빛이 비춰오자 붉은 바다의 물결이 치는 듯하다며, 단오날의 온 궁 안을 장엄하고 화려한 시·공간으로 설정 제시하고 있으며, 함련에서는 임금님께서 옛날 중국의 堯와 같이 만물의 生育을 돕는 시절의 조절도 주재하시자, 임금님이 임하신 궁전 앞 용 조각이 되어 있는 큰 향로에는 향 연기가 피어오르며 임금님의 기상이 어려 있다 하였고, 경련에서는 근정전 문 밖에는 한낮의 물시계 소리가 뜨음하게 들리고, 건춘문 이 편에는 일찍 출근한 관료들이 각각 자기 부서로 겨우 흩어져 다 돌아갔건만 이라며 모두가 분수를 지켜 攝職從政하는 정황들을 전제하고, 미련에서는 "君王不進菖蒲酒 時序如今屬蘊隆(임금님은 창포주도 진상 받지 않으시네!, 시절 순서 이제 와선 더운 때가 됐건마는)"이라며, 임금님께서 당신의 건강도 안 돌보시고 백성들과 함께 첫 더위를 겪으시고 있다는 무한한 감사와 惶恐한 심경을 읊고 있는 것이다.

이 작품은 이렇게 하늘의 時運에 순응한 단오라는 시간과 화려하고 장엄한 궁 안이라는 공간에서, 君臣上下가 天理에 따라 각각 직분을 다하는 理想的 삶이 임금님의 示範으로 수행되고 있음을 극찬하고 있는 것이다. 이것은 신하로서, 선비로서 작자의 자세와 태도로서 임금님께 무언의 독려를 함축하고 있는 것으로서, 致君堯舜을 목표로 하되 優遊不迫하는 자세를 잃지 않는 선비의 態度를 잘 보여주는 하나의 典型이다.

早朝

이른 아침의 조회를 드리며

물시계 끝 겹겹 성안 새벽빛은 아득터니,	漏下重城曙色遙
임금님도 正殿朝會 장차 주관하실 거라,	君王將御紫宸朝
관리들이 모두 궁 안 비원 향해 갈 적에는,	衣冠盡向蓬萊苑
납시는 길 비스듬히 궁 못 다리 이어 있고,	馳道斜連太液橋
兵仗器 밑 고운 구름 돌모(상쇠) 그냥 따라 오며,	仗下祥雲隨轉蓋
아름다운 한낮 기운 부는 퉁소 감도니,	日邊佳氣繞吹簫
순차 승진 신료들은 제냥 행운 여기면서,	遷喬自幸聯鵷鷺
온화, 평안 조정에서 요·순 두 분 뵙게 되네!	穆穆明庭覩舜堯

* 漏下 : 물시계의 물이 거의 다 흘러 없어져서 시간이 곧 끝나는 새벽 무렵을 말한다.
* 紫宸 : 중국의 唐·宋시대에는 황제가 앉아서 신하들을 접견하고 하례를 받던 殿閣이었으며, 또 황제가 나와서 앉아 있던 자리를 말하기도 한다.
* 衣冠 : 글자대로의 뜻은 "옷과 갓, 곧 의관"이지만, 의관을 바르게 차린 관리를 대신하는 말로, 여기에서는 바로 그 관리들을 대신하는 말로 쓰였다.
* 馳道 : 그냥 길을 말하는 것이 아니라 "임금님이 납시는 길"을 말한다.
* 太液橋 : 중국의 궁궐 안에 파놓은 냇물인 "太液池"라는 말에 다리(橋)를 붙여서 만들어진 어휘로서, 여기에서는 우리나라의 景福宮 안에 慶會樓가 있는 "御溝"와 여기에 놓인 "錦川橋"를 대신하여 지칭하는 말로 쓰인 것으로 추정된다.
* 遷喬 : 『詩經』「小雅」〈伐木章〉에 "出自幽谷 遷于喬木(깊은 골짝에서 나와, 큰 나무로 옮겨갔네)"이라는 말에서 나온 것으로, 새들이 낮은 곳에서

높은 곳으로 옮겨가는 것을 의미하는 것이다.

* 鵷鷺 : 원추새와 백로가 나란히 날아 가며서도 순서가 있는 것처럼, 조정에 있는 관리도 이렇게 질서가 있는 것을 비유하는 것이며, 동시에 재능과 덕망이 있는 사람을 비유하기도 하는 것이다.
* 穆穆 : 『書經』「舜典」에 "賓于四門 四門穆穆(사방 문으로 손님을 맞는데, 사방 문으로 오는 諸侯들이 모두 단정하고 장중하고 공손하고 경건하다)"라고 하였는데, 이것은 "端莊恭敬하다"라는 뜻이다. 『詩經』「大雅」〈文王〉에는 "穆穆文王 於緝熙敬止(아름답고 아름다우신 文王께서는 아 德化의 빛이 빛날 뿐이로다)"라고 하였으며, 자세와 태도 그리고 언사가 온화하고 아름답다는 말이다.
* 明庭 : 옛날 황제들이 신령에게 제사를 드리는 곳이었는데, 뒤에는 훌륭하신 임금님이 다스리는 朝廷이라는 뜻으로 쓰였다.

해설 이 작품은 早朝(이른 아침의 조회)라는 특별한 의식을 제재로 삼아서, 이른바 "君君臣臣(임금은 임금다와야 하고 신하는 신하다와야 하는)"의 道理와 職分을 다해야 한다는 儒家的 王道政治의 理想的 실천을 은연중에 강조하고 있는 아주 좋은 시이다.

그래서 수련에서는 모든 신료들의 경건한 조회 준비를 첫 새벽으로 알리고, 임금님께도 그런 도리를 자각하시는 것으로 기정사실화하여 서술하고 있으며, 함련에서는 신료들의 궁중 조회 행렬과 임금님의 행차 경로를 제시하고, 경련에서는 임금님의 행차가 갖춘 엄숙함과 화려함을 실례들로 제시하면서, 미련에서는 "遷喬自幸聯鵷鷺 穆穆明庭覩舜堯(순차 승진 신료들은 제냥 행운 여기면서, 온화, 평안 조정에서 요·순 두 분 뵙게 되네!)"라는 유교적 이상 정치 실현의 君臣際遇를 더할 수 없는 극찬과 감축의 결론으로 읊고 있다.

이와 같이 같은 三唐詩人이면서도 蓀谷과 玉峰에게서는 이런 작품을 볼 수가 없어서, 직자 고죽만의 현실 참여적인 儒家的 世道意識을 확인할 수 있는 작품이다.

又

또 한 수

刑曹에는 새벽 달빛 물시곈 끝 아직 먼데,	西臺月曉漏聲遙
왼쪽 작은 문 앞에서 이른 조회 기다리니,	左掖門前候早朝
궁 앞 버들 상서로운 기운 아직 머금은 채,	瑞靄尙含靑瑣柳
은하 다린 신선 깃발 벌써 둘러 서 있으며,	仙旗已繞絳河橋
하늘 향기 아득 풍겨 왕궁 전각 열리면서,	天香縹緲開龍闕
연행 차 길 배회할라 봉황 퉁소 인도하니,	輦路徘徊引鳳簫
하사하신 光祿酒를 再拜하며 받고서는,	再拜賜霑光祿酒
못난 신하 옛 본받아 堯와 文王 祝禱하네!	微臣竊效祝文堯

---

* 西臺 : 중국의 唐나라 때 "御史臺"가 長安의 서쪽에 있어서 "西臺"라 불렸으며, "中書省"의 별칭이기도 하였고, 刑部의 별칭이기도 하였다. 우리나라에서도 아마 "刑曹"를 지칭하던 것으로 추정된다.
* 左掖門 : 궁궐의 정문 왼쪽에 있는 작은 문을 말하며, 우리나라로 말하면 경복궁의 정문인 "弘禮門"의 왼쪽의 작은 문이므로, 동쪽에 있는 "日華門"이라고 할 수 있다.
* 靑瑣柳 : 靑瑣는 임금님의 궁의 문짝에 자물쇠 모양을 조각하고 여기에 푸른 칠을 한 것에서 온 말로, 왕궁의 문을 지칭하는 말이다. "靑瑣柳"는 임금님의 궁 앞에 있는 버드나무를 지칭하는 것이다.
* 絳河橋 : 絳河는 "銀河"를 지칭하는 말이다. 여기에서는 漢武帝와 西王母의 事績이 배경에 있으며, 아마도 앞에서 언급한 "錦川橋"를 다시 다른 말로 지칭한 것으로 추정된다.
* 龍闕 : 帝王의 궁궐을 지칭하는 말이다.

* 鳳簫 : 대나무로 봉황의 날개처럼 만든 악기로 행차의 앞에서 불며 행차를 인도하였다.
* 光祿酒 : 중국의 唐나라 때 光祿寺라는 관청에서 술과 단술을 아주 잘 빚었다고 하며, 여기에서 만드는 술을 "光祿酒"라고 하였다.
* 祝文堯 : 작자가 만들어 사용한 것으로 아마도 "文王과 堯 두 분을 讚美하고 祝禱한다"라는 뜻으로 쓴 것으로 추정된다. 이 작품에서도 앞의 작품에서 쓴 "舜堯"를 그대로 응용하여 "祝舜堯"라고 하고 싶었을 수도 있지만, 여기의 "舜"자는 仄聲字라 쓸 수가 없어서 平聲字인 이 "文"자로 바꾸어 쓴 것으로 추정된다.

해설 이 작품도 이른 아침의 조회가 역시 君君臣臣의 도리와 직분을 다해 이루어짐으로써 유교적 이상정치의 시범을 하고 있는 것을 찬미・축도하고 있는 시이다.

그래서 모든 신료들의 이른 조회를 위한 궁문 밖 대기의 상태, 상서스러운 기운이 감도는 궁 안의 풍경과 임금님 행차의 엄숙한 의장 형상, 신비로운 기운이 감돌며 전개되는 궁전들의 개분 광경, 임금님 행차의 엄숙한 선도 행사, 그리고 御酒 下賜의 장면 등이 경건하고 장중하게 진행되는 것을 그리듯이 읊어내고 있다.

가장 끝구에서 "效"자를 그냥 "본받아"로 국역하지 않고, 앞에 "옛(옛 先賢들이 聖人을 欽慕하고 祝禱하던 慣例)"이라는 말을 보태어 국역한 것은, 이 "效"자는 분명히 "效古"나 "效貞"의 준말로 봐야 하기 때문이었음을 밝혀둔다.

留別田察訪 見龍

전 찰방 견룡을 남겨놓고 작별하면서

변경 정자 쓸쓸한 채 인가들도 거의 없고,	關亭寥落少人煙
고목에다 찬 냇물만 저녁 무렵 곧 맞는데,	古木寒流晩景前
말 세우곤 시름겹게 국경 일대 길 살폈고,	立馬愁看靑塞路
휘장 걷곤 옮겨 기대 흰 구름 뜬 하늘 봤지,	褰帷徙倚白雲天
고향 떠나 오래건만 오는 소식 없었더니,	鄕園久別無來信
객지에서 서로 만나 이런 자리 있게 되니,	逆旅相逢有此筵
떠나려다 머뭇대며 능히 출발 못하는 건,	欲去踟躕不能發
같이 아픈 자네 말고 누가 동정할까설세!	非君同病更誰憐

---

* 關亭 : 글자대로의 뜻은 "변경의 정자"인데, 이것은 아마도 咸鏡道 북쪽 국경지역이나 두만강 가에 건립돼 있었던 누각이나 정자로 추정된다.
* 靑塞 : 중국의 甘肅省 東北部 일대의 푸른 산들을 말하나, 여기에서는 우리 나라 함경도 북쪽 국경의 일대를 지칭하는 것으로 추정된다.
* 白雲天 : 글자대로의 뜻이 "흰 구름 뜬 하늘"인데, "白雲"은 "思親(어버이를 생각하는 것)"의 뜻이면서, "歸隱(돌아가서 숨는 것)"의 뜻이 있으므로, 이것은 자유롭게 다니는 것이라 "언제나 가고 싶은 고향을 그리워하는 마음"을 상징하며, 따라서 "白雲天(흰 구름이 자유롭게 그침이 갈 수 있는 하늘)"은 이 하늘 같이 거침없이 자유롭게 가고 싶은 공간인 고향을 말하는 것이다.

해설 이 작품은 작자가 먼 북쪽 객지에서 서로 만나 간절한 향수를 함께 간직한 채 우정을 나누다가 그 벗을 남겨 놓고 떠나는 심정을 애틋하게 읊고 있는 시이다.

그래서 인가도 거의 없이 고목과 찬물만 흐르는 곳에 저녁을 곧 맞게 되는 이 시・공간에서 지난날들을 돌아보니, 자네는 말을 타고 가다가 이 북방 변경의 길을 시름겹게 바라봤었고, 나는 장막의 휘장을 걷고 고향 쪽 하늘만 바라봤었는데, 우리들에겐 떠난 지 오랜 고향의 소식도 없는 채라, 이 객지에서 서로 만났다가 이제는 이런 작별의 자리를 마련했건만, "欲去踟躕不能發(떠나려다 머뭇대며 능히 출발 못하는 건)"이라는 안타까운 순간의 행태와 심경은 바로 "非君同病更誰憐(같이 아픈 자네 말고 누가 동정할까설세!)"이라는, 다시 말하면 "안타까운 鄕愁病을 나와 꼭 같이 함께 앓고 있는 자네 말고는 누가 나를 동정해줄 사람이 있겠는가? 싶어서 차마 못 떠나겠다"는 애소 아닌 애소이며, 따라서 이 두 구는 물론 도치 시켜 읽을 수도 있는 것이다.

代權相 轍 次華使漢江樓韻

권정승 철을 대신해서, 明나라 사신이 漢江樓에 지어 놓은 시의 운을 따라 짓다

세모 맞은 엄중 여정 유람 겨를 없으련만,	歲暮嚴程未暇遊
하늘 끝서 돌아갈 날 한번 누각 올랐을 것,	天涯回日一登樓
흰 눈 산봉 물 건너서 맑은 풍경 그대로고,	銀峯隔水淸暉逼
눈 쌓인 숲 하늘 아물 석양빛이 걷히는데,	琪樹迷空暝色收
황궁 감싸 도는 꿈은 소망 시름 간절하고,	夢繞紫微愁望切
황학루에 남긴 시는 사람 화답 부끄런 채,	詠留黃鶴和人羞
성긴 주렴 안 가려져 강바람이 불어 드니,	疎簾不掩江風入
난간 아래 내려서도 다시 갖옷 여몄겠네!	欲下欄干更攬裘

---

* 權轍 : 자는 景由, 호는 雙翠軒, 본관은 安東으로 벼슬은 右議政이었으며, 명장인 權慄의 아버지다.
* 漢江樓 : 『東國輿地勝覽』의 「漢城府」 어디에도 기록되어 있지 않아서, 구체적으로 그 소재지를 알 수는 없으나, 그 명칭이나 華使가 놀고 시를 지어 놓았다고 한 것으로 봐서 漢江 주변에 있었던 것으로 추정된다. 徐居正의 『四佳集』 「漢江樓讌集序」에서 "漢江之勝"이라고 그 풍경을 칭송하고 있으나 그 구체적 위치는 기록되어 있지 않다.
* 華使 : 中華使臣의 준말이며, 바로 明나라의 使臣이다.
* 嚴程 : 明나라 皇帝의 命을 받들고 온 使臣의 旅程이므로 매우 엄숙하고 정중하게 조금의 차질도 없이 사명을 수행해야 할 여정이라는 말이다.
* 銀峯 : 눈이 내려 쌓여서 하얗게 된 산봉우리를 말한다.
* 琪樹 : 눈이 내려 쌓인 것이 구슬들이 매달린 것 같은 숲이라는 말이다.

해설 이 작품은 작자 자신이 權轍을 대신해서 지은 시이므로, 시적 주인공인 華使와 자신의 관계는 배려할 필요가 없을 뿐만 아니라, 문면상의 작자인 權轍과 華使와의 관계도 배려하지 않은 채, 작자 자신의 자의적인 구상으로 華使의 여행 중 정황과 심경을 추정하고 배려하듯 읊어 전하는 시이다.

어쨌거나 이 작품에서도 수련의 "歲暮嚴程未暇遊 天涯回日一登樓(세모 맞은 엄중 여정 유람 겨를 없으련만, 하늘 끝서 돌아갈 날 한번 누각 올랐을 것)"라는 두 구와 미련의 "疎簾不掩江風入 欲下欄干更攬裘(성긴 주렴 안 가려져 강바람이 불어 드니, 난간 아래 내려서도 다시 갖옷 여몄겠네!)"라는 두 구만으로도 한 수의 좋은 七言絶句가 될 만하며, 경련과 미련은 물론 明나라 사절(華使)의 사명감과 함께 伴接使로서의 權轍의 唱酬 행태를 謙辭로 마무리고 있다.

次雙溪詩軸

쌍계사 시축의 운을 따라 짓다

신흥동서 일찍 놀던 그 때 생각 더듬어서,	新興洞裏憶曾遊
손꼽아 헨 지금까지 이십년이 되었건만,	屈指如今二十秋
아늑하던 흥췬 항상 청학 따라 찾아가다,	幽興每隨青鶴去
끝도 없는 마음 괜히 흰 구름과 멈춰진 채,	遠心空與白雲留
남은 인생 쌍계사서 늙어가고 싶은 터라,	餘生欲老雙溪寺
한가론 날 팔영루에 사뭇 올라가고프나,	暇日長登八詠樓
서글프다 이제까지 돌아가지 못한 터라,	惆悵至今歸未得
이 세상에 인간사만 제냥 사뭇 하염없네!	世間人事自悠悠

* 雙溪詩軸 : 이 작품의 내용으로 봐서, 아마 전에 이 쌍계사에 함께 놀이 왔던 여러 사람들이 시를 지어서 모아 놓은 詩軸(시 두루마리)으로 추정된다.
* 新興洞 : 『東國輿地勝覽』에서 智異山과 상관되는 여러 지역을 점검해 봐도 어디에도 기록이 없어, 雙溪寺의 근처인 어느 곳으로 추정될 뿐이다.
* 八詠樓 : 『東國輿地勝覽』에서 찾아지지 않는 것이라, 시 속의 문맥으로 봐서 雙溪寺 경내에 있는 門樓이거나 누각이 아닐까 추정된다.

해설 이 작품은 작자가 일찍부터 심중에 초탈적인 세계로 미리 잡아 놓은 쌍계사라는 공간을, 세속을 벗어나 돌아가 의지하고 싶어 한 지 이십년이 되도록 돌아가지 못하는 너무 아쉽고 안타까운 심경을 읊은 시이다.

이 작품도 수련과 미련만으로도 큰 틀의 좋은 七言絶句 한 수가 될 만한데, 함련의 "幽興每隨靑鶴去(아늑하던 흥취 항상 청학 따라 찾아가다)"와 "遠心空與白雲留(끝도 없는 마음 괜히 흰 구름과 멈춰진 채)"라는 두 구는 실제의 감정으로서, "幽興"과 "遠心"을 마주하는 두 주부로 삼고 "每隨靑鶴去"와 "空與白雲留"를 마주하는 두 술부로 삼은 것이 참으로 아주 좋은 對句를 이루고 있으며, 경련의 두 구도 流水對를 이루면서 전 작품의 속을 잘 채우고 있어서 좋은 작품을 이뤄내고 있다. 미련의 "惆悵只今歸未得 世間人事自悠悠(서글프다 이제까지 돌아가지 못한 터라, 이 세상의 인간사만 제냥 사뭇 하염없네!)"라는 탄식의 두 구는 우리 옛 선비들의 處世的 葛藤을 시범처럼 대변하고 있는 것이다.

吉州樓題

길주 성의 누각에서 쓰다

이른 가을 느릅 잎은 추운 성에 져 내리고, 早秋楡葉下寒城
북쪽 변경 첫 서리에 갈 기러기 놀라는데, 紫塞新霜旅雁驚
천리 밖의 내 고향은 괜히 꿈만 꿀 뿐이고, 千里鄕關空有夢
십년 배운 글과 칼은 끝내 뭣을 이루었나? 十年書劍竟何成
되놈 피리 사뭇 불어 벌써 눈물 흘리었고, 胡笳未斷已垂淚
사막 위 달 뜨려 할 젠 되려 기둥 기대인 채, 磧月欲生還倚楹
무한 부는 가을바람 중선처럼 한을 안고, 無限西風仲宣恨
하늘 끝서 떠나가는 친구만 또 전송하네! 天涯又送故人行

---

* 紫塞 : 중국의 북방 변경의 요새를 말하며, 구체적으로는 秦나라 때 쌓은 萬里長城의 일대를 말하는 것으로, 長城을 붉은 벽돌로 쌓았기 때문에 붙여진 명칭이다. 기러기가 봄이 되면 이 지역까지만 날아오기 때문에 "雁門紫塞"라고 말한다.
* 書劍 : 書는 글을 공부하는 것으로 文官으로서의 공부이고, 劍은 武器 使用을 공부하는 것으로 武官으로서의 공부이다.
* 仲宣 : 중국의 漢나라 말기의 "七才子"로 알려진 文人 중의 한 사람인 王粲의 字이다. 그는 특히 중국 湖北省 當陽縣에 있는 城樓에 올라서 〈登樓賦〉를 지은 것이 잘 알려져서, 이 城樓를 "仲宣樓"라고 부르게 되었는데, 〈登樓賦〉는 뒤의 사람들이 賦나 詩를 지을 때에 모범이 되었다.

해설 이 제목의 두 작품은 그 내용으로 봐서 작자가 鍾城都護府使로 있을 당시 지은 것으로 판단된다. 첫 작품은 작자 자신이 북방 함경도에 都護府使로 在任 중 가을을 맞으면서 절감하는 客懷와 간절해지는 鄕愁를 시종 자기 신세 한탄의 가락으로 읊어낸 시이다.

그래서 수련에서는 이른 가을인데도 느릅나무 잎이 벌써 지고, 북쪽 변경이라 첫 서리가 벌써 내려 남쪽으로 돌아갈 기러기들도 놀라겠다며 을씨년스러운 북방의 시・공 풍경을 알리고, 함련에서는 천리 먼 고향을 그리워만 하는 간절한 향수와 십년 동안 선비로서도 國防의 임무를 수행하는 관리로서도 이룬 것이 없다는 悔恨을 실토하였으며, 경련에서는 역시 북방 변경의 삭막한 풍경을 접하는 체험과 심경을 전하면서, 미련에서는 이내 저 王粲 같은 情恨으로 이 하늘 끝 북쪽 변경 성 위 누각에서 고향으로 돌아갈 어떤 친구를 전송하면서 말할 수 없이 처연해진 심경을 실토하고 있다.

그런데 이 작품 역시 작자에게는 오늘의 우리들이 인식하고 체감하는 거리감이나 공간의식이 아닌, 아주 기막히게 먼 거리감과 황량한 공간의식으로 실감하는 시・공간의 체험과 감정을 바탕으로 읊어진 것임을 알아야 한다.

又

또 한 수

장군으로 선 누각은 층층 성 위 壯麗하고,	將軍樓閣麗層城
담소로도 능히 되놈 간담 떨게 할 것이니,	談笑能令虜膽驚
조정 소속 부하일 젠 시에 있어 독보였다,	蓮府星郎詩獨步
종성 도호부사로선 서문 먼저 짓고 나자,	愁州都護序先成
반공중의 가을 풍경 구슬발을 걷게 하고,	半空秋色褰珠箔
백자 깊이 못물 빛엔 푸른 기둥 쏟듯 비춰,	百尺池光瀉翠楹
制壓 勝利 술판 떠나 밖에서 할 것 없으니,	制勝不離樽俎外
어찌 애써 십만 군대 마구 전투할 게 있나?	何勞十萬事橫行

---

* 將軍 : 武官인 將軍이 아니라 아마 작자가 鍾城都護府使로 가서 군사적 임무도 수행해야 하기 때문에, 이 임무를 수행해야 할 자신을 위시해서 咸鏡監司나 咸鏡觀察使 내지는 다른 都護府使들을 지칭한 것으로 판단된다.
* 蓮府 : 大臣의 집이나 대신이 총괄하는 관청을 가리키는 말로, 여기에서는 작자 자신이 서울에 있을 때 관리로 속해 있던 관청을 지칭한 것으로 추정된다.
* 星郎 : 하급관리인 郎官과 같은 말로 "郎官上應列宿(郎官은 위로 하늘의 별자리를 따라 정해진 것)"라고 해서 郎官을 星郎이라 부르게 되었다. 그런데 여기에서는 "星郎"이 바로 서울에 있었을 때 大臣級 上官 아래의 郎官으로 있었던 자신을 스스로 일컫는 것으로 판단된다.
* 愁州 : 작자 자신의 任地인 鍾城의 옛 호칭이다.

해설 이 작품은 같은 제목의 앞 작품과는 너무도 다른 시적 감정과 호탕한 기개의 목청과 가락으로 읊어진 놀라운 시이다.

수련에서는 자신이 장군으로서 서서 있는 층층으로 된 이 누각은 웅장하며 화려하다고 함으로써 자신의 위풍과 기백을 말없이 간접적으로 제시하면서, 이렇게 "위풍당당하게 서서 아래를 굽어보며 호탕하게 담소만 해도, 이것을 전해 듣거나 멀리서 보기만 하는 오랑캐 무리(만주 쪽에 있는 여진족)들은 간담이 서늘해져 놀라 떨게 할 것이니"라고 전제하였으며, 함련에서는 과거 郎官으로 있을 때에도 시에서 독보적이었음과 鍾城府使로 있으면서도 서문을 가장 먼저 지었다고 자부함으로써 詩文의 능수임을 당당히 자부하고, 경련에서는 저 위로 가을 하늘을 우러러 기상을 기르고 아래로 깊은 못물을 내려 보며 물상을 감상한다고 하여 大丈夫로서 氣槪 涵養을 默示하고 있으며, 미련에서는 "制勝不離樽俎外 何勞十萬事橫行(制壓 勝利 술판 떠나 밖에서 할 것 없으니, 어찌 애써 십만 군대 마구 전투할 게 있나?)"라는 마무리는 정녕 醉中 文士의 豪言壯談으로 접어놓기 쉽겠으나, 작자 자신이 두 번의 활쏘기 시합에서 상대인 師範을 이기고 배려까지 한 사실과 倭寇의 침입에 피리를 불어 鄕愁를 유발하게 하였다는 사실, 그리고 실제 宣祖大王이 "有文武全才 吾將大用(文才와 武藝를 다 갖춘 인재이니, 내가 장차 크게 임용할 것이다)"라고 한 사실들로 봐서, 작자는 전략과 전술에 대한 높은 식견이 갖추어져 있었을 뿐만 아니라, 그에 상응하는 기개와 용기도 갖추어져 있었을 것이므로, 적을 고도의 심리적 전술과 전략으로 사전에 선제 제압하는 계책을 염두에 둔 것이었음을 알 수 있다.

이 작품은 작자가 宣祖大王의 신임, 그리고 자신의 기개와 함께 자부하는 무예적 재능에 文武兼全의 大丈夫라는 自我意識을 바탕으로, 자신감에 찬 자아의 의지와 행태를 당당하고 거침없는 수사의 문맥으로 엮어 읊음으로써, 浩然之氣의 豁達通暢한 목청을 가락으로 살려 울려내는 아주 좋은 시가 되었다.

快哉亭 次退齋韻

쾌재정에서 퇴재의 운을 따라 짓다

동남으로 산 펼치고 큰 강물은 흘러오며,	東南山豁大河來
한 조각 성 옛날 변방 다가 개설되어 있어,	一片城臨古塞開
하얀 눈은 저 멀리로 기자 나라 아련하고,	白雪遠迷箕子國
붉은 구름 반쯤으로 초왕대를 둘렀는데,	紅雲半繞楚王臺
금비녀들 그림자 속 꽃등 불빛 야단이고,	金釵影裏華燈亂
옥피리의 가락 속에 뿔 나팔도 잦춰 부니,	玉笛聲中華角催
내일이면 되려 만 리 떠날 이별 시름이라,	明日別愁還萬里
陽關曲을 세 번 불러 남은 술잔 다 비우세!	陽關三疊盡餘杯

* 快哉亭 : 平壤의 大同館 북쪽에 있는 정자로 중국의 사신인 唐皐가 시를 지어 놓기도 하였다.
* 退齋 : 蘇世讓의 號이다.
* 一片城 : 당시 平壤의 城郭을 지칭하는 것으로, 이 한 조각 성곽이 옛날에는 변경이었을 이 평양의 평야에 개설되어 있다는 말이다.
* 紅雲 : 붉은 빛의 구름이나 붉게 가득 피어난 꽃의 상태를 말하는데, 여기에서는 붉은 석양빛이 물든 구름을 말하는 것으로 판단된다.
* 楚王臺 : 平壤의 서남쪽에 있는 "鳳凰臺"를 고려의 睿宗임금과 仁宗임금이 다녀갔었기 때문에 "楚王臺"라고 호칭한 것이 아닐까 추정된다.

해설 이 작품은 平壤城의 고적과 역사를 회고하고 연회에서의 풍정과 작별의 아쉬운 감회를 읊은 시이다.

그래서 수련에서는 평양성의 탁 트인 지형과 성곽의 외진 상태를 말하고, 함련에서는 흰 눈에 덮인 옛 기자조선의 유적과 고려조 임금들의 흔적을 화상하고 있으며, 경련에서는 연회석에서의 풍정을 아쉬워하면서, 미련에서는 이내 "明日別愁還萬里 陽關三疊盡餘盃(내일이면 되려 만 리 떠날 이별 시름이라, 陽關曲을 세 번 불러 남은 술잔 다 비우세!)"라며 이별 시름을 애써 풀고자 청승맞은 가락으로 읊어내고 있다.

次思庵贈行思韻

사암이 행사에게 준 시의 운을 따라 짓다

아득 멀리 거의 산정 바위 속 방 닫아 놓고,	石房遙閉翠微顚
풍진 세상 일이 없어 몇 해 떠나 있는 채로,	無事風塵別隔年
바다 학의 둥진 빈 채 소나무만 늙었어도,	海鶴巢空松樹老
고운 구름 산길 적셔 숨어살기 인연되고,	晴雲逕濕薜蘿緣
단약 굽던 옛 부엌엔 재만 응당 차겠지만,	丹砂舊竈灰應冷
신선방엔 가을달이 바로 곱게 떴을 테니,	玉洞新秋月正娟
바로 思庵 뒤따라서 벼슬자리 다 내놓고,	便欲從公解簪紱
사뭇 그냥 신선 찾아 神仙道나 배우리라!	長尋仙侶學靈篇

* 翠微 : 산마루의 바로 밑인 팔부 능성을 말한다.
* 海鶴 : 바다의 학을 말하는데, 중국 南朝의 鮑照가 그의 시에서 "霽旦見雲峰 風夜聞海鶴(갠 아침엔 구름 감긴 봉우릴 보고, 밤바람엔 바다 학의 소리를 듣네!)"라고 한 바대로, 속세를 떠나서 숨어사는 사람은 밤에 학의 우는 소리를 듣는 것이 고상한 취미였던 것이다.
* 薜蘿 : 담쟁이와 칡덩굴을 말하나, 숨어사는 선비의 옷을 상징하기도 한다. 여기에서는 숨어사는 것과 상관되는 뜻으로 쓰였다.
* 玉洞 : 道敎에서 콧구멍이나 바위 속의 방을 말한다. 여기에서는 隱者가 사는 바위 속의 방을 지칭한 것이다.
* 靈篇 : 道敎의 經典을 말한다.

해설 이 작품은 思庵 朴淳을 뒤따라서 세속적인 벼슬자리를 다 내놓고, 行思 스님 같이 산 속에 깊이 숨어 살고 싶다는 심경을 읊은 시이다.

그래서 수련에서는 부러움의 대상으로 行思 스님의 숨은 듯 사는 산속의 생활상을 전제하고, 함련과 경련에서는 행사 당신은 백분의 소망대로는 아니지만 담쟁이와 칡덩굴 속에서 너무도 청정하게 지내면서 맑고 고운 가을 달빛을 독차지하고 즐기며 살 것이라 부러워하고 소개하면서, 미련에서는 이내 "解簪紱(벼슬 자리 다 내놓고)"라며 애써 초연한 듯 다짐하고는 "學靈篇(神仙道나 배우리라)"이라며 각오하듯 선언하듯 마무리하고 있다.

奉別白評事赴關西

관서로 부임해 가시는 백 평사를 받들어 전송하면서

이월 맞는 관서 향해 장사로서 떠나시니,	二月關西壯士行
봄바람 속 칼·창 갖춘 군부대가 맞을 텐데,	東風劍戟六軍迎
향로봉은 꽂혀 선 채 수천 겹 산 엄호 받고,	香爐峰插千重掩
압록강은 흐르면서 그 일대가 맑겠으며,	鴨綠江流一帶淸
아득 고운 관청에선 긴 피리를 새벽 불고,	長笛曉吹華閣逈
맑고 고운 잔치 자린 미인들 봄 취했어도,	紅粧春醉錦筵晴
장막 안서 잘 짜여진 빈틈없는 방어 전략,	幕中婉畫金湯敵
되놈 막을 만리장성 뭐가 필요하겠어요?	何用防胡萬里城

---

* 香爐峰 : 『東國輿地勝覽』에 이런 명칭의 산이 平安道에는 없는 것으로 봐서, 이것은 강원도 고성에 있는 "香爐峰"을 말하는 것으로 추정된다. 香爐峰은 태백산맥의 북부를 이루는 봉우리로서 북쪽의 금강산, 남쪽의 설악산과 오대산 등과 이어지기 때문에 이 산일 가능성이 더 높으며, 또 천 겹으로 엄호 받고 있다는 것으로 봐서 이것은 아마도 그 주위에 있는 많은 산들에 의하여 받들어져 있다는 것을 말하는 것으로 추정된다.
* 華閣 : "화려한 집"이라는 이 건물은 白評事가 가서 근무할 관청의 건물일 것이다.
* 錦筵 : 관청에서 베풀어질 잔치의 자리를 말한다.
* 婉畫 : 무리함이 없이 아주 자연스러우면서 분명하고 정확한 고도의 戰略을 말한다.
* 金湯 : "金城湯池(쇠로 만든 성과 끓는 물이 담긴 해자)"라는 말의 준말로서, 전투에서 아주 자연스러우면서 완벽한 방어의 대비를 말하는 것이다.

해설 이 작품은 벗인 白光勳의 형님인 白光弘이 관서의 평사로 부임하는 것을 축하하며 송별하는 시로, 그곳의 풍광을 관람하고 가서 풍류를 누리시면서도 기막힌 전략으로 소임을 잘 수행하실 것이라는 讚辭와 소망을 바치고 있다.

그래서 수련에서는 정말 壯士로서 그 곳에 부임을 하시면 정연한 군대의 엄숙한 영접을 받으실 것을 예측하고, 함련에서는 부임 도중에 관람 체험하실 그곳의 산수 풍광을 소개하듯 열거하면서, 그 "위엄"과 "업적"을 "香爐峰揷千重掩 鴨綠江流一帶淸(향로봉은 꽂혀 선채 수천 겹 산 엄호 받고, 압록강은 흐르면서 그 일대가 맑겠으며)"이라고 기려 참신한 비유로 언급하고 있으며, 경련에서는 부임 후 임지에서의 "기강" 확립과 "풍류" 여유를 즐기는 지략 높은 관료로서의 면모를 소개하면서, 미련에서는 이내 "幕中婉畫金湯敵 何用防胡萬里城(장막 안서 잘 짜여진 빈틈없는 방어 전략, 되놈 막을 만리장성 뭐가 필요하겠어요?)"이라 하고 있거니와, 이것은 바로 "백평사 당신께서는 그냥 용기와 무예의 명장만이 아니라, 위엄과 함께 풍류도 즐기며 적을 깨끗하게 제압하는 고명한 지략의 전술가로서 바로 '香爐峰'과 '鴨綠江'이 당신이시라고 하겠습니다"라는 無上의 稱譽요 極讚이다.

次義順館韻
의순관에서 걸려 있는 시의 운자를 따라 짓다

아주 변경 외론 성에 객 돼 잠시 의지해서,	絶塞孤城客蹔依
아득 멀리 지친 여행 이 한 해도 다 가는데,	倦遊迢遆歲華微
강 건너 편 새벽 나발 불어 장차 날 새겠고,	隔河殘角吹將曙
사막 가득 찬 구름은 언 듯 그냥 껴 있어서,	滿磧寒雲凍不飛
끊긴 꿈길 몇 번이나 궁 문 찾아 헤매었고,	斷夢幾回迷北闕
색시 심경 끝도 없이 석양빛에 애만 타다,	羈心無限向西暉
내일 아침 양관 길을 또 향해서 떠나겠네!	明朝又出陽關路
만 리 길서 봄 만나도 외려 귀향 못한 채로,	萬里逢春猶未歸

* 義順館 : 평안도 義州에 있던 국영 여관으로, 중국에서 오는 사절단이나 우리나라에서 중국으로 가는 사절단이 머물던 장소였다.
* 陽關 : 중국의 甘肅省 燉煌縣에 있던 關門으로 西域과의 交易이 이루어지던 장소이다. 이곳은 중국에서도 너무 멀고 외진 곳이라 文人이나 官吏들에게는 한번 가면 다시 못 만날 가능성이 있는 곳이라, 이곳은 멀리 가는 사람들에게 이별의 한을 담은 곳의 상징으로 문학 작품에서 무수히 원용되는 곳이었다. 이곳은 이별하는 노래의 공간으로 원용되면서 이곳을 소재로 한 이별의 노래를 "陽關曲"이라 부르기도 하였다.

해설 이 작품은 작자가 일찍이 중국에 가는 사절단의 수행원으로 갈 때에 義州의 이 여관에서 숙박하면서 경험하는 상황과 소감을 읊은 시로 추정된다. 수련과 미련만의 한 절구 작품을 외곽으로, 함련과 경련의 또 하나 나열형 절구 작품이 구체적인 내용을 이루면서 율시 작품으로 구성되었다.

따라서 수련에서는 義順館에서 숙박하면서 세모를 맞게 된 나그네로서의 쓸쓸한 심경을 말하고, 함련에서는 여기에서 체험하는 변경의 을씨년스러운 세모 풍경을 제시하며, 경련에서는 두 구가 도치된 채로 임금님과 집을 그리는 안타까운 심정을 하소하고, 미련에서는 이내 "明朝又出陽關路 萬里逢春猶未歸(내일 아침 양관 길을 또 향해서 떠나겠네! 만 리 길서 봄 만나도 외려 귀향 못한 채로)"라며, 멀고 먼 만 리 타국에서 세모와 새해를 맞는 고독과 향수를 청승맞은 가락으로 읊어 마치고 있다.

贈別李益之

이익지와 작별하며 주다 益之는 李達의 字다

하염없는 나그네 길 해는 서쪽 져가면서, 客路悠悠日向西
버들 꽃도 다 날리고 소쩍새만 울 것이라, 楊花飛盡子規啼
장판이 선 마을 다리 가다 술을 산다 해도, 村橋有市行沽酒
사람 없이 들논 물만 제냥 논둑 찼을 테고, 野水無人自滿畦
여관집엔 달 밝으면 시름 끝 꿈 깰 것이나, 旅店月明愁夢斷
산성 안엔 잎들 어둑 홀로 갈길 잃겠으니, 山城葉暗獨歸迷
하늘 끝서 이 이별에 머리털이 셀 듯한데, 天涯此別堪頭白
슬프구려 자네에겐 풀 또 우거질 것이니! 惆悵王孫草又萋

* 愁夢 : 시름에 싸여 좀 체로 잠에 들지 못하다가 모처럼 꾸는 꿈이라 애틋하고 아쉽게 꾸는 소중한 꿈이다. 그런데 여기에서는 이렇게 아쉽고 안타까운 꿈을 달이 밝아서 너무 아깝게 깨게 됐다는 것이며, 그래서 잠을 자지 않고 다시 길을 떠나게 됐다는 것을 암시하는 것이다.

해설 이 작품은 신분적 한계로 인해 불우한 일생을 살던 손곡 이달이 또 다시 나그네로 유랑 같은 길을 떠나게 된 것을 작별하면서, 무한한 연민과 동정의 감정으로 지어준 시이다.

그래서 수련에서는 버들 꽃도 다 날려 지고 소쩍새만 우는 계절 해가 서쪽으로 져가는 오후에 하염없이 떠나가는 손곡의 정상을 제시하고, 함련에서는 가다가 다리께의 장판에서 술을 사 가지고 간다고 해도, 들 논의 물만 찬 논두렁만 보일 뿐 서로 마주하여 마실 사람 없이 너무 고적한 형편을 예상하고 있으며, 경련에서는 여관에서 시름으로 잠들지 못하다가 겨우 잠이 들어 꾸던 꿈을 달이 너무 밝아 깨어나서는, 산성 길을 가는 데에도 잎들이 어우러져 어둑한 길이 희미할 것이라는 걱정으로 동정하면서, 미련에서는 이내 "此別頭堪白(이 이별에 머리털이 셀 듯한데)"라며 손곡과 작별하는 자신의 심경을 말하면서, 또 "王孫草又萋(자네에겐 풀 또 우거질 것이니!)"라며 "자네는 또 봄이 되면 어디선가 우거지는 풀빛을 보며 내 생각에 얼마나 외롭고 쓸쓸할 것인가!"라며 그 객지에서의 곤고와 고독을 함께 아파하며 서로 위무하듯 마무리하고 있다.

次景濂堂韻 景濂堂是金溝客館

경렴당에 걸린 시의 운을 따라 짓다

경렴당은 금구현의 관영 여관이다

남쪽 못과 북쪽 못의 연꽃들은 짙네마는,	南池北池荷花深
연 속대는 쓴맛 생겨 사람 맘과 같은 터라,	荷心有苦似人心
연꽃 아직 안 졌건만 가을바람 일어 불고,	荷花未落秋風起
비와 이슬 몇 번에다 서리 · 눈도 칠 터인데,	雨露幾何霜霰侵
그리운 분 볼 수 없이 사람 늙게 할 뿐이라,	相思不見令人老
거울 속의 허연 털만 벌써 쓸쓸해졌으니,	鏡中華髮已蕭森
낫겠구나! 저 못가에 가서 연잎 따가지고,	不如臨池摘荷葉
그리운 분 몸에 입을 옷이라도 짓는 것이,	裁作美人身上襟

* 美人 : 이 작품에서 "美人(고운 이, 그리운 벗, 혹은 임금님)"은 작자가 자신을 그냥 시인으로 자처하는 경우라면 "그리운 벗"을 말하는 것이겠고, 자신을 여인, 혹은 신하로 대유하고 있는 경우라면 자신이 기막히게 그리워하는 "그리운 이, 곧 사랑하는 임이거나 임금님"일 것이다.

해설 이 작품은 문맥상 어조나 어휘들의 상호 유기적 구조로 봐서, 자신을 신하로 놓고 "美人"을 임금님으로 설정하여 읊은 시로 추정된다.

그래서 수련에서는 자신을 상징하는 연꽃과 연 속대를 쓴맛(고생)의 존재로 설정하여 제시하고, 함련에서는 자신의 상징인 연꽃과 연 속대가 겪을 어려운 상황을 말하고서, 경련에서는 임금님이신 그 미인을 그리워만 하며 만나 뵙지 못한 채, 백발만 늘어 쓸쓸해진 자신의 현재 실상을 자탄하고서는, 미련에서는 이내 자신의 대유물인 연잎, 하찮은 육신이거나 정성의 대유물인 이 연잎으로나마 임금님을 위해 바치기로 한다는 무한히 애틋하고 간절한 서원 같은 마무리를 함으로써, 한 수의 좋은 戀主之詞(임금님을 그리워하는 시)가 되었다.

六.

三五七言

次楊蓬萊韻

양봉래의 운을 따라 짓다

이별한 지 오래인 채로,	久別離
가는 시절 놀라워하며,	驚時節
시름겨워 긴긴 밤을 앉아 있자니,	愁人坐遙夜
푸른 바다 밝은 달이 떠올라 와서,	碧海生明月
봄바람 결 싱그럽던 버들가질 부치려니,	欲寄春風楊柳枝
가을 오며 꺼칠 잎 져 꺾을 만도 못하구나!	秋來搖落不堪折

해설 "折楊柳"는 중국에서 樂部 "橫吹曲"이며, "折柳"는 중국의 唐나라 權德輿의 "新知折柳贈(새 친구는 버들가지 꺾어서 주고)"라고 읊어 벗 사이에서 서로 주는 것으로 읊었으나, 이 작품의 주 소재인 버들가지는 봄을 맞아 싱그럽고 부드럽게 생동하는 존재로서 풍류와 생동감의 상징이라, 시적 화자인 작자가 소망하는 자아의 대입 주체로 삼아 그리운 이에게 부쳐주고 싶었지만, 이제는 이 버들가지가 가을을 맞아 잎도 다 떨어져 꺼칠하게 축 쳐진 가지가 되어 있으니, 보내줄 만한 풍미도 생기도 다 잃어 이제 꺾어 줄 만한 가치가 없는 존재가 됐다는 것이다.

이 작품은 젊은 날의 의지와 기개를 지녔던 작자 자아가 대입된, 봄바람 결에 싱그럽던 버들가지를 소중한 벗이나 고귀한 분께 부쳐 보내고 싶었다가, 이제는 정신과 육제가 시든 작사 자아의 노년 같이 가을을 맞아 잎도 다 떨어지고 꺼칠해진, 버들가지의 상태는 벗이나 고귀한 분께 꺾어 부쳐 보낼 가치가 없게 됐다는 한탄의 시로, 이것은 실의와 노쇠의 작자가 지극한 정분의 벗이나 임금님을 향한 실의와 자탄의 정한을 애틋하게 읊은 것으로 추정된다.

七.

五言古詩

發京城 懷玉峰

서울을 떠나면서 옥봉을 그리워 하며

시대 상황 바야흐로 뒤숭숭해서,	時事方擾擾
일찍 떠나 옛 살던 집 돌아갈 텐데,	夙駕還舊棲
옛 살던 집 어찌 아니 그리우랴만,	舊棲豈不懷
헤지는데 생각 어찌 안 서글프랴?	惆悵念分携
가는 길에 백사령에 올라서서는,	行登白沙嶺
미리 돌려 서쪽 성문 바라본다면,	回望國門西
서울 성벽 구불구불 담 둘려 있고,	城堞繞逶迤
골목집들 서로 높고 나직할 거며,	井屋互高低
넓은 곳엔 버들 숲이 그늘 지우고,	廣地蔭楡柳
慕華館엔 무지개와 구름 꼈으며,	華館縈雲霓
훈련장은 평평하고 펼쳐져 있어,	教場平且直
삼엄한 채 아주 훤히 비길 데 없이,	森曠無與齊
푸른 솔이 양쪽 언덕 끼고 섰으며,	蒼松夾兩崖
푸른 풀은 긴 언덕에 이어 짙은데,	碧草連脩堤
웅성웅성 병사들이 모여들어서,	喧然人士集
말 달리자 먼지바람 자욱이 이니,	馳馬風塵迷
이 광경엔 정말 가히 觀賞할 만해,	卽此誠可賞
사뭇 선 채 홀로 그냥 서글퍼하다,	佇立獨悲悽
비탈 내려 벌써 이미 걱정스러워,	下坂倏已阻
채찍 치며 앞 시냇물 건너고 있네!	倦策渡前溪

* 夙駕 : 이른 아침에 마차를 타고 떠난다는 말인데, 여기서는 일찍 떠나가는 행위를 말한다.
* 白沙嶺 : 어느 기록에도 없는 고개 마루이나, 아마도 서울에서 高陽으로 가는 도중에 있는 어느 고개 마루로 추정되며, 다만 "華館(慕華館)"이라는 말이 나오는 것으로 봐서나 "國門西"라는 말이 나오는 것으로 봐서는 지금의 "무악재"를 지칭하는 것이 아닐까 하는 추측이 가능하다.
* 國門西 : "國門"에 "西(서쪽)"라는 말이 뒤에 붙은 것을 봐서, "國門"은 분명히 서울의 正西 쪽에 세워진 "敦義門"을 지칭하는 것으로 판단된다.
* 教場 : "教育訓練場"이란 말의 略字일 것이므로, 당시 慕華館의 동쪽 서울 성벽 담 아래에 "前訓"이라는 군사 훈련장이 있었는데, 이것을 지칭한 것으로 추정된다.
* 平且直 : 훈련장의 마당이 아주 평평하고 또한 잘 펼쳐져 있다는 것으로 추정된다.
* 森曠 : 무성한 채 아주 아득한 상태를 말한다.

해설 이 작품은 함경도 評事로 임명됐을 때부터 종성도호부사로 임명된 그 사이에 일부 관리들에 의한 반대의 의론이 있어서, 작자 자신의 처지가 어려웠던 당시에 지어진 시로 추정이 된다.

서두에서 뒤숭숭한 시대 상황 때문에 일찍 고양의 옛집으로 돌아간다고 하고는, 그러나 옥봉과 헤어지게 된 것을 서글퍼 하고 있다. 그런데 이 옛집으로 급히 돌아가다가 지금의 무악재를 넘으며, 서울 성곽 서쪽 군사 훈련장의 군사 훈련 광경을 관람하면서, 이 광경은 참으로 관람하고 감상할 만하고, 그래서 자신도 관북지역에 가서 이렇게 군대를 훈련시켜 국방에 기여할 자신과 의지가 있건만, 훼방을 당해 뜻을 못 이루게 된 채 슬퍼하며 옛집으로 돌아가고 있다는 한탄만 할 뿐인 것으로 추정된다.

大慈川上
대자천 냇가에서

한낮 되어 고양 입구까지 와서는,	午及高陽口
대자천서 말에게 먹일 먹이니,	秣馬大慈川
이 냇물은 동쪽에서 흘러 들어와,	川水自東注
작은 산 앞 굽이져서 돌아 흐르며,	灣回小山前
옆엔 우뚝 바위들이 예스러운 채,	側峭巖石古
굽이져서 안고 있는 깊은 못 물엔,	屈曲抱重淵
단풍나무 전나무는 그림자 졌고,	倒影雜楓栝
나무 아랜 가히 배를 띄울 만한데,	其下可方舡
어둑 깊인 신비 동물 서린 듯하고,	神物蟠深黑
맑은 위엔 여린 고기 떠서 노닐며,	弱鱗遊淸漣
못 뚝 가니 고운 잔디 한껏 펴져서,	臨岸藉晴莎
가슴 펼쳐 숨은 근심 삭힐 만하니,	披襟散幽悁
집을 짓고 놀며 살기 딱 좋다마는,	棲遲宜結廬
어쩌겠나! 이 큰 길의 가장자리니,	奈此官道邊
떠나려다 여러 번을 되돌아보며,	欲去屢回首
남고픈 맘 홀연 그냥 착잡해지네!	留思忽紛然

* 大慈川 : 지금의 경기도 高陽市 德陽區의 동쪽 大慈洞에 있는 大慈山에서 발원해서 흘러오는 냇물이었을 것으로 추정되며, 시 속에서 읽혀지는 바대로 이 냇물은 나름의 풍경이 아름다워서 작자가 집을 지어 살고 싶어 했던 것으로 추정된다.
* 神物 : "신비의 동물"이라는 말인데, 이것의 실제 존재는 "용"이나 "이무기"를 말하는 것으로, 우리나라에서는 예부터 깊은 못이나 깊은 소가 있으면 여기에 꼭 용이나 이무기가 살면서 비 오는 것을 상관하여 조화를 부린다는 설화가 무수히 있어 왔다.

해설 이 작품은 서울에서 집이 있는 高陽인지 坡州인지로 가던 도중에 大慈川에서 지은 시로, 이곳의 풍경과 소감을 사실적으로 읊어 보이면서 이곳에 집을 짓고 살면 시름을 잊게 될 것이라 읊고 있다. 물론 위에서 말한 바대로 실제 자신의 집은 이미 있으므로, 이 大慈川은 일단 살고 싶은 시적 공간의 대체로 취택된 것이나, 서울에서 겪은 벼슬살이의 염증을 보상 받고 싶은 심경을 배경으로 하고 있는 시적 공간이라 하겠다.

到廬

나의 집에 도착해서

언덕 멀리 가난하게 사는 터지만,	貧居西崗遠
휘늘어진 나무숲에 가리워져서,	依依樹林翳
시내 골짝 애써 겨우 통과하고선,	獨經磎谷澁
물 깊은 길 누차 옷을 걷고 건너서,	途湝方屢揭
가다가다 마을 근처 가까워지니,	行行近墟里
남지 종이 밭 끝에서 기다리는데,	僕夫候田際
말 내려서 처마 밑에 쉬고 있자니,	下馬憩茅簷
마음 편해 속세 온통 잊게 된 채로,	心閑遺塵世
푸른 솔은 옛 골짝에 늘어서 있고,	青松列舊壑
노란 국환 뒤 뜨락에 가득 폈으니,	黃花滿後砌
이걸 보자 사람 마음 즐겁게 하여,	對此令人悅
이로 족히 흉년 위안 받을 만하네!	足以慰荒歲

해설 이 작품은 살던 옛 집으로 돌아와서 다시 접하는 소박한 자연 풍경들과 인정, 그리고 이런 것들을 다시 체험하면서 조용히 실감하는 위안과 감사의 심경을 무한한 자위로 읊고 있는 시로, 뒷부분의 "青松列舊壑 黃花滿後砌 對此令人悅 足以慰荒歲(푸른 솔은 옛 골짝에 늘어서 있고, 노란 국환 뒤 뜨락에 가득 폈으니, 이걸 보자 사람 마음 즐겁게 하여, 이로 족히 흉년 위안 받을 만하네!)"는 아무래도 중국 東晋의 시인 陶淵明의 〈還舊居〉를 본 따서 지은 듯 하기도 하다.

拾栗

밤을 주우며

첫 여름에 서울에 들어갔다가, 首夏入京城
팔월에야 초가 내 집 돌아와 보니, 仲秋歸茅屋
동산 밤은 털어버려 달린 게 없고, 園栗摘已盡
낙엽 속에 흘린 알밤 있을 거라서, 葉裏棲殘殼
새벽 깨어 울타리 껠 돌아다니다, 晨起繞籬行
풀 섶 헤쳐 때로 주을 수가 있으니, 披草有時得
딱 좋기가 어찌 많은 것에만 있나? 取適豈在多
애오라지 아희들과 즐기면 되지! 聊與兒輩樂

해설 이 작품은 작자가 첫 여름에 서울에 가서 있다가 팔월에 밤을 털어버린 뒤에야 고향 옛 집에 돌아와서는, 올밤으로 이르게 익은 알들을 털어가고 나서 모르고 줍지 않아 낙엽 속에 흘려진 양 묻혀 있는 것을, 때때로 풀 섶을 헤쳐 몇 개씩 주워서는 아이들과 놀면서 주고받으며 즐겁게 노닌다는 시로, 참으로 특별한 구상이나 수사의 作爲도 없이 그냥 있는 대로의 일상사를 "取適豈在多 聊與兒輩樂(딱 좋기가 어찌 많은 것에만 있나? 애오라지 아희들과 즐기면 되지!)"라고 마쳐, 참으로 그냥 순수한 童心으로 읊은 童詩 같이 좋은 작품이다.

汝順兄弟觀刈禾 乘月携酒見訪

여순 형제가 벼 베는 것을 보고나서, 달빛을 받으며 술을 갖고 찾아와서

구월이라 서릿바람 차긴 하지만, 九月霜風寒
밭둑에는 가을 수확 일들 하느라, 田畝事收穫
장정들은 모두 들판 나가서 있고, 丁壯盡在野
노약자만 홀로 집을 보고 있는데, 老弱獨看屋
벼를 지고 각자 모두 돌아오면서, 負禾各自歸
해가 져야 하던 일서 돌아와 쉬며, 日入務還息
친척들이 서로 함께 모이고 나선, 親戚相與會
대화 상대 대수롭지 않은 인 없어, 話言無雜客
"금년 농사 비록 풍년 아니지마는, 玆歲雖未登
또한 족히 범벅·죽은 차릴 만하고, 亦足具饘粥
오는 사람 또한 걱정할 건 없으니, 來者且勿憂
탁주나마 오늘 저녁 즐기세!" 하니, 濁醪歡此夕
밤이 깊어 바야흐로 끝내자 할 젠, 夜深方云罷
사람 흩인 마당에는 달만 밝겠네! 人散場月白

해설 이 작품도 앞의 작품과 같이 가을을 맞은 향촌의 일상 풍경을 소재로 삼아 사실적으로 그려 전하면서, 여기에 실제 근근한 생활 형편과 그럼에도 그것에 樂天知足하듯 순응하는 순진한 눈길로 그려 읊어 보인 시이다.

특별한 구상이 없이 실재하는 소재들과 그것들로 꾸려져 전개되는 풍경이나 정황들을 조금의 꾸밈이나 조작이 없이 그냥 내어 놓고 함께 구경하며 보여 주듯 읊어 놓고 있다. 그래서 이 작품도 陶淵明의 詩에서 보는 전원적 서정과 自動記述 같은 수사로 너무도 자연스럽게 읊은 아주 좋은 시다.

晨霜

새벽에 내린 서릿발

설렁하게 저녁 기운 변해가면서,	空曠變夕氣
으슬으슬 찬바람이 불어대더니,	蕭摵振凉颸
새벽 서리 숲속 지붕 하얗게 덮어,	晨霜覆林屋
가을 햇살 비추어도 그냥 남아서,	秋陽照未消
베옷 겹도 이른 추위 겁난 판이라,	擁褐怯早寒
깊숙 방문 아침 내내 닫고 있는데,	幽戶掩終朝
이 한 해도 홀연 그냥 끝나가면서,	歲華忽焉微
뭇 꽃들이 처량하게 시들어 가니,	群芳凄以彫
끼럭끼럭 돌아가는 기러긴 날며,	嗷嗷歸雁翔
휑하게 빈 저 하늘은 높기만 한 채,	泬泬天宇高
온 산과 물 머얼건히 빛을 잃은 듯,	山水淡無輝
온 들판은 바로 그냥 적막만 하니,	原野正寂寥
궁한 삶에 기운 운수 절감하면서,	窮居感頹運
붉던 얼굴 날로 다시 사그라져서,	朱顏日復銷
생각한 걸 종내 성취하지 못하고,	所思終不成
이래 홀로 괜한 노래 하게만 됐네!	獨此成閑謠

* 彫 : "凋"자를 잘못 썼거나 잘못 刻(새김)한 것으로 판단된다.

해설 이 작품은 가을 새벽을 맞으며 접하게 되는 풍경들과 그로 인해 어설퍼지는 감회를 차분하고 진솔하게 서술하고 있는 시이다.

그래서 "空曠變夕氣 蕭摵振凉颸(설렁하게 저녁 기운 변해가면서, 으슬으슬 찬바람이 불어대더니)" 같은 기후 조짐의 포착 표현은 그야말로 실제 현상의 제시로서, 전 작품의 진실 소박한 내막을 시작하고 있어 더 없이 좋으며, 그 뒤로 이어지는 화자의 자세와 "嗷嗷歸雁翔 泬泬天宇高(끼륵끼륵 돌아가는 기러긴 날며, 휑하게 빈 저 하늘은 높기만 한 채)" 같은 심안으로 포착한 풍경 배열과 "山水淡無輝 原野正寂寥(온 산과 물 머얼건히 빛을 잃은 듯, 온 들판은 바로 그냥 적막만 하니!)" 같은 심기적 상황의 인상을 잘 포착하여 읊어내고 있어서 놀랍기 그지없는 좋은 시다.

野望

들판 멀리를 바라보며

숲 언덕서 때로 한 번 바라볼 적엔,	林皐時一望
지는 해가 가을 논밭 한껏 비추어,	落日滿秋田
사람마다 벼를 베어 돌아들 가고,	人人刈禾還
집집마다 저녁연기 펴오르면서,	家家起夕煙
참새들도 느릿 날아 돌아들 오고,	鳥雀始倦飛
소·염소도 옛 밭둑길 찾아서 오니,	牛羊尋舊阡
배회하다 이내 제냥 마음 편해져,	徘徊得自怡
이렇게 해 세속 인연 벗어야겠네!	聊用離世緣

해설 이 작품도 농촌의 소박한 가을 풍경과 진솔한 정황의 몇 가지 단면들을 무작위로 주워 모아 素描畵를 그리듯 읊어 놓고, 여기에 동화된 양 자신의 심정을 살짝 곁들여 마무리해 놓은 시로 역시 陶淵明의 풍모가 연상되는 좋은 작품이다.

雨雹
우박이 쏟아져서

구월에다 십칠일 밤이 되어서,	九月十七夜
검은 구름에 또 바람 달리듯 불며,	雲黑風頗奔
번갯불 빛 방 안까지 화안하더니,	電光室中明
성난 천둥 지굴 온통 찢을 듯 치고,	怒雷裂厚坤
갈기는 비 우박 섞여 함께 내리며,	飛雨雜鳴雹
숲 동산 속 흩어지듯 막 뿌려대니,	崩騰洒林園
지금 시긴 아직 추수 다 못한 때로,	是時尙未穫
벼·잡곡들 들판 논밭 널려 있다가,	禾穀遍郊原
낟알 털려 반은 진흙 버려질 테니,	擺落半泥土
남은 낟알 다시 몇 알 남을 것인가?	殘實復幾存
지난 뭐 해 그 이후로 지금에까지,	粤自數歲來
기후 사뭇 추위 더위 제 땔 벗어나,	天氣失寒溫
전염병에 사람들은 죽게 되었고,	癘疫人丁死
소·돼지도 그 해독과 화를 입어서,	毒禍及牛豚
삭막하기 전란 치른 것과 같아져,	蕭條如經亂
산골에는 텅 빈 마을 많아진 채로,	山谷多空村
노약자가 농사일을 하게 됐으니,	老弱服耒耟
그 고생은 정말 말로 하기 어렵고,	辛苦良難言
봄에 난 싹 무성하여 막 좋더니만,	纔喜春苗盛
여름 장마 또한 온통 쓸어갔으며,	夏潦又渾渾

찬바람은 마른 가지 잎들에 불고, 凉吹乾枝葉
며루들은 마디・뿌릴 먹어 치우니, 螟食盡節根
어찌 알랴? 시들고 마른 이 끝에, 豈知凋悴餘
이런 재앙 더욱 많이 만나게 될 줄, 迨此灾逾繁
무엇으로 부과된 세 내나 싶은데, 何以供賦稅
감히 솥에 밥해 먹길 바라겠는가? 敢望具饔飡
사방 이웃 아침 연기 끊겨진 채로, 四隣絶晨煙
다만 온통 우는 소리 들릴 뿐일세! 但聞哭聲喧

* 崩騰 : 막 달려 가는 상태나 마구 흩어지는 상태를 말한다.

해설 이 작품은 당시 농촌 민중들의 곤궁한 생활상을 매우 동정적인 눈길로 관찰 묘사하고 있지만, 대체로 다른 많은 시인들의 시에서 보는 바와 달리 곤궁의 원인을 관청의 독촉이나 관리들의 수탈 횡포에 두지 않고, 비・바람과 장마 같은 天災에 두고 읊었다. 이것은 물론 작자 자신이 鍾城府使라는 牧民의 책임을 진 관직을 맡았었고, 그래서인지는 모르나 그냥 爲政者에 대한 비판이나 저항 의식을 지양하고, 철저하게 현실의 사항을 진실대로 파악하고 평가하는 선비의 평가 안목으로 읊고 있다는 점과 "九月十七日"이라는 구체적인 시일로 시작하여, 결코 허구가 아닌 실존의 상황을 다루고 있음을 보여 주고 있다는 점에서 작자의 진정한 愛民意識을 새롭게 확인할 수 있다.

그래서 "電光室中明 怒雷裂厚坤(번갯불 빛 방안까지 화안하더니, 성난 천둥 지굴 온통 찢을 듯 치고)"과 같은 놀랍고 두려운 기상의 전개나 "擺落半泥土 殘實復幾存(낟알 털려 반은 진흙 버려질 테니, 남은 낟알 다시 몇알 있을 것인가?)"과 같은 안타까운 현장들의 제시, 그리고 "何以供賦稅 敢望具饔飧(무엇으로 부과된 세 내나 싶은데, 감히 솥에 밥해 먹길 바라겠는가?)"과 같은 참상의 하소는 너무도 적나라한 민생 현실의 참상을 위한 하소연이라, 구태여 수사의 수법 같은 것을 고려할 것도 없이 그냥 "四隣絶晨煙 但聞哭聲喧(사방 이웃 아침 연기 끊겨진 채로, 다만 온통 우는 소리 들릴 뿐일세!)"이라는 민생의 참상을 있는 대로 전달하면서, 근원적 재해인 천재지변에 의한 민생의 참상을 애소하고 있다.

次陶穫稻韻 廣其意

도연명의 시 '穫稻(벼를 거두어 들임)'의 운을 따라 지으면서, 그 의의를 넓히다

세상 만사 모두 서로 얽혀져 있고,	萬事相糾紛
근심·걱정 또한 단서 많은 것이라,	憂樂亦多端
부잔 데도 부족하다 고심한다면,	居富苦未足
가난할 제 누가 능히 편할 수 있나?	處貧孰能安
통달한 인 이내 榮華 내려놓고서,	達人乃遺榮
초연하게 홀로 깊이 달관하거니,	超然獨冥觀
어찌 다만 허리 굽힘 수치만 알랴?	豈但恥折腰
시골 전원 당연 일찍 돌아가겠고,	園林早宜還
힘써 농사하면 또한 수확 있지만,	力耕亦有穫
그런데도 주림·추윈 면치 못한 채,	而不免飢寒
평지서도 바람·파도 일기도 하고,	平陸起風波
편한 길도 험난함이 생겨나지만,	坦道生險艱
세상과의 교섭을 끊어 버리니,	謝絕世上交
사물 구속 외려 나를 간섭할 건가?	物累寧我干
농부들만 때로 때로 찾아와서는,	田父時時至
농사 얘기 얼굴 펴고 함께 나누다,	農談共開顏
떠난 다음 산속 해가 저녁이 되면,	旣去山日夕
적막 속에 사립문을 닫으면 되지,	寂寞掩柴關
마음 친구 진실로 없다고 한들,	知音苟不存
그만두자 무얼 족히 탄식할 건가!	已矣何足嘆

해설 이 작품은 중국의 晉나라 때 시인 陶淵明의 시 〈庚申九月中於西田穫早稻(경신년 구월 중에 서전에서 올벼를 수확하며)〉라는 시의 韻을 따라 지은 시다. 그런데 작자가 제목에서 "廣其意(그 의의를 넓히다)"라고 한 바대로, 그 시적 주제의 본지는 함께 하고 있으면서도, 도연명의 시적 정조가 대체로 순응적・수용적 인상으로 부드러운 데에 비해서, 이 작품의 시적 정조는 도연명의 그것과 달리 발상에서부터 "萬事相糾紛 憂樂亦多端(세상 만사 모두 서로 얽혀져 있고, 근심・걱정 또한 단서 많은 것이라)"이라며 상대적 굴곡과 기복의 가락을 띠고 있으면서, "達人乃遺榮 超然獨冥觀(통달한 인 이내 榮華 내려놓고서, 초연하게 홀로 깊이 달관하거니)"이라 하고, "謝絶世上交 物累寧我干(세상과의 교섭을 끊어버리니, 사물 구속 외려 나를 간섭할 건가?)" 같은 감정적 강조의 기복을 보이는 가락을 띠고 있어서, 매우 대조적인 심기를 읽어낼 수 있게 한다.

그러면서도 도연명이 "但願長如此 躬耕非所歎(다만 사뭇 이대로길 소원하면서, 몸소 밭을 갈기 탄식하진 않노라!)"라고 한 바와 같이, 작자도 여기에서 "知音苟不存 已矣何足歎(마음 친구 진실로 없다고 한들, 그만두자 무얼 족히 탄식할 건가!)"라고 한 결말은 그 주제적 본지의 궤를 함께 하고 있음을 보여주고 있다.

霜多草木盡落 有新綠萋萋若春

서리가 많이 내려 초목이 다 시들어 떨어졌는데,
무성하게 새로 푸르른 풀이 있어서 봄이 온 듯해서

가을 찍듯 맑은 서리 흠뻑 내려서,	抄秋淸霜繁
온갖 꽃들 모두 벌써 져버린 터라,	雜卉俱已零
채마 텃밭 삭막하게 텅 비어져서,	園圃索然空
싱싱한 건 한 가지도 없는 판인데,	了無一物榮
마침 보니 초가 처마 바로 아래엔,	時見茅簷下
야들 띠 풀 오붓하게 다시 살아나,	柔荑藹復生
본래 겨울 추윌 견딜 자세 아닌 채,	本非歲寒姿
그 어떻게 홀로 능히 푸르러 있나?	何能獨靑靑
제 자리서 따슨 햇볕 온통 받으며,	占地蒙陽景
뿌릴랑은 문 앞 뜨락 박고 있으니,	托根依戶庭
문득 고운 봄을 함께 누릴 터인데,	却同芳春節
그 누가 조물주 맘 알겠냐마는,	孰知造化情
고운 빛깔 비록 사랑할 순 있대도,	嫩色雖可愛
旺盛·衰亡 원리 어찌 버릴 수 있나?	盛衰奈失經
이걸 그냥 뽑아내어 버리고나서,	不如鋤之去
그 자리에 곧은 松柏(솔·잣나무) 심는 게 낫지!	種彼松栢貞

해설 이 작품은 작자가 늦가을을 맞으며 모든 초목들이 잎이 지고 시드는 우주의 질서와 원리 앞에, 이것들을 거역하듯 유독 푸르게 새로 자라나 있는 띠 풀을 보고, 이것을 요사한 자태와 교묘한 수법으로 임금과 세상을 유혹하고 오도하는 小人이나 奸臣으로 연상하면서, 이것을 뽑아내고 여기에 곧게 겨울을 이겨내는 松柏을 심자고 다짐하는 것이다.

그래서 이 작품은 아마 작자 자신이 수차 벼슬길에 나가게 될 적마다 비난을 일삼은 사람들을 이 띠 풀로 연상하고 읊은 시가 아닐까 추정이 되는 것이다. 어쨌거나 이 작품에서 띠 풀이 小人이나 奸臣으로 연상되는 것은 당연하며, 따라서 이것과 대체되어야 할 것으로 설정된 松柏이 우리의 先人들이나 옛 선비들이 典型視하며 추구했던, 뜻이 곧고 굳게 어려움을 이겨내는 君子나 正士를 상징한 것임은 두말할 필요도 없다. "不如鋤之去 種彼松柏貞(이걸 그냥 뽑아내어 버리고나서, 그 자리에 곧은 松栢 심는 게 낫지!)"라고 종결한 것을 봐서 더욱 그렇게 추정되는 것이다.

感遇十首 寄鄭季涵

만난 상황에 너무 절감하면서 지은 열 수의 시를 정계함에게 부치며

골짝 속에 잘랑잘랑 꽃 핀 난초와,	盈盈谷中蘭
꽉 우거져 산 위에 선 푸른 소나문,	鬱鬱山上松
곧고 여림 실로 서로 다름 있지만,	貞脆固有異
향긋 냄샌 이내 서로 같은 처지로,	馨香乃相同
집동새의 울음소리 힘께 느끼다,	感玆鶗鴂鳴
서릿발에 시들어진 외론 처지 돼,	霜露悴孤叢
곱던 의지 마침내엔 쓸쓸해진 채,	芳意竟蕭索
시들어져 쑥대처럼 돼버렸으니,	零落隨蒿蓬
이 한 해가 저물면 어떻게 하나,	歲暮獨如何
굼틀 가지 북풍만이 많이 불 텐데!	虯枝多北風

해설 이 작품은 작자 자신과 절친한 벗이었을 松江 鄭澈의 인품을 蘭草와 老松이라는 식물들에다가 비기며, 상호 격려와 함께 상호 연민의 진정을 담아 읊어 주는 시이다. 이렇게 특정의 식물들을 자신과 벗인 정철로 擬人化하여, 자아는 蘭(난초)도 그냥 蘭이 아니라 "盈盈谷中蘭(골짝 속에 잘랑잘랑 꽃 핀 난초)"으로, 벗인 송강 정철은 소나무도 그냥 소나무가 아닌 "鬱鬱山上松(꽉 우거져 산 위에 선 푸른 소나무)"으로 비기고 있는 것은, 자신들의 부끄럽지 않은 인품과 지조를 자부한 것이면서 "貞脆固有異 馨香乃相同(곧고 여림 실로 서

로 다름 있지만, 향긋 냄새 이내 서로 같은 처지로)"은 정철 자네의 인성은 곧고 나의 인성은 여려서 서로 다르지만, 인정과 마음 씀은 우리 둘이 서로 꼭 같다는 다짐이며 자부다.

그런데 "感玆鶗鴂鳴 霜露悴孤叢(접동새의 울음 소리 함께 느끼다, 서릿발에 시들어진 외론 처지 돼!)"이라는 상황을 겪으면서, "芳意竟蕭索 零落隨蒿蓬(곱던 의지 마침내엔 쓸쓸해진 채, 시들어져 쑥대처럼 돼버렸으니)"이라는 불운의 정치적 상황을 겪게 된 老松, 곧 鄭澈을 향해서 "歲暮獨如何 虯枝多北風(이 한 해가 저물면 어떻게 하나, 굼틀 가지 북풍만이 많이 불 텐데!)"이라며 허망하고 참담함의 탄식으로 위로를 대신하고 있거니와, 이런 탄식의 근저에는 물론 울분에 찬 정의감이 자리 잡고 있는 것이다.

又
또 한 수

북풍은 어찌 이래 참혹하게도, 北風何慘烈
솔 · 잣나물 불어대서 꺾어 놓으며, 吹折松與栢
바다까지 또한 온통 진동케 하여, 溟海亦震蕩
어류들도 그 제집을 잃게 했으니, 魚龍失其宅
하늘 · 땅도 장차 끝내 닫힐 듯하며, 天地將窮閉
성현들도 갑절 탄식하게 된 터라, 聖賢倍歎息
黃帝와 舜 멀어 좇기 어려운 터니, 黃虞邈難逮
나는 그냥 西山 손님 따르겠노라! 吾從西山客

---

* 黃虞 : 黃帝와 虞나라의 舜임금을 말한다. 陶淵明의 〈贈羊長史〉에서 "愚生三季後 慨然念黃虞(어리석게 夏 · 殷 · 周 뒤 태어났지만, 感慨에 차 黃帝 · 舜만 생각하노라!)"라고 했다.

* 西山 : 중국의 首陽山을 말하며, 여기에서는 이 산에서 지조를 지켜 세상에 나가지 않고, 고사리를 캐어 먹고 지내다가 굶어 죽은 孤竹國의 왕자인 伯夷와 叔齊를 가리키는 말로 쓰였다.

해설 이 작품은 시 속에서 솔 · 잣나무로 비겨진 송강 정철이 당시 조정에서 정적의 음해를 받고 많은 곤경을 겪고 있는 형편을 무한히 동정하면서, 자신은 黃帝와 舜의 시대처럼 순수하고 태평한 세상을 그냥 동경하면서 곧게 뜻을 지켜 살겠다는 다짐을 읊은 시이다.

이 작품은 앞의 작품에서 정적들의 陰害를 상징한 말로 끝맺음하여 쓰인 “北風”을 글의 첫 머리에 다시 놓아 읊음으로써 송강 정철의 처지를 이어 호소하며 동정하고 있다.

又

또 한 수

서산에는 무엇이 있을 것인가? 　　西山何所有
깊은 골짝 참 고사리 많이 있어서, 　　深谷多芳薇
사뭇 채취한 사람은 누구였던가? 　　采采者誰子
숙제와 함께 그 형 백이였는데, 　　叔齊與伯夷
周의 곡식 먹긴 정말 수치라서지, 　　食粟良可恥
고사리의 채췬 주림 때문 아녔네! 　　採薇非爲飢
姬氏(武王)가 暴虐・混亂 제거를 하자, 　　姬氏除暴亂
八百 諸侯 약속 없이 절로 모여서, 　　八百會不期
천하가 다 성인으로 칭송했어도, 　　天下皆稱聖
이들만은 옳고 그름 따지었으니, 　　斯人獨是非
높은 절개 천만 년을 펄펄 살아서, 　　高節凜千祀
三綱 五倫 그래 남아 있게 되었네! 　　綱常以扶持

---

* 姬氏 : 중국의 상고 시대 왕조인 周나라 王室의 姓이 "姬氏"이다. 여기에서는 이 周 王朝의 두 번째 임금인 "武王 姬發"을 말한다. 그는 殷나라의 임금인 "紂"가 폭정을 일삼아 아우인 周公 旦과 함께 太公 望을 사령관으로 삼아 토벌하고 周나라를 세웠다.
* 八百 : "八百諸侯"의 준말로서, 八百諸侯는 殷나라의 諸侯들이며, 殷나라를 정벌한 周나라도 사실은 殷나라의 諸侯라서, 武王이 殷나라의 임금인 "紂"를 정벌한 것은 伯夷와 叔齊가 말한 바대로 신하가 임금을 친 것이 되는 것이다. 그러나 이 八百諸侯는 武王을 정의롭게 여겨 지지하였다.

해설 이 작품 역시 앞의 작품의 끝구의 "西山(首陽山)"을 첫 머리에 놓아, 작자 자신이 자신의 삶의 지표로 삼은 伯夷와 叔齊의 고고한 절개와 의리를 찬양하면서 자신의 의지를 간접적으로 시사한 시이다.

이 작품에서 八百의 諸侯들이 武王을 환호하며 따랐는데에도, 伯夷와 叔齊 두 사람만은 武王이 탄 말을 가로 막고 "신하로서 임금을 치는 것이 도리에 맞는 것인가 아닌가?"라며 따진 것을 놓고, "天下皆稱聖 斯人獨是非(천하가 다 성인으로 칭송했어도, 이들만은 옳고 그름 따지었으니)"라 하고, "高節凜千祀 綱常以扶持(높은 절개 천만 년을 펄펄 살아서, 三綱 五倫 그래 남아 있게 되었네!)"라고 숭앙하며 극찬하고 있는 것이다.

又

또 한 수

순박 풍속 벌써 멀리 사라져 갔고,	淳風去已遠
세상 도린 날로 어둑 캄캄해져서,	世道日幽昧
정벌 땜에 殷과 周는 降等이 돼서,	征伐降殷周
천자 몸도 끝낸 살해당하였으며,	祥麟竟遇害
봉황새가 닭·따오기 되어버리고,	鳳凰化鷄鶩
난초·혜초 쑥 신세로 바뀌어시며,	蘭蕙爲蕭艾
이내 공자·맹자 학도들로 하여금,	遂令孔孟徒
失意한 채 자주자주 실패케 하니,	失意屢顚沛
시대 운수 이미 이와 같이 된 터에,	時運旣如此
백성들 삶 장차 어디 기댈 것인가!	生民將何賴

* 淳風 : 인간의 심성이 순박하고 그래서 사회의 기풍도 선량하고 진실해진 풍조를 말한다. 이것은 유교에서 인간과 사회가 바르게 돼가는 현상이며 경향으로, 유교는 이것을 추구하고 지향하는 과정의 덕목이며, 이것을 목표로 삼아 왔다.
* 世道 : 유교에서 인간과 사회가 앞에서 말한 바 淳風대로 진행되고 운영되어 세상이 바르고 진실하게 진행되어 가는 도리와 그 과정을 통틀어 말하는 것으로, 이것은 유교에서 공자와 맹자 같은 옛 성인들과 堯와 舜 같은 聖君들이 끝없이 탐구하고 지향했던 과정이요 목표였으며, 그래서 유교에서는 이것을 개인의 수양에서 국가 사회의 발전에까지 그 완성을 위한 과정이며 목표로 삼아 왔다.
* 征伐 : 여기에서 "征伐"이라는 용어는 "무력으로 치다"라는 뜻만으로 쓴

것이 아니라, 유교에서 이상적인 정권 교체의 형식인 "禪讓(사전에 여건을 순리적으로 다져서 완성한 다음 왕권과 정권을 혈연의 대상이 아닌 훌륭한 인격을 갖춘 대상에게 넘겨 주는 것)"과 상대적인 의미로 쓰고 있는 것이다. 따라서 유교에서는 "征伐"은 불가피한 것이기는 하나 순수 순리의 "禪讓"에 비해서는 "天命(하늘의 뜻, 또는 명령)"에는 멀다는 말이다. 그래서 夏나라의 桀을 정벌한 殷나라의 湯임금이나, 殷나라의 紂를 정벌한 周나라의 武王은 "禪讓"으로 唐의 堯임금으로부터 임금 자리와 정권을 물려받은 虞나라의 舜임금이나, 舜임금으로부터 임금 자리와 정권을 물려받은 夏나라의 禹임금에 비하면 순리와 순수의 天命을 받은 것이 못 된다는 말이다.

* 祥麟 : 상상 속의 상서스러운 기린이라는 말로 황제가 타는 말을 지칭하는 것이나, 여기에서는 황제를 대유하는 말로 쓰였다.
* 鳳凰 : 상상 속의 상서롭다는 새로 수컷은 "鳳", 암컷은 "凰"이라 한다. 여기에서는 이 새들로 代喩되는 황제의 마차를 지칭하기도 하고, 고귀하고 덕이 높은 인물을 지칭하기도 한 것으로 쓰였다.

해설 이 작품에서는 서두를 "世道日幽昧(세상 도린 날로 어둑 캄캄해져서)"라며 절망적 전제로 놓음으로써, 개인 자아의 심성적 악화는 물론 국가 사회의 도덕과 윤리도 타락했음을 시사하면서, 작자가 절망적인 한탄을 읊은 시이다.

世道가 어두워지고 캄캄해져가는 형편을 "鳳凰化鷄鶩 蘭蕙爲蕭艾(봉황새가 닭·따오기 되어버리고, 난초·혜초 쑥 신세로 바뀌어지며)"라는 사례로 인용하여, 바로 가치의 전도와 추락의 상황을 예시하면서, "時運旣如此 生民將何賴(시대 운수 이미 이와 같이 된 터에, 백성들 삶 장차 어디 기댈 것인가!)"라며 절망적인 탄식으로 마치고 있을 뿐으로, 이미 孟子 같은 성인들에 의하여 세상을 향한 慨歎의 사항이 되어온 "世衰道微(세상이 쇠망해 가고 도리가 희미해져 간다)"를 다시금 절감하며 읊은 시인 것이다.

又
또 한 수

사람 마음 구름과 비 그것 같아서,	人心如雲雨
뒤집히고 엎어지기 잠깐 사인데,	飜覆在須臾
하얀 실이 흑색으로 물들고 나면,	素絲染黑色
처음대로 어찌 도로 하얘질 건가?	安能復其初
까악 울며 무리 지어 나는 까마귀,	啞啞群飛烏
밭 가운데 나의 집에 모여든다만,	集我田中廬
암놈·수놈 끝내 판별할 수가 없어,	雌雄竟莫辨
눈물 흘려 울며 괜히 흐느끼노라!	泣涕空欷歔

해설 이 작품은 세상을 향한 우려와 한탄, 그리고 세상만사와 그 혼탁에 대응해야 하는 자아의 성찰과 이로 인한 깊은 우려와 무한한 한탄을 읊어 벗에게 부치는 시이다.

작품의 전반부에서는 사람의 마음이 사물과의 대응으로 변화무상하기 쉽고, 그래서 한 번 순수한 본연의 바탕을 잃으면 회복하기 어려움을 말하고 있으며, 후반부에서는 흔히 말하는 "誰知烏之雌雄(누구가 까마귀의 암놈과 수놈을 구분할 건가?)"라고 하는 바대로, 상대해야 하는 많은 대상, 곧 자신의 집에 날아와 까악까악 우는 까마귀 같은 사람들을 어떻게 암놈과 수놈으로 구분하듯, 君子와 小人으로 혹은 善人과 惡人으로 구분할지를 모르겠으니, 그저 무한히 허망하여 눈물만 흘리며 흐느껴야 할 뿐이라는 무한한 한탄을 하고 있다는 것이다.

따라서 이 작품은 선비의 處世에 있어서 對人接物이 불가피한 과정이며 특히 對人은 君子와 小人의 구분을 잘해야 하는 과정인데, 작자 자신은 선비로서 또 지식인으로서 당시 혼란한 정계의 상황을 판단하기 어려움을, 자신이 "素絲(하얀 실)" 그대로이어야 한다는 엄정한 자기 성찰과 각오를 무언으로 전제하면서, 절친한 벗이었을 정철에게 하소연한 시로 판단되며, 이런 점에서 이 "素絲"라는 시어, 특히 "素"라는 글자에서는 작자가 이것을 인격적 자아 본성의 심상으로 확신했음을 읽어낼 수 있다.

又
또 한 수

센 바람은 굳센 풀도 시들게 하고,	疾風凋勁草
큰 파도는 버팀 기둥 꺾어버리니,	洪波折砥柱
굳센 풀이 어찌 절개 없을 것이며,	勁草豈無節
버팀 기둥 어찌 튼튼 안 하랴마는,	砥柱豈不固
바람·파도 분탕질을 당해버려서,	政爲風波蕩
마침내엔 그 본바탕 변하는 터라,	終然變其素
옛 적부터 功名 쫓던 그 名士들은,	古來功名士
수 많이들 時代 誤導당하였으니,	多被時所誤
魯仲連은 죽은 지가 이미 오래나,	魯連死已久
천년 두고 같은 취향 약속하리라!	千載期同趣

* 魯仲連 : 중국의 戰國時代 齊나라의 義士로, 齊나라가 秦나라의 위세에 눌려 趙나라·魏나라와 함께 秦나라를 天子로 추대하자고 하자, 魯仲連은 이것을 반대하고 東海로 피해 가서 숨어 살다가 생을 마쳤다. 그래서 후대에는 不義에 항거하고 세상을 등지는 사람들의 지표적 인물이 되었다.

해설 이 작품은 모진 世波와 잔혹한 인심에 휘말려 바르고 곧은 참 마음의 자신을 지켜 살기 어려운 선비, 바로 작자 자신을 위시한 지성인들의 상황을 절감하고 개탄한 시이다.

그래서 疾風과 洪波 같은 부정적 상황에 내놓여진 勁草와 砥柱로서 자아의 상실을 “終然變其素(마침내엔 그 본바탕 변하는 터라)”로 확인하는 절망적 한탄과 함께 끝내는 “魯連死已久 千載期同趣(魯仲連은 죽은 지가 이미 오래나, 천년 두고 같은 취향 약속하리라!)”라며 魯仲連을 뒤따를 걸 기약하면서, 여기에서도 앞의 작품에서 안타깝게 확인하는 본연적 자아의 표상인 “素”의 변질을 가슴 아파하고 있는 것이다.

又

또 한 수

외로운 대 가지와 잎 없는 신세로,	孤竹無枝葉
바다 위에 있는 산에 붙어살면서,	寄生海上山
매해마다 눈·서리 속 그냥 있으니,	年年霜雪埋
둑 기울까 뿌린 사뭇 편할 수 없네!	崖傾根未安
어찌 바로 재목으로 쓰임 바라랴?	豈是材可用
귀히 여김 능히 추월 이기는 거지,	所貴能傲寒
봉황새는 볼 날 이미 멀어져 갔고,	鳳鳥日已遠
옛 그 열맨 본 날 벌써 끝나갔으니,	舊實日已殘
신선들이 하늘에서 내려와서는,	仙人從空下
이걸 보고 슬퍼 탄식하게 됐네만,	見之爲悲歎
이걸 깎아 綠玉 같은 지팡일 삼아,	斲作綠玉杖
짚고 가서 구름 성문 조회하려니,	携去朝雲關
구름 성문 만 리 거리 막혀 있어서,	雲關萬里阻
가다 도중 돌아오게 될까 두렵네!	恐此中路還

---

* 鳳凰 : 이 새들은 세상에 성인이나 성스러운 임금이 태어나면, 그들을 축하하고 찬조하는 뜻으로 함께 세상에 태어난다는 새이다. 그래서 나중에는 성인이나 임금을 상징하는 말로 쓰였다. 따라서 봉황새가 태어난 지가 오래라거나 태어날 때가 아직 멀었다는 것은 세상에 성인이나 성군이 안 태어나는 것이기 때문에 세상이 부정하고 부패하며 도덕과 윤리가

타락한 세상과 시대라는 말로, 이른바 "末世"라는 말이다.

* 舊實 : 그 옛날 봉황새가 세상에 나타났을 제, 봉황새가 먹었다는 대나무의 열매를 말하는데, 이 글에서도 작자가 옛날이야기에 나오는 그 대나무의 열매를 말하고 있는 것으로 추정된다. 그런데 이 대나무를 "琅玕"이라고 말하며, 동시에 이 대나무의 열매도 "琅玕"이라고 하였다.
* 雲關 : 구름이 낀 저 먼 국경의 關門을 말하는데, 여기에서는 작자 자신이 만나 뵙고 싶은 저 하늘 위의 玉皇上帝가 계시는 白玉京의 門을 자신이 새롭게 상상화하여 아름다운 구름으로 덮여 있는 성문(關門)이라는 말로 쓴 것으로 판단된다.

....

해설 이 작품은 작자가 자신의 호인 "孤竹"을 "고고한 대나무"라는 뜻이 담긴 실물의 대나무로 설정하여 글의 주체로 삼아 놓고, 지금까지 자기 삶의 정황과 현재의 형편, 그리고 예견되는 내일의 자아상을 추상하면서 끝없는 우수와 한탄을 실어 읊고 있는 시이다.

가지와 잎도 없이 바다 위 산에서 눈·서리를 겪으며 기울기 쉬운 둑 위에 위태롭게 겨우겨우 살고 있는 대나무로 자신의 상황을 말하고, 세상에 쓰일 만한 재목은 못 되지만 혹독한 추위를 의연히 견딜 만한 기상과 절개는 지녔음을 자부하고 있으면서도, 자신에게 날아와서 앉을 성인 혹은 聖君 같은 봉황새의 이야기는 이미 먼 옛날 일이 되었고, 그 봉황새가 먹을 나 대나무의 열매는 이미 옛날이야기만으로 끝나버렸으니, 이제는 저 하늘의 옥황상제 같은 신선이 내려 와서 본다면 슬퍼하면서 탄식만 하게 될 거라는 말로 절망적인 상황을 확인하고 있는 것이다.

그래도 작자는 뜻을 지키는 선비로서, 세상에 본을 보여야 하는 지성인으로서의 자신을 "斲作綠玉杖 携去朝雲關(이걸 깎아 綠玉 같은 지팡일 삼아, 짚고 가서 구름 성문 조회하려니)"이라며 다시 가다듬고 각오하는 몸짓을 보이다가, 이내는 "雲關萬里阻 恐此中路還(구름 성문 만 리 거리 막혀 있어서, 가다 도중 돌아오게 될까 두렵네!)”라며, 허탈한 실망으로 좌절하는 자신의 눈물 먹은 목소리를 들려주고 있어 안타깝기 그지없다.

又

또 한 수

홰나무는 어째 이리 울창도 한지,	槐樹何阡鬱
덮을 듯이 큰길가에 선 채 있는데,	幢幢臨官路
긴 강물이 그 바로 옆 흘러가면서,	長河注其側
물이 뿌릴 점점 훑여 드러났건만,	水齧根漸露
안타깝다 뿌릴 돋워 심을 수 없어,	惜無爲培植
세월 가면 이내 엎어 넘어지련만,	歲久且顚仆
본래 높은 언덕에서 못 태어난 걸,	本不生高崗
끝내 위험 누구 때문인갈 알 건가?	終危知誰故

*幢幢 : 드리워진 상태 또는 덮여진 상태를 말한다.

해설 이 작품은 흔히 시골 마을의 공동 공간이나 큰길가에 심어져 있으면서, 마을 사람들이나 행인들의 쉼터 역할을 하며 많은 사람들의 아낌을 받아, 오랜 고목으로 긴 수명을 누리는 수종인 홰나무(槐木)를 擬人化하여 작품의 주체로 설정하고, 이것을 마을의 공간이나 큰길가가 아니라 하필 큰 강물 가에 배치하여, 물길에 훑여 뿌리가 드러나고 마침내는 물에 떠내려가서 없어지는 존재로 삼아, 여기에 작자 자신이나 이 시를 받을 정철이 대응해야 하는 당시 정계의 상황과 자신들의 처지를 대입시켜 읊은 것이 분명하다. 그런데도 강력한 돌파의 의지가 아닌 팔자타령 같은 "本不生高崗 終危知誰故(본래 높은 언덕에서 못 태어난 걸, 끝내 위험 누구 때문인갈 알건가?)"라며 반문 형식의 탄식으로 끝낸 것에는 무한한 안타까움이 배어 있다.

又

또 한 수

王子喬가 노닐자고 나를 부르며,	王喬呼我遊
곤륜산의 골짝으로 약속을 해서,	期我於崑墟
아침에 玄圃峰에 올라가서는,	朝登玄圃峰
멀리 향해 紫雲車를 바라봤더니,	遙望紫雲車
紫雲車는 그 얼마나 태연한 채로,	紫雲何容與
옥퉁소는 소리 바로 아득하다가,	玉簫正微茫
금방 스쳐 은하수를 넘어 가서는,	徑度凌天河
펄펄 날아 扶桑 향해 가고 있는데,	飄飛向扶桑
그 부상은 몇 천리나 되는 것인가?	扶桑幾千里
바람·파도 막힌 데다 또 다시 멀어,	風波阻且長
나는 그만 포기하고 떠나려 해도,	我欲捨此去
약속 위반될까 아주 두렵거니와,	深恐負所期
자네 심정 정녕 뭘까 싶으지마는,	君情定何許
내 마음은 끝까지 안 바뀔 걸세!	我心終不移

* 王喬 : 옛날 중국의 周나라 靈王의 太子인 晉을 말하며, 王子喬라고도 불리는데 신선이 되어 학을 타고 天台山에 가서 노닐면서 생황과 옥퉁소를 불며 하늘을 날아다니고 한 쌍의 물오리(鳧)를 신으로 삼아 타고 다니기도 하였다.
* 玄圃峰 : 곤륜산 정상에 신선이 산다는 봉우리를 말한다.

* 紫雲車 : 紫色의 구름은 훌륭한 사람이나 신선을 상징하는 상서스러운 구름이다. 따라서 이 구름이 감도는 수레는 신선이 타는 수레라는 말로 쓰인 것으로 추정된다.

해설 이 작품은 작자가 이 시를 받을 정철을 대입시킨 중국의 옛 신선인 王子喬로부터 만나기로 한 약속을 받고 곤륜산으로 갔더니, 왕자교는 紫雲車를 타고 扶桑으로 가서 만나지 못했지만, 자신은 그 신의의 약속을 믿고 지키겠다는 마음을 전하는 시이다.

이것은 물론 혼란하고 부조리한 당시 관료 사회에서 소외되어서, 오히려 혼탁한 이 세속적 상황에서 벗어나서 신선처럼 청정하고 한유하게 자연으로 돌아가자는 무언의 약속을 함께 하였으니, 정철 자네만 신선세계 같은 자연으로 혼자 돌아가지 말고 나도 함께 하자는 청탁 겸 소망을 전하고 있는 것이다.

又

또 한 수

은하수도 건너지 말아야 하고, 莫涉銀漢水
青雲(벼슬)길도 떠나지 말아야 하니, 莫登青雲途
파도 없이 능히 배를 엎기도 하고, 無波能覆舟
평지서도 또한 마차 부러뜨리니, 平地亦摧車
曾子 끝내 殺人者가 되기도 하고, 曾參終殺人
율무 알이 밝은 진주 돼버리면서, 薏苡爲明珠
중상자가 교묘한 걸 알고만 있지, 只知讒者巧
곧이듣는 어리석음 누가 말하나? 孰云聽者愚
뜬 인생은 환상 같이 돼버리면서, 浮生似幻化
옳고 그름 두 가지 다 없는 게 되니, 是非兩空無
마땅히 東陵侯나 뒤 따라가서, 當隨東陵侯
오이 심고 김매기나 손수 하리라! 種瓜手自鋤

---

* 曾參殺人 : 이 말은 "曾參(曾子)이 殺人을 했다"는 것으로, 『戰國策』「秦策」에 나오는 이야기이다. 曾子와 同姓名人으로서 "費"라는 지역에 사는 "曾參"이라는 성명을 가진 사람이 殺人을 했는데, 이 말을 들은 사람이 베틀에서 베를 짜고 있는 曾子의 어머니에게 이 사실을 알리자, 어머니는 "내 아들은 그런 사람이 아니다"라며 안 믿고 그냥 베를 짰고, 또 한 사람이 또 알려도 어머니는 그대로 베를 짜다가, 세 번째 사람이 또 알리자 어머니는 이내 두려워하며 베틀을 그냥 두고 담을 넘어 도망하였다. 그래서 이 말은 세 사람이 같은 말을 전하면 없던 일을 있는 일로 믿게 된다는

것으로, 거짓을 진실이라 속이는 행위의 예로서 "市有虎(시장에 범이 나타났다)"와 함께 쓰이는 말이다.

* 薏苡 : 중국의 後漢시대 馬援이 交趾에서 근무를 마치고 돌아오면서 율무알을 싣고 돌아와 재배를 하려 했는데, 그 당시 귀족 관리들이 이것을 진귀한 것으로 알고 밝고 맑은 진주라고 말하다가, 馬援이 죽은 뒤에 이것을 진짜 진주라고 중상모략하였다.

* 東陵侯 : 중국의 漢나라 사람 邵平이 東陵侯가 되어 靑門 밖에 참외를 심어 길렀는데, 맛이 좋아, "東陵瓜(동릉 참외)"라고 불리게 되었다.

해설 이 작품은 작자 자신이 현실적인 벼슬길에 있어서의 어려움은 물론, 이를 잊고 귀의하고 싶은 신선 같은 탈현실의 삶도 이루어질 수 없는 환상임을 확인하면서, 실낱같은 바람이나마 향촌 자연으로 돌아가 安貧의 분수를 지키며 살고 싶다는 안타까운 심정을 정철에게 전하는 시이다.

그래서 이 작품에서는 어느 시대 어느 사회에서나 보게 되고 겪게 되는 부조리의 사회상과 그것의 수정이나 교도를 위해 비판적, 투쟁적으로 대응하려다가 끝내 "浮生似幻化 是非兩空無(뜬 인생은 환상같이 돼버리면서, 옳고 그름 두 가지가 다 없는 게 되니)"라며, 탈진의 상태로 포기하듯 실의에 낙망하는 선비의 삶의 모습을 표본적으로 확인하게 되면서, "當隨東陵侯 種瓜手自鋤(마땅히 동릉후나 뒤 따라 가서, 오이 심고 김매기나 손수 하리라!)"라며, 힘 빠진 채 자신을 애써 다독이는 몸짓을 본다.

養虎詞
새끼 범을 기르는 노래

산 속 영감 젖먹이 범 한 마릴 주워,	山翁得乳虎
집의 울안 가둬 놓고 먹여 기르며,	養之置中園
길들이기 기간 이미 오래 되어서,	馴擾日已長
집돼지의 새끼 같이 친해졌건만,	狎近如家豚
할멈은 범 성질 아주 모질다 하니,	妻言虎性惡
영감은 화 나 더욱 아끼더니만,	翁怒愛愈敦
필경에는 이 영감을 물어 죽이니,	畢竟噬翁死
외려 앞서 입은 은혤 알기나 하나?	寧復顧前恩
모두 영감 어리석다 웃겠지마는,	人皆笑翁愚
나는 홀로 영감 위해 원통해 하네!	我獨爲翁寃

해설 이 작품은 그 제목에서 바로 창작에 목적성이 있음을 예감할 수 있다. 이 작품은 영감과 새끼 범을 주체로 삼고 보조 인물로 할머니를 설정하여, 시상의 동기와 진행을 갈등의 구조로 설정하여 진행하면서 매우 풍유적인 목적의 의의를 투입시키고 있음을 쉽게 추정할 수 있도록 잘 읊어진 시이다.

이 작품은 朴世采의 글인 「孤竹詩集 後敍」에서 확인되는 바대로, 宣祖 때 李潑이라는 사람이 栗谷을 존경한 양 따르는 것을 본 작자가, 李潑이 교활・음험한 小人인 것을 栗谷이 알아서 멀리할 것을 권하는 뜻에서, 풍유의 의미를 담아 읊은 것이다. 따라서 여기의 영감은 栗谷

을, 새끼 범은 李潑을 대신하고 있는 것임을 쉽게 추정할 수 있다. 실제로 栗谷은 뒤에 李潑의 훼방을 받았으며 그래서 작자는 先見之明이 있는 것으로 평가되고 있다.

이 작품에서 문맥상 주인공의 설정이나 시상의 갈등적 구조화, 그리고 거기에 상응하는 수사는 비록 아주 평이하게 진행되고 있지만, 그래서 오히려 시적 호소력이 쉽고 명료하게 효과적으로 전달되고 있으며, 또 작자는 당시에는 물론 후대에까지 알리려는 듯 이른바 "君子小人之分(군자와 소인에 대한 분별)"을 평생의 사명으로 여겼던 선비의 批判眼과 使命感을 수행하면서 "人皆笑翁愚 我獨爲翁冤(모두 영감 어리석다 웃겠지마는, 나는 홀로 영감 위해 원통해 하네!)"이라며 예언 아닌 예언을 기막히게 남기고 있는 것이다.

山中
산 속에서

산 속이라 바람 · 기운 차기만 하며, 山中風氣寒
서리 · 눈발 날로 벌써 싸여져 있고, 霜霰日已積
휩쓸리듯 해 그림자 재촉해 지며, 靡靡晷景促
겨우 아침 벌써 저녁 돼버린 채로, 纔早已成夕
빈 숲 속에 햇볕 남아 있지 않아서, 林空無留景
어둑하자 돌아오는 새들만 있어, 暝後有歸翼
적막 속에 그 누가 돌아나 보나? 寂寞誰相顧
근심 돼도 능히 풀어낼 수도 없네! 憂來不能釋

해설 이 작품은 지극히 사실적으로 안내하듯 서술되어, 겨울과 산 속의 하루라는 시 · 공적 상황에 놓인 자아의 초라하고 쓸쓸한 情狀이 있는 그대로 안내하듯 이야기 되어 있는 시라, 艱苟하고 無聊한 산 속 생활에 고적감마저 절감해야 하는 이른바 寒士의 정상이 가감 없이 곱게 그려져 있다.

古意 二首

옛 적을 그려보는 생각 두 수

삐걱삐걱 한 쌍 마차 달린 바퀴들, 轔轔雙車輪
하루 동안 천만 번을 굴러 가면서, 一日千萬轉
마음 같이 해도 마찬 같이 아니 해, 同心不同車
이별하기 때로 자주 변하는 터라, 別離時屢變
마차 바퀸 외려 자췰 남겨 놓아도, 車輪尙有跡
서로 그린 사람들은 못 만나보네! 相思人不見

해설 이 작품은 가장 끝의 한 구인 "相思人不見(서로 그린 사람들은 못 만나 보네!)"이라는 기막힌 상황에 있는 사람들의 안타까운 마음을, 꼭 같은 한 쌍인 두 마차의 바퀴와 서로 대비시켜, 서로 한 쌍인 두 마차에 달린 바퀴들이 서로 같은 한 축을 함께 한 것처럼 마음은 서로 하나로 하고 있으면서도, 육신의 사람으로서는 서로 다른 마차를 타고 있어서 자주 떨어져 있을 경우가 많은 채로, 서로 하나로 하고 있는 마음의 축에 함께 꿰어져 같은 자취를 남겨 놓는데도, 이 한 쌍 마차들에 각각 탄 육신의 사람들은 서로 그리워만 하면서 끝내 못 만나본다며 기막히게 안타까워하는 시이다.

그런데 이 작품의 구상은 참으로 작자 심중의 착잡한 면면들을 함축적으로 비유하여 이루어진 것으로 추정된다. 바로 같은 제목의 다음 작품과 상관시켜 보면, 아무래도 작자와의 사이에 애듯한 사랑의 사연을 남겼고, 사후에 작자의 무덤 옆에 묻혀 있는 洪娘을 주인공으로 놓고 읊은 것으로 추정되는 것이다.

그래서 한 쌍의 두 마차는 작자 자신과 홍랑이 꼭 같이 서로 생각하며 꼭 같이 서로 그리워 할 거라는 현실적인 처지를, 꼭 같은 종류의 축은 사랑이라는 공통분모를, 함께 남겨 놓는 자취는 지금까지는 물론 앞으로도 함께 남겨 놓고 싶은 사랑의 길을 비유적으로 절실하게 기원하면서, 끝내는 이렇게 "相思人不見(서로 그린 사람들은 못 만나보네!)"이라 기막힌 절망의 심경으로 마친 것으로 상상해 보면, 이 작품은 작자가 咸鏡道의 評事로 있을 당시 임지에서 사랑하던 洪娘과 헤어지고 서울로 와서 읊은 시로 추정된다.

又

또 한 수

누구인지 화장하고 있는 아가씬, 誰家紅粉女
저를 보며 얼굴빛이 애처로운지, 顧影矜顔色
다소곳이 꽃 섶에서 혼자 말하길, 盈盈隔花語
"찰깍찰깍 창 앞에서 베만 짜는데, 札札臨窓織
다만 소원 비단 옷감 많기나 하여, 但願羅衣多
한 해 내내 먹을 걱정 않기만 비네!". 終年不憂食

---

* 盈盈 : 여자의 맵시가 아담하고 고운 상태를 말한다.

해설 이 작품도 아마 洪娘이 작자를 찾아오지 않고 아직 함경도 洪原에 있을 때거나, 작자가 병중에 있다는 소식을 듣고 서울까지 왔다가 明宗의 妃인 인순왕후의 상중이라, 北道人의 通行 禁止令을 어긴 죄로 다시 쫓겨 고향으로 돌아가고, 작자는 면직이 된 다음에 홍낭을 상상하며 읊은 시로 추정된다.

그래서 아가씨는 자신의 안쓰럽게 야윈 얼굴을 비춰보고 홀로 애처로워하며, 혼잣말로 넋두릴 하기를, "베를 짜면서 제냥 다만 소원 비단 옷감 많기나 하고, 한 해 내내 먹을 걱정 않기를!"이라며, 가만히 소원을 빌 것이라고 하였다. 이 시는 바로 홍낭이 그렇게 고향에서 의식주의 삶이라도 안정되기를 기원하는 작자의 애틋한 신성이 남긴 것이다.

昨日入城 路中有感 奉寄三樂 求和
어저께 서울로 들어오다가 도중에서 느끼는 바가 있어서 三樂께 받들어 부치면서, 화답을 원하며

오래 전엔 좋은 벗과 함께 하여서,	昔欲携我友
上元 그 곳 향해 가서 살고팠는데,	寄向上元間
한번 名聲 그것 땜에 誤導되어서,	一爲名所誤
한가로운 물·구름관 점점 어긋나,	漸乖雲水閑
심신 골몰 세속 삶에 온통 잡힌 채,	役役紅塵途
인간 심정 억지 표정 많이 했으니,	人情多强顔
귀가해선 홀연 씁쓸 서글퍼져서,	還家忽惆悵
말 세우고 가을 산만 바라보리다!	駐馬望秋山

* 三樂 : 작자보다 나이가 위이거나 인품이 훌륭했던 어떤 사람의 字이거나 號로 추정되나 정확하게 누구인지는 확인할 길이 없지만, 다음 작품에서도 등장하는 대상임으로 봐서나 화답을 구하는 것으로 봐서 뜻을 함께 하는 좋은 선배거나 벗임을 알 수 있다.
* 上元 : 음력 정월 15일을 가리키는 말이거나 三甲子 중의 第一 甲子를 말한다. 그런데 여기에서는 신선들이 살고 있다는 하늘 위에 있는 공간을 말한다.
* 雲水 : "行雲流水(떠도는 구름과 흐르는 물)"의 준말로 한가롭고 자유로운 자연의 상태를 말하다.
*役役 : 심신이 골몰하게 한 곳에 빠진 상태를 말한다.

해설 이 작품은 화자가 이제까지 세속적인 여건과 상황에 잡힌 채 살아온 자신의 형편을 상대에게 알리면서, 그래도 애써 자위하고픈 심경을 전하는 시이다.

그래서 이 작품에서는 화자가 겪은 세파와 인정을 "一爲名所誤 漸乖雲水閑 役役紅塵途 人情多强顔(한 번 名聲 그것 땜에 誤導되어서, 한가로운 물 · 구름관 점점 어긋나, 심신 골몰 세속 삶에 온통 잡힌 채, 인간 심정 억지 표정 많이 했으니)"이라고 소개하면서, 시 · 공을 넘어 오늘의 지식인이나 지성인들에게도 공감을 얻을 만큼의 호소와 함께 고발을 하고 있는 것이다.

夜坐懷季鷹 書示三樂求和

밤에 앉은 채 季鷹을 그리워 하며, 三樂에게 적어 보이고 和答을 달라고 하면서

찬 달빛은 앞 기둥에 비추어 들고,	寒月照前楹
서릿바람 밤 된 숲에 불어대는데,	霜飈振夕林
푸른 하늘 향한 채로 홀로 앉아서,	獨坐向靑天
뭣 때문에 시름 걱정 깊이 하는가?	何爲憂思深
옛 친구는 호서에서 노닐 거면서,	故人遊湖西
한참 가도 소식 그냥 끊고 있으니,	經時斷玉音
전엔 한 곳 기쁘게들 모였었건만,	伊昔歡會地
이젠 서로 뿔뿔이 흩어진 채로,	于今商與參
가고파도 냇물·골짝 막혀져 있어,	欲往川谷阻
갈길 아득 찾아가기 어렵겠으니,	道路邈難尋
이별 고통 별 수 없이 견뎌내면서,	不辭別離苦
다만 세월 흘러감만 애태우지만,	但惜流光侵
흐를 세월 어찌 잡아 매둘 것인가?	流光安能攀
각자 제냥 곧은 마음 지닐 뿐이지!	各自保貞心

* 季鷹 : 작자가 고양과 파주 지역에서 서로 가까이 살면서, 학문과 식견의 상통으로 매우 절친하게 지냈던 벗 宋翰弼의 字이다. 작자가 곳긴 뒤 송한필이 남긴 만사가 이 문집의 부록에 실려 있다.

해설 이 작품은 서로 헤어져 있는 친구인 宋翰弼과의 안타까운 우정과 그로 인한 그리움을 애틋하게 읊어 전하면서 三樂에게도 보이고 화답을 구하는 시로, 선비의 곧은 마음을 끝까지 함께 하자는 다짐을 권면하는 시이다.

실제로는 서로 이별한 처지를 한스러워 해서 지어 보내는 시임에도, "不辭別離苦 但惜流光侵(이별 고통 별 수 없이 견뎌내면서, 다만 세월 흘러감만 애태우지만)"이라며, 이별 자체의 고통보다는 허망하게 흘러가는 세월을 안타까워하면서도, "流光安能攀 各自保貞心(흐르는 세월 어찌 잡아 매둘 것인가? 각자 제냥 곧은 마음 지닐 뿐이지!)"라며, 끝내 세월이라는 하늘의 운행 이치를 깨달아 순응하는 곧은 마음을 함께 다짐하자는 선비의 면모를 보이고 있는 것이다.

送僧遊楓岳

풍악산으로 유람 가는 스님을 보내면서

병에 걸려 그냥 직무 태만했기로,	淹疾滯曠職
郡守(靈光 郡守) 포긴 지조 숭상한 게 아니나,	棄郡非尙逸
단출하게 서울 옛 집 돌아와서는,	單車返洛社
문 닫은 채 사람들과 왕래 끊어서,	閉門人事絶
서울서도 적막해진 속이 된 채로,	寂寞城市間
세속과는 멀어지게 된 것 같으니,	似與世塵別
어찌 다시 내 집을 못 잊어서겠나?	豈復眷玆居
아득 멀리 산수 속이 그리워서지.	緬懷山水窟
듣기로는 비로봉의 정상 올라서,	聞登毗盧頂
푸른 동해 해 뜨는 걸 굽어본 다음,	碧海瞰日出
丹砂 골짝 신선 약초 채집한다니,	丹壑拾瑤草
책 상자서 신비론 책 펼쳐 볼 제는,	靑箱開秘訣
"내 배고픔 잊어지게 할 수도 있고,	可以療我飢
날아 신선 배울 수도 있다" 했을 것,	可學飛昇術
동쪽 가는 스님에게 말 전하노니,	寄語東歸客
이런 유람 떠날 결심 당장 하게나!	斯遊行當決

---

* 曠職 : 글자대로의 뜻은 "직위를 비워둔다"인데, 이것은 "직위에 있으면서 태만하다"라는 말이다.
* 尙逸 : 글자대로의 뜻은 "뛰어나고 고결함을 숭상하다"라는 말이나, 여기

에서는 "고상한 지조를 숭상하다"라는 뜻으로 쓰였다.

* 洛社 : "洛"은 서울이라는 말이고, "社"는 현대말로 넓게는 사회, 좁게는 구체적인 가정, 곧 집을 말하는 것이다. 여기에서는 집을 말한 것이다.
* 玆居 : 글자대로의 뜻이 "이 사는 곳"이므로, 여기에서는 바로 작자의 "이 내 집"이라는 말이다.
* 丹壑 : 수은과 유황이 섞여 이루어진 광물로 된 골짝을 말하는데, 여기에서 광물을 수습해서 신선들의 장수 약인 丹藥을 구워 만든다는 말이다.
* 瑤草 : "기막히게 아름다운 풀"이라는 말로, 여기에서는 신선 세계에 있다는 귀한 약초를 말한다.
* 靑箱 : 옛날 푸른 대쪽으로 엮어 만든 책 상자를 말한다.

해설 이 작품은 제목에서 상대에게 구체적 호칭 없이 그냥 "僧(스님)"이라고 한 것을 보면, 작자 자신과 친분이 깊지 않은 상대인 것 같으나, "어찌 다시 이 내 집을 돌아보겠나?"라고 한 것을 보면, 이 스님이 자신의 집에 전에는 들렀던 것이 분명하며, 따라서 들릴 만큼 친분이 있었던 스님이었던 것이 분명하다. 그런데 자신의 집에도 안 들르고 풍악산(금강산) 유람에 급히 가는 스님을 오히려 "신선 같이 되어 배고픔도 잊고 하늘을 날 수도 있게 될 거라"며 빨리 떠나라고 격려하는 시이다.

棄郡還洛 寓城西作 丁丑秋 自靈光解歸

郡守의 직위를 포기하고 서울로 돌아와서, 서울 서쪽에 거처를 잡아 살면서 정축년 가을에 영광의 군수 직에서 해임되어 돌아와서

한 것 없는 任地 月給 부끄러워서,	尸邑媿俸錢
辭任하고 옛 마을로 돌아가려니,	解印歸故里
옛 마을엔 돌아갈 수 없게 된 것이,	故里不可歸
금년에는 전염병이 온통 퍼져서,	今年癘疫熾
이편 집엔 열 사람이 누워 앓다가,	東家十人臥
아홉 사람 같은 날에 사망해버려,	九人同日死
죽은 사람 버려진 채 수습 못하고,	死者棄不收
산 사람은 모두가 이사했으며,	存者皆移徙
남은 종들 봄과 여름 그 때서부터,	僮僕自春夏
시름시름 앓아 아직 못 일어나서,	呻吟尚未起
을씨년히 문 앞 길도 황폐한 채니,	蕭條門逕荒
누가 다시 나 오기를 기다리겠나?	誰復候我至
길거리의 한 옆에다 말 멈추고서,	駐馬街路側
쉴 자리도 없이 그냥 서성이다가,	徘徊靡所止
문득 서울 서편 농장 찾아서 가니,	却尋城西庄
멍한 채 있으시던 외숙께서는,	泯默依舅氏
"요행히도 무사하다" 말씀하셔서,	自言幸無事
서로 마주 슬퍼하다 기뻐하면서,	相對成悲喜
밥 지어서 주린 나를 먹여주시고,	盤飧充我飢

한말 술을 취하도록 마시게 하곤, 斗酒勸我醉
앉아 있는 방을 이내 비우고서는, 遂空所坐堂
나에게 여기에서 자라 하셔서, 令我寢於是
그냥 멈춰 후한 돌봄 입고서 나니, 留連蒙款洽
감격하는 심정 어찌 끝 있으랴만, 感激情何已
이 열 식구 먹여 줄 걸 생각해 보니, 念兹十口養
하루 비용 견디기도 어렵겠기로, 難堪一日費
주인 외숙 힘드심에 애써 사양코, 苦辭煩主人
제 스스로 살 궁리를 하게 되어서, 得自爲生理
병과 사발 이미 주셔 받아 가졌고, 旣給缸與甌
솥과 가마 또한 빌려 갖게 되어서, 又借釜與錡
음식 비록 부엌 달리 해서 먹지만, 飮食雖異廚
뭐 있으면 문득 서로 나누어 주며, 有物輒分饋
출입할 제 내외할 것 없는 사이고, 出入無內外
기쁜 일에 질투·시기 절대 없으니, 歡愉絶猜貳
편안한 삶 바로 그냥 내 집 같은데, 安居卽吾廬
저번에는 나그네인 생각만 갖고, 疇存羈旅思
돌아보면 제 몸 살길 계책도 없어, 顧乏資身謀
배고픔에 추위까지 얽혀졌어도, 飢寒爲之累
집안 대대 본래 맑고 가난한 터라, 家世本淸白
옛적부터 재산 한 치 땅도 없는 채, 舊業無寸地
질궂은 비 그믐·초승 사뭇 이어져, 積雨連晦朔
높은 둑도 깊은 물이 고여져 있고, 高隴成深水
아침·저녁 밥 짓기도 적어진 채라, 晨夕煙火微

솥 밑에선 벌레들이 새끼를 치니, 甕底蟲生子
이래 된 지 며칠이나 된 것이었나? 到此曾幾日
도시락도 벌써 다시 걱정이 되어, 已復憂簞食
'어찌하면 빈 배 채울 것인가?'하니, 豈伊塡空腹
제사 모셔 받들 수가 없는 터이라, 無以供祭祀
애쓸 거라 딱하지만 小妾에게는, 辛勤怜少妾
두 상자에 가득 채운 실이 있지만, 有絲盈兩筩
베틀 올라 짜는 것은 모르는 터라, 不解執機杼
이웃집의 여종 손을 빌려 짰더니, 倩手隣家婢
짜 놓은 게 한 필도 못 되긴 하나, 織來未成匹
서울 장판 향해 팔러 가져갔더니, 持向長安市
쌀 비싸고 베는 더욱 헐값이라서, 米貴布益賤
그냥 귀가 다만 눈물 흘릴 뿐인데, 空還但垂淚
가을바람 이 한강 둑 불어대면서, 秋風起漢皐
나뭇잎들 짙푸른 채 말라 시들고, 木葉彫密翠
서리 · 이슬 찬 기운이 벌써 너무해, 霜露凄已多
추운 밤엔 겹이불이 그리웁건만, 凉宵戀重被
아내란 인 먼 곳에 남았으면서, 有妻在遠方
여러 달을 인편마저 끊어진 채로, 累月斷來使
형편 곤란 함께 있을 수도 없으나, 艱難不得幷
홀로 살게 한 게 되려 부끄러워서, 離索愧恩義
편지만을 몇 번이나 전했었건만, 尺素幾時傳
겨울옷은 응당 부칠 수가 없어서, 寒衣應未寄
하염없이 내 신세는 뜬 구름 같아, 悠悠身如浮

혈혈단신 누군가를 믿고 싶건만,	孑孑欲誰恃
하늘이 뭇 생명을 낳게 할 적에,	大鈞播群生
만물들에 바람 불기 각자 다르니,	吹萬各自異
영화롬과 고생스럼 · 시름 · 기쁨이,	榮枯與憂樂
하늘에서 내려준 것 아닌 게 없어,	莫不由天耳
운명 부여 후함 · 박함 있는 것이니,	賦命有厚薄
내가 어찌 가난 · 궁핍 한탄하겠나?	我何歎貧匱
놓아두고 다시 말을 하지는 말자,	且置勿復道
옛날에도 정말 궁한 선비 있어서,	昔有固窮士
한 벌 갖옷 갖고 항상 자족했으니,	裘常自足
한 표주박 외려 뜻을 바꿨겠는가?	一瓢寧變志
성현인들 어찌 아니 군색했겠나,	聖人豈不窘
소중한 건 다만 하늘 맡겨 두는 것,	所重只在彼
곱고 곱게 처마 앞에 떠오는 해는,	姸姸簷前日
느릿느릿 돌며 맑은 햇빛 비추고,	遲遲轉晴晷
울타리 밑 무성하게 자란 국화는,	嶷嶷籬下菊
화안하게 새 꽃송이 피어나 있어,	煌煌發新蘂
만찬 요리하면 장수한다 하지만,	夕餐可延齡
햇볕 쬐며 의당 홀로 잠이나 잘 것,	負暄宜獨睡
이도 넘침 옛 교훈을 지켜야 하고,	斯濫守古訓
종신토록 안 바꿀 걸 약속하리라!	終身期不二

* 泯默 : 입을 다물고 말을 하지 않는 상태를 말한다.

* 漢皐 : 중국의 湖北省 襄楊에 있는 산 또는 중국의 漢口를 이르는 別稱이기도 하다. 여기에서는 작자가 머물고 있는 집이 漢江의 入口쯤에 있을 것이라 이렇게 "漢皐(한강의 언덕)"라 인용한 것으로 추정된다.
* 彫 : "彫弊(마르고 시듦)"라는 말의 약자로 쓰인 것이다.
* 離索 : "離群索居(무리를 떠나 홀로 쓸쓸하게 사는 것)"의 준말로, "蕭索(을씨년스럽고 쓸쓸함)"이라는 말이기도 하다.
* 大鈞 : 하늘 · 造化 · 五音 중 宮商의 音을 말한다. 여기에서는 "하늘" · "조물주"라는 뜻으로 쓰였다.
* 吹萬 : 『莊子』의 「齊物」편에 나오는 "吹萬不同(하늘의 바람이 만물에 불어 생명을 갖게 하는 데에도 다 서로 같지 않다)"이라는 말의 준말이다.
* 薿薿 : 무성하게 자라난 상태를 말한다.
* 煌煌 : 휘황하게 빛나는 상태나 화안하게 밝은 상태를 말한다.

해설 이 작품은 작자가 남긴 古詩 중에서 가장 장편의 작품으로, 비록 郡守의 職을 포기하고 돌아와서 전염병의 유행으로 옛 집으로 들어가지도 못한 채, 외숙 댁에 임시로 의탁해서 지내며 옛 집의 부인과도 합치지 못한 상태로 있으면서 견디는 어려움을 天命에 부치고 옛 聖賢을 거울로 삼아 省察하고 自慰하면서, 이내 "斯濫守古訓 終身期不二(이도 넘침 옛 교훈을 지켜야 하고, 終身토록 안 바꿀 걸 약속하리라!)"라는 의연한 의지의 다짐으로 마치고 있지만, 매우 사실적으로 일목요연하게 그려서 풀이하듯 읊어낸 시이다.

이 작품에 서술되어 있는 작자의 실제 생활 정황이나 심경은 마땅히 비탄이나 한애의 감정으로 경도되거나 매몰될 수 있을 것임에도 불구하고, 시종 天命과 聖賢을 거울로 삼아 守分과 自勵의 知的 省察로 서술함으로써, 시인으로서 자기 해방이 아니라 글머리의 發想에서부터 글의 끝인 結想에서 보는 바와 같이 선비로서의 자아를 지적으로 회고하고 있는 곧은 자세를 오롯하게 보여주고 있는 시이다.

八. 七言古詩

飜方曲

한글을 번역한 노래

버들가질 꺾어서,	折楊柳
천 리 멀리 계신 분께 부쳐 보내니,	寄與千里人
날 위해서 시험 삼아 뜰 앞에다 심으시고,	爲我試向庭前種
모름지기 아옵소서 하룻밤 새 새로 난 잎,	須知一夜新生葉
시름으로 야윈 눈썹 바로 이 첩 몸인 것을!	憔悴愁眉是妾身

해설 이 작품은 작자가 자신이 北評事로 함경도 鏡城에 가서 있을 당시 사랑했던 기생 洪娘이 자신이 다시 서울로 돌아올 때 쌍성까지 따라 왔다가 헤어지면서 지어준 시조인 "묏버들 갈힉 것거 보내노라 님의손딕, 자시는 창밧긔 심거 두고 보쇼셔, 밤비예 새 닙곳 나거든 날인가도 너기쇼셔!"를 한자로 번역한 것이다.

이것을 현대어로 풀어 읽어보면 "산버들 가려 꺾어 보냅니다 서방님께, 주무시는 창문 밖에 심어 놓고 보옵소서, 밤비 맞아 새로 잎이 돋아나거든 저라고 여기옵소서!"라는 너무도 애틋하고 가여운 시다.

이 漢譯詩에는 이 시조 작품에는 없는 "千里"라는 말이 기록되어 있으며, 시조의 "창 밖"이 "뜰 앞"으로 그리고 시조의 "밤비예 새 닙"을 그냥 "나"가 아니고 "憔悴愁眉(시름으로 야윈 눈썹)"을 가진 "나"로 하여, 한층 고독하고 애잔한 주인공으로서의 "나"인 洪娘으로 강조함으로써 무한한 동정과 연민을 담은 글로 지어져 있다.

錦貂裘歌 贈鄭書狀 以周

'비단제의 담비 갖옷 노래'를 지어서, 이 갖옷과 함께 정 서장관 이주에게 주다

우리 집에 예전부터 비단 담비 갖옷 있어,	我家舊有錦貂裘
향긋한 털 보드랍고 검은 빛이 짙은 건데,	香毛柔膩墨色深
전년도에 입고 나서 북경 향해 길 떠날 때,	前年被向燕京道
만 리 길에 북방 한기 한겨울로 이어져서,	萬里朔氣連窮陰
폭설 속에 말을 몰아 요하 건너가노라니,	雪裏驅馬渡遼河
변방 바람 오싹하고 해는 서편 져가건만,	邊風蕭蕭日西沈
살갗 아주 따뜻하여 한 봄날과 같았기로,	肌膚重暖如陽春
먼 여행도 추위 겪을 고생 걱정 안 했으며,	遠行不愁苦寒侵
돌아와선 벗어갖고 상자 속에 갈무리곤,	歸來解置篋笥中
천 냥 돈도 제쳐 놓고 이걸 갖고 아꼈는데,	以此愛之輕千金
오늘 이제 은근하게 자네에게 주는 것은,	今日慇懃持贈君
이별 순간 이제 처음 평생 우정 맛봐설세!	別離始見平生心

* 平生心 : 늙어서 더욱 깊어지는 마음, 곧 그런 우정을 말한다.

해설 이 작품은 한 벌의 담비 갖옷을 소재로 삼아, 자신처럼 冬至使의 書狀官으로 가는 벗의 추위를 염려하여, 자신의 추위 극복 경험을 실례로 들어 이야기 하면서 이것을 넘겨주는 시이다.

작품 자체의 구상이나 수사의 양상이 지극히 평이하고 자연스러우면서도 사실과 감정의 전달이 진솔하여 좋은 작품이 되었으며, 특히 "歸來解置篋笥中 以此愛之輕千金 今日慇懃持贈君 別離始見平生心(돌아와선 벗어 갖고 상자 속에 갈무리곤, 천 냥 돈도 제쳐 놓고 이걸 갖고 아꼈는데, 오늘 이제 은근하게 자네에게 주는 것은, 이별 순간 이제 처음 평생 우정 맛봐설세!)"이라는 네 구에 담긴 작자의 인간적 면모는 이것을 읽는 이에게 무한한 반추의 인정을 되살려주고 있거니와, 특히 마지막 구는 인간적 자아의 가장 순수하고 진실한 탄성을 들려주고 있어서 더욱 좋다.

銅雀妓詞

동작대의 기녀 노래

동작대의 서편으로 해는 져서 저물겠고,	銅雀臺西日欲暮
봄바람 속 적막한 채 원망스레 꽃 지는데,	東風寂寞怨落花
꽃잎 한 쪽 날려서 어느 곳을 향하는가?	花飛一片向何處
멀리 五陵 젊은이의 집을 향해 날려지면,	遙向五陵年少家
이 오릉의 젊은이인 尙書님의 아드님은,	五陵年少尙書子
은 안장에 백마 타고 北門으로 나아가선,	銀鞍白馬出北門
한껏 취해 편히 읊고 고운 풀밭 노닐다가,	大醉閑吟踏芳草
돌아올 젠 벌써 황혼 된 것조차 모르면서,	歸來不覺已黃昏
황혼 속에 귀가해선 비단 요에 토해 놓고,	黃昏到家吐錦茵
머리 들곤 앞에 있는 꽃도 보지 못하는데,	擧頭不見花在前
구름 낀 창 안개 낀 문 신부 방은 깊숙한 채,	雲窓霧戶洞房邃
한 밤중 자는 낭군 불러도 깨지 않아,	半夜郎睡呼未醒
홀로 비단 주렴 걷고 밝은 달만 바라보며,	獨捲緗簾向月明
원앙 이불 뒤척이고 마음 이내 못 잡다가,	鴦衾輾轉難爲情
일어나선 비파 타며 슬픈 가락 울려내니,	起彈瑤瑟作楚調
가락마다 슬픈 원망 차마 들을 수가 없어,	聲聲哀怨不忍聽
몰래 눈물 흐르건만 서방님은 모르신 채,	暗垂珠淚郎不知
흔적만이 붉은 비단 수건에 젖게 되니,	濕痕猶在紅羅巾
아침마다 저녁마다 사뭇 이와 같을진대,	朝朝暮暮長如此
인생살이 그 얼마나 고통·쓰림 많겠는가!	人生幾許多辛苦

湘南 희망 끊긴 채로 돌아갈 길 잃었으니, 湘南望斷迷歸路
언덕 향 풀·물가 난초 괜히 저냥 봄 맞았네! 岸芷汀蘭空自春

---

* 銅雀妓 : "銅爵妓"라고도 불리며, 중국의 三國時代 魏나라의 曹操가 銅雀臺에서 잔치할 때 노래하고 춤을 추게 했던 妓女들을 말한다. 조조가 죽을 무렵 후궁들과 이 기생들을 불러 놓고 말하기를 "너희들은 때때로 내가 전에 나누어준 香을 지니고 동작대에 올라가서 그 서쪽에 있을 내 무덤을 바라보도록 하라"라고 유언하였다.
* 銅雀臺 : "銅爵臺"라고도 하며, 구리로 만든 孔雀을 지붕 위에 장식한 궁전 건물로 화려하고 웅장하게 건립한 궁궐을 말한다. 조조와 얽힌 사연과 함께 허망하게 끝난 채 남아 있는 역사의 유물로 후대의 시와 글들에서 무수히 인용되어 쓰였다.
* 五陵 : 중국의 陝西省 咸陽 부근에 있는 陵들로서, 西漢의 다섯 皇帝가 묻힌 長陵·安陵·陽陵·茂陵·平陵을 말하며, 이후 이 근처에는 이 황제들을 사모하는 호걸들과 귀족들이 모여 살아서 화려한 유흥지가 되었다.
* 五陵年少 : 五陵에 와서 놀이하는 젊은이들이라는 말로, 〈琵琶行〉에서 보는 바와 같이 이후에는 서울 장안 귀족 부호들의 자제들을 가리키는 말로 쓰였다.
* 錦茵 : 비단으로 만든 요 또는 아름다운 풀을 말한다.
* 楚調 : 중국의 "楚나라 지역의 노래 곡조"라는 말로, 樂府 相和曲의 하나이며, 〈白頭吟〉·〈怨歌行〉 등에서와 같이 대체로 슬픈 가락을 띠고 있는 것을 말한다.
* 湘南望斷 : "瀟湘江의 남쪽을 바라보다가 끝나버렸다"라는 말로, 옛날 중국의 虞나라 舜임금의 두 王妃인 娥皇과 女英 두 姉妹가 멀고 먼 소상강의 남쪽에서 治水事業을 하며 안 돌아오는 舜임금을 찾아 갔으나, 舜임금이 그 남쪽 蒼梧山에서 궂겼다는 소식을 듣고, 두 자매가 눈물을 흘려 강가 대숲에 뿌리고 이내 자결하였다. 그래서 그 대나무에 눈물이 아롱아롱 물들어서 계속 돋아나 살아 있어서 "瀟湘斑竹(소상강의 아롱아롱한 마디의 대나무)"이 생겨났다고 하며, 이 두 왕비를 제사로 모시는 "湘君廟"라

는 사당이 남게 되었다. 그런데 이 시에서는 이 "銅雀妓"가 尙書의 아들인 "五陵少年"에게 무시된 채 외롭고 불행하게 된 것을 비유하여 인용한 것이다.

해설 이 작품은 꽃으로 비겨진 채 애처롭게 소박맞은 존재가 돼버린 銅雀妓라는 여인의 삶을 제재로 삼아, 첫 구에서부터 10번 째 구까지를 시상의 첫 단락으로, 11번 째 구에서부터 20번 째 구까지를 둘째 단락으로, 그리고 끝의 두 구를 마무리로 하여 읊은 시다.

첫 단락은 銅雀妓의 戀慕 相對인 尙書子의 행태를 방탕과 매정함으로 꾸려서 갈등의 구조를 예비하고 있으며, 둘째 단락은 銅雀妓의 애틋한 연모와 무한한 고독으로 대비・배치함으로써 갈등구조의 시적 정감을 고조화하였다. 그래서 끝의 두 구로 "湘南望斷迷歸路 岸芷汀蘭空自春(湘南 희망 끊긴 채로 돌아갈 길 잃었으니, 언덕 향 초・물가 난초 괜히 저냥 봄 맞았네!)"라며 끝없는 동정과 연민으로 마무리하고 있다.

그런데 이 작품의 창작 배경에 대해서는 그 분명한 이유나 의도가 무엇인지를 확인하거나 추정해볼 만한 것이 없으나, 여주인공을 銅雀妓로 하고 남주인공을 五陵年少로 한 것을 보면, 어떤 특정인물들이나 실존의 인물들이 아니라 당시 많은 양반 귀족의 자제들이나 妓女 같은 계층의 사이에서 흔하게 있었을 悲戀의 사연들을 특별한 창작 목적이 없이 그냥 이런 계층의 여인들에 대한 동정적 감정으로 읊으면서, 자연스럽게 唐詩 模擬의 솜씨도 보이고 있는 것으로 추정된다.

李少婦詞

이씨네 젊은 부인을 위한 노래

정승님의 후손으로 철성 이씨인 부인은,	相公之孫鐵城李
깊은 안방에서 자라 天賦 資質 아름답고,	養得幽閨天質美
깊은 안방 안 나간 채 십칠 년을 성장하여,	幽閨不出十七年
하루아침 양씨 댁의 아들에게 시집 가니,	一朝嫁與梁氏子
양씨 댁의 아드님은 봉황 · 난새 자손 같이,	梁氏之子鳳鸞雛
산호 같은 귀한 집인 수재로서 지란 디리,	珊瑚玉樹交枝株
저 못 위의 원앙처럼 본래 한 쌍 된 것이니,	池上鴛鴦本作雙
화원 안의 나비 어찌 일찍 고독했었겠나?	園中蛺蝶何曾孤
한데 양씨 어른 되어 먼 곳 관리 돼서 가자,	梁家嚴君仕遠方
천리 길을 출발하려 윗 어른께 절 올리고,	千里將行拜高堂
문 나서니 부부로서 은혜 · 정은 사절이요,	出門恩愛從此辭
산과 물에 두절된 채 도론 멀기까지 하나,	山川阻絶道路長
전선 수비 위해 일선 가는 것은 아닌 거고,	不是征戍向邊州
노래 · 춤에 기생집서 자는 것도 아닌 터라,	不是歌舞宿娼樓
떠남 오직 양친 위함임을 아는 심정이라,	心知此去唯爲親
색동옷을 갖춰 입고 무릎 아래 놀일하나,	好着斑衣膝下遊
여인이며 아내인 정 차마 이별 못하겠고,	兒女私情不忍別
이별하면 그 몇 번을 애가 끊어질 것인가?	別來幾時腸斷絶
가을 오동 잎이 지고 노란 국화 향 풍기면,	秋梧葉落黃菊香
오늘 아침 구월에다 구일임에 홀연 놀라,	忽驚今朝是九日

좋은 계절 그대론데 서방님만 안 계시니, 佳辰依舊人不在
정원 가득 산수유를 뉘와 함께 딸까 하다, 滿園茱萸誰共採
홀로 높은 누각 올라 북쪽 하늘 바라볼 젠, 獨上高樓望北天
눈길 끝난 하늘 저 끝 괜히 구름뿐인 데도, 天涯極目空雲海
옆 사람을 향해 마음 말도 하지 못하는 채, 不向傍人道心事
몸을 돌려 남 모르게 눈물만을 흘리건만, 回身暗裏潛下淚
소·염소들 다 돌아와 산 속 해도 다 졌어도, 牛羊歸盡山日夕
문 밖에는 끝내 북쪽 소식 전할 사람 없어, 門外終無北來使
이 몸 그냥 황천 돌아 갈 수 있길 소원함은, 此身願得歸泉土
죽은 뒤엔 이별 고통 모를 거라 싶어서라, 死後那知別離苦
길게 한번 탄식하곤 고운 얼굴 묻혀지면, 一聲長吁掩玉顔
혼이나마 서방님이 계신 곳에 벌써 가나, 芳魂已逐郞行處
이 당시에 배 속에는 안 태어난 아이 있어, 當時未生在腹兒
엄마 아이 함께 죽긴 가장 슬플 일인 거니, 母兒同死最堪悲
영혼이여 무창 돌도 제발 되지 말 것이고, 魂兮不作武昌石
소상강 가 斑竹들의 가지 정녕 되어서는, 定化湘江斑竹枝
반죽들의 가지 위에 두견새가 피로 울어, 斑竹枝頭杜鵑血
그 피 울음 점점 흔적 함께 영원 남을 테니, 血點淚痕俱不滅
천년인들 만년인들 어찌 끝이 나랴마는, 千秋萬古何終極
외딴 한쪽 푸른 산속 무덤 위엔 달만 뜨리! 一片靑山墳上月

---

* 相公 : 이 작품에서 말하는 "相公(정승)"은 그 姓이 "鐵城李"라고 한 것을 봐서, 朝鮮朝 世宗 때의 정승이었던 李原을 말하는 것으로 추정된다. "鐵城"은 바로 지금의 "固城"의 옛 명칭이고, 鐵城 李氏로서 정승을 한 분은

이 李原 한 사람뿐이라 그렇게 판단되는 것이다. 철성 이씨는 이원을 중심으로 해서 선대에는 고려의 李嵒이 있고 후손으로는 李陸·李胄·李濟臣·李相龍 등이 있는 명문가이다. 그래서 이 작품의 주인공인 이씨네 젊은 부인은 분명 실존 인물로서 이 李原의 후손이며 梁氏 집안으로 시집을 간 여인으로 실존의 인물일 것으로 추정이 되는 것이다.

* 鳳鸞雛 : 봉황과 난새는 예부터 상서스러운 귀한 새로 알려져서, 고귀한 가문이나 인물을 상징하는 말로 쓰였으며, 이 새들의 새끼(雛)는 고귀한 가문의 자제들을 상징하는 말이다.
* 珊瑚玉樹 : 珊瑚도 옛적에는 진귀한 玩賞物로 집안에 비치되었으며, 玉樹는 원래 "아름다운 옥 같은 나무"라는 말이다. 그래서 "몸가짐이 단정하고 재능이 뛰어난 사람"을 상징하는 말로 쓰였다. 따라서 "珊瑚玉樹"는 귀족 가문의 훌륭한 자제를 상징하는 말로 쓰였다.
* 嚴君 : 일반적으로 "嚴父(엄격한 아버지)"라는 말이라 대체로 자신의 아버지를 높여 일컫는 말이나, 여기에서는 작자가 남주인공인 "梁氏子(양씨네 아들)"가 혼인 후에 성인이 되어 이미 어른으로 있었기 때문에 "嚴君"이라 지칭한 것으로 추정된다.
* 武昌石 : 武昌은 중국 湖北省에 있는 山의 이름이며, 이 산을 중시해서인지 『方輿勝覽』에는 "孫權都鄂 欲以武而昌 故名(손권이 '악'에 수도를 성하고 '武力으로 繁昌하겠다'는 뜻을 담아 이렇게 이름을 붙였다)"라고 하였으며, 『吳志』「陸凱傳」에는 "又武昌土地 實危險而塉确 非王都安國養民之處 …… 且童謠言 寧飮建業水 不食武昌魚 寧還建業死 不止武昌居(또한 무창은 지질의 상태가 위험하고 돌과 자갈로 이루어져 있어서, 왕실의 수도로서 나라를 안정시키고 백성을 잘 살릴 수가 없는 곳이다. …… 그래서 또한 동요에서도 '차라리 건업의 물을 마실망정 무창의 생선은 먹지 않을 것이며, 차라리 건업으로 돌아가서 죽을 만정 무창에 남아 살고 싶지 않다.')"라고 하였다. 따라서 이 작품에서 "不作武昌石"이라고 한 것은 "武昌은 아주 안 좋은 곳이니 이곳의 돌도 되고 싶지 않다"는 적극적인 부정의 의미로 쓰인 것으로 판단된다.

해설 이 작품은 실존의 인물들, 특히 여주인공인 鐵城 李氏 부인을 주인공으로 삼아서, 이 주인공의 부군인 양씨 댁 아들이 북방 천리의 근무지로 발령되어 영광스럽게 떠남으로써, 이 부군의 행운의 계기가 주인공에게 오히려 생이별의 처지로서 소식도 듣지 못하는 불행의 계기로 설정되어, 뱃속의 아기와 함께 만약에 생을 마치게 되면 그 영혼은 이내 저 소상강 가의 斑竹의 가지로 남아, 두견새의 울음으로 토해지는 피가 물들어 영원히 남은 채 천 년 만 년을 두고 사뭇 그냥 있겠지만, 실제로는 외딴 한쪽 푸른 산속 외롭게 묻힐 무덤 위에 달만 영원히 떠 있겠다는 끝없는 통한의 공감이며 소리 없는 통곡의 가락이 실린 시다.

老病 有孤舟 科作

늙어 든 병에 외로운 배만 있고 科目 試驗에 應試한 作品

세모 맞아 拾遺(杜甫) 같이 동정호의 객이 되니, 歲晩拾遺客洞庭
한가로운 신세 훨훨 갈매기와 같네만, 悠悠身世如輕鷗
巴峽·巫峽 물결 높고 교룡들이 성나 있어, 巴巫浪高蛟龍怒
한 몸으로 만 리 길에 외론 배서 슬픈 채니, 一身萬里悲孤舟
야윈 형체 홀로인 밤 찬 서리도 맞은 터라, 羸形獨夜帶霜寒
신 원숭이 울음 끝나 단풍 숲은 그윽해도, 峽猿啼斷楓林幽
물가 갈대 으슬으슬 가을바람 한껏 불며, 汀蘆瑟瑟秋風滿
적막 속에 달은 밝고 빈 강물만 흐르는데, 月明寂寂空江流
옛 벗들도 새 친구도 한 자 소식 없는데다, 故交新貴一字無
아우·누이 흩어져서 어느 곳서 찾을 건가? 弟妹飄零何處求
온 곳 전투 상황에다 변경 전선 멀 뿐이고, 干戈滿地關塞遠
찾아 따라 가고파도 길은 막혀 아득하니, 欲往從之路阻脩
하늘 끝서 병든 채로 괜히 눈물 뿌리면서, 天涯衰疾涕空揮
짧아진 옷 더욱 잦은 풍상 어찌 견뎌내며, 短褐況耐風霜稠
날려지는 한 잎처럼 정녕 어디 멈춰질꼬? 飄然一葉定何泊
그냥 평생 한도 없이 많은 시름 품은 채로, 謾載平生千斛愁
商王室의 물 건너는 노도 시험 못 해보고, 未試商家濟川楫
뗏목 타고 바다 뜨잔 말씀 그냥 부끄러워, 空慙魯聖乘桴浮
쓸쓸하게 외론 꼴로 만 이랑의 물결 앞에, 蕭蕭孤影萬頃波
멍하게 그냥 서서 옛 고향을 그려 보나, 佇立蒼茫懷故丘

신선 뜻도 못 이루고 세월만 달려가며, 還丹未成日月奔
떠돌이로 남은 인생 괜히 백발 되어서는, 漂泊殘生空白頭
공명 뜻은 이미 거울 속을 향해 늦어진 채, 功名已向鏡中晩
임금님을 위한 일념 伊尹・周公으로 남아, 致君一念餘伊周
궁극 시름 모두가 다 懷王 때문이건마는, 窮愁摠爲靈脩故
머리 돌려 가을 맞은 창오산을 불러보나, 回頭叫向蒼梧秋
조정에선 이 늙은이 병을 기록 안했으니, 朝廷不記此老病
그 누가 배 속 가득 나라 걱정인 걸 알랴? 誰知滿腹廊廟憂
외론 신세 사뭇 그냥 숨긴 정성 안은 채로, 羈孤長是抱幽忱
이 인생은 영영 고향 놀며 살긴 틀렸으니, 此生永負滄洲遊
내일 밤엔 배의 닻줄 어느 곳에 맬 것인가? 明宵繫纜又何處
끝도 없는 파도 위에 하염없는 시름이라, 滄波無限愁悠悠
시 짓자니 저 낚시터 영감에게 부끄럽네, 題詩愧殺磯上翁
저는 평생 걱정 없이 낚시질만 하고 사니! 百年無憂垂釣鉤

---

* 科作 : 鄕試에 응할 수 있도록 科目을 시험할 때 짓는 글을 말하는데, 여기에서 합격한 一, 二, 三等을 鄕試에 응시하도록 하였다.
* 拾遺 : 글자들대로의 뜻은 "흘린 것을 줍는다" 또는 "빠진 것을 보충한다"는 것이나, 임금이 모르고 있는 것을 들어 간하는 것을 말하기도 하는데, 이 경우는 중국의 唐나라 때 中書省과 門下省에 속해 있던 중급관리로서 그 역할은 諫官이었다. 이 작품에서는 이런 관리와 같은 사람을 지칭하는 말로 쓰인 것이면서, "拾遺"라는 벼슬을 했던 중국의 唐나라 시인 杜甫를 함께 지칭하는 말로 쓴 것으로 판단된다.
* 巴巫 : 巴峽과 巫峽을 말하며, 唐나라 杜甫의 〈聞官軍收河南河北〉에서 "卽從巴峽穿巫峽 便下襄陽向洛陽(바로 파협에서부터 무협을 뚫고 가서, 그냥

양양 내려가서 낙양으로 향하리라)"이라고 한 바대로, 강물을 끼고 있는 협곡으로 이 두 협곡은 이어져 있다.

* 商家濟川楫 : "중국의 商나라 왕실의 임금인 高宗이 말한 바 '냇물을 건널 수 있는 노'라는 말"인데, 임금이 나라의 큰일을 맡을 만한 인물을 지칭하는 의미로 쓰였다. 여기에서는 작품의 주인공이며 화자가 자신을 비유하는 말로 쓴 것으로, 자신이 아직까지 그런 인재로 시험도 받아보지 못했다는 말이다.
* 魯聖乘桴浮 : 『論語』「公冶長」에 "道不行 乘桴浮於海(道가 수행되지 않으니, 뗏목을 타고 바다로 떠나가리라)"라고 한 孔子의 말씀을 말하는 것으로, 여기에서는 작자 자신이 공자님 같이 뜻대로 하지 못하는 것을 전제로 부끄럽다는 것을 말하기 위한 것이다.
* 伊周 : 중국의 湯을 도와 夏나라의 桀을 몰아내고 새로 殷나라를 건립한 伊尹과 文王과 武王을 도와 殷나라의 紂를 몰아내고 새로운 周나라를 세운 周公을 말한다.
* 靈脩 : 중국의 楚나라 屈原이 지은 〈離騷〉에 "指九天以爲正兮 夫唯靈脩之故也(저 九天을 가리키며 올바르게 하려함은, 그저 오직 神明하고 遠大하셔야 할 임금님 때문일세!)"라는 말에서, "神明하고 遠大하다는 것"은 바로 屈原이 그렇게 되기를 간절히 바라는 임금인 楚나라의 懷王을 말한다. 따라서 이 글에서도 역시 작자는 屈原이 기대하던 바대로의 "靈脩(神明하고 遠大하신 품성의 인격을 지닌 임금님)"를 기대하는 것이다.
* 滄洲 : 신선이 사는 곳인 "滄浪洲"의 준말이며, 그 신선세계처럼 가고 싶은 "고향"을 가리키는 말이기도 하다. 여기에서는 아마 "고향"을 의미하는 것으로 판단된다.

해설 이 작품은 비록 작자 자신이 스스로 "科作(과거 시험에 응시한 작품)"이라고 기록하고 있지만, 실제로 鄕試나 漢城試, 館試에서는 儒敎 經傳에 대한 이해 능력이나 식견을 검증하였기 때문에, 이 작품에서처럼 세상의 상황이나 자신의 견해나 감정 등을 개탄하고 술회하는 것은 격식에 맞지 않았을 것이므로, 혹시 이미 하급 관직에 있을 당시 "進賢試(현명한 인재를 진출시키기 위한 시험)"나 "擢英試(영재를 발탁하기 위한 시험)"에 응시해서 제출했던 작품인지는 모르나, 아무래도 이 시는 "科作"이라는 형식을 빌어서 자신의 의지와 심경을 가탁하여 읊은 시로 추정된다.

작품의 제목을 "老病有孤舟"라고 한 것을 보면, "科作"이라는 기록을 "과거 시험에 응시한 작품"이라고 번역은 하였으나, 이것은 이런 뜻이 아니라 "누구에게 의해서 科擧文體 중 詩體의 제목으로 주어진 '老病有孤舟' 라는 주제에 따라 지은 것"이라는 말로 읽어야 맞을 것으로 판단된다.

九. 附錄

訂玉峰孤竹集 合刊不可說

簡易

盖有恒言曰 誦其詩 讀其書 不知其人可乎 亦旣或與之同平生 目擊而心挹焉矣 可相欺耶 吾彰卿南國之美 炯然孤照者也 然壹事夫詩 而韻格逼唐之外 恬澹醞藉 復如其人 可愛也 要其雅情 不復有所晞慕事業 使其久於世 吟作秋虫到白頭 非固自取之耶 若吾嘉運之才雋風流 則可謂少却 盛之白玉堂者也 其或放迹在外 猶得高牙大纛之下 輕裘緩帶 從容橫槊賦詩 逞氣像也 若夫詩則得之天機也 多往往警絶流麗 迭見其長 初不祈得名作詩人耳 而高苔軒 倡爲二君稿 可合以刊行之議 何其少之也 苔軒在時輩中 其可謂殆百官倉廩具焉者也 然以韓子所稱 豊而不餘一言 約而不失一辭者 率之則不啻未至矣 何得主盟而儗人以倫乎 余誠未允斯論也 兩家子弟 不甚思惟 齊應曰然則 未可也 而今徵余以合刊序跋 又何遽也 姑以是說復焉

옥봉과 고죽의 글을 합쳐서 발간하는 것이 옳지 않아서, 바로잡으려는 글

대개 언제나 하는 말이 있는데, 그 시를 외워 보고 그 글을 읽어 보고서도 그 사람을 모른다고 하면 그것이 옳은 것인가? 또한 일찍부터 평생을 함께 살면서 수없이 봐오고 마음으로 헤아려 왔으면, 서로가 속일 수가 있겠는가? 나의 벗 彰卿(白光勳의 字)은 정말로 저 남쪽(湖南) 출신의 참 좋은 인재로, 홀로 빛나듯 화안하게 알려진 사람이다. 그러나 한결 같이 시에 전념하여 그 운치와 격식이 唐詩에 접근했을 뿐만 아니라, 욕심이 전혀 없이 편안하면서 속이 푹 익은 듯한 그 인품이 가히 사랑스러운 것이다. 요컨대 그 우아한 심정은 다시 무슨 일을 엿보고 만들어 아주 좋아하면서 세상에 오래 그대로 있기를 바라는 짓은 절대로 하지 않았고, 그냥 "가을벌레 백발 되게 운다"는 시로 읊어 놓았으니, 이것이 진실로 자신 스스로 좋아서 한 것 아닌가?

나의 벗 嘉運(崔慶昌의 字)의 재능과 풍류로 말하면 조금은 저평가를 한다고 해도 가히 翰林院 같은 곳에 들어갈 수 있는 사람이다. 그가 혹시 지방 관청으로 보내져서 그 외지에 있는 경우라고 해도, 오히려 상아로 장식한 높은 깃발과 장식물로 꾸며진 영문 안에서, 가벼운 갖옷을 입고 느슨한 혁대를 갖춘 채, 조용히 창을 옆에 새워 놓고 시를 지으면서 거나한 기상을 보여주고 있을 것이며, 대개 그의 시로 말하면 천부적인 재능으로 터득되어 짓는 것이다. 많은 작품들이 왕왕 뛰어나게 깨쳐져 자연스럽게 흐르듯이 읊어짐으로써, 번갈아서 그 장점을 보여주고 있으나, 애초부터 시 잘 짓는 사람이란 소리 듣기를 바라지는 않은 것이다.

그런데 高苔軒(高敬命)이 두 사람의 원고를 위해서 합쳐서 간행할 수 있다는 논의를 주창하고 있는데, 어찌 그 원고들을 그렇게 대수롭지 않게 여기는 것인가? 태헌이 지금의 저명인사들 중에서도 온갖 식견을 두루 갖춘 사람이라고 할 수는 있다. 그러나 韓愈가 말한 바 "풍부해도 군말을 남겨 놓지는 않고, 요약을 해도 아주 긴요한 한 말을 버리지는 않는다"고 한 것을 놓고, 이것을 헤아려 본다면 高苔軒의 이 주창은 韓愈의 이 기준들에 못 미칠 뿐인 정도가 아닌데, 어찌 논의를 주창하면서 같은 기준으로 견줄 수가 있는가? 그래서 나는 진실로 이 논의를 받아들일 수가 없다. 두 집안의 자제들이 깊이 생각하지 않고 함께 그렇게 하겠다고 응했다면 옳다고 할 수 없으며, 그래서 나에게 이 합쳐서 간행하는 것의 序文이나 跋文을 요망하니, 이것은 또 얼마나 성급한 처사인가? 우선 이글로 답을 하는 것이다.

---

* 炯然孤照者 : 밝고 환하게 홀로 빛을 내어 비추는 사람이라는 말로, 白光勳의 시인적 위상을 극찬한 비유다.
* 恬澹醞藉 : 욕심이 전혀 없이 편안하고 속이 푹 익은 듯이 느긋한 상태로, 이것은 白光勳의 인성을 평가한 말이다.
* 睎慕 : 엿보고 사모하는 것을 말한다.
* 吟作秋蟲到白頭 : "가을벌레 백발 되게 운다는 시로 읊어 놓고"라는 말로, 이 글의 필자 簡易 崔岦이 玉峰의 七言絶句 작품인 〈洛中秋思(서울에서 가을을 맞은 심경)〉를 읽고 총평한 것으로 판단된다.
* 白玉堂 : 신선들이 산다는 집 또는 翰林院을 지칭하기도 한다.
* 高牙大纛 : 상아 장식을 한 높은 깃대와 소의 꼬리로 만든 장식물을 말한다. 그래서 장군의 진영 표식이거나 고귀한 인물의 의장을 말한다.
* 天機 : 天地의 機密을 말한다. 여기에서는 天賦的으로 타고난 정신과 능력을 말한다.
* 高苔軒 : 조선조 선조 때의 학자이며 의병장인 高敬命을 말하며, 苔軒은 그의 호이다.
* 韓子 : 중국 唐나라의 시인이며 문장가인 韓愈를 말한다.

해설 이 글은 玉峰이 시로서 그 운치와 격식이 중국의 唐詩가 지닌 風格을 완전하게 닮은 시를 짓는 시인임은 물론, 인품이 욕심이

전혀 없이 편안하면서 속이 푹 익은 듯한 사람이라, 일찍부터 세상에 나가서 부귀공명을 위한 것 같은 데에는 전혀 뜻이 없었던 사람이며, 孤竹은 그 뛰어난 재능과 호탕한 풍류로 대장부로서의 기상과 시인으로서의 흥취를 지닌 사람으로, 그 시는 그야말로 天機의 自得으로 이루어져, 때때로 뛰어나게 깨우쳐 자연스럽게 흐르듯이 읊어져서 번갈아서 그 기막힌 장점을 보여주고 있으면서도, 스스로는 애초부터 시 잘 짓는 사람이라는 말을 듣고 싶어 하지 않은 사람이라, 이 두 사람은 그 삶의 자세와 시의 품격이 각자 그 개성적인 특질에서 서로 분명하게 다르므로, 결코 한 시집으로 함께 묶어 발간하면 안 된다는 반론이다.

呈 詔使朱杏村小帖

五峰

崔慶昌 黃海道海州人 字嘉運 孤竹其號也 才高氣豪 風采動人 少與白光勳 遊靑蓮李後白之門 中戊辰科 官至鐘城府使 白光勳 全羅道長興人 字彰卿 玉峰其號也 筆法鍾王 淸苦不第 其亡也 友人李好閔以文哭之曰 郊寒未尉 島窮非僧 乃實錄也 杏村 求見海東名家 及得兩稿 擊節曰 當歸梓江南 以誇貴邦文物之盛云.

황제의 조서를 가지고 온 주행촌께 작은 글을 바치며

최경창은 관향이 황해도 해주인 최씨 집안 사람으로 자는 가운이며 고죽은 그 호이다. 재능 수준이 높고 기상이 호탕하며, 남다르게 잘 생긴 외모가 사람들을 감동하게 하고, 소년시절부터 백광훈과 함께 靑蓮 李後白의 집에 가서 유학하였다. 무진년 과거시험에 합격하여 벼슬이 종성부사에 이르렀다. 백광훈은 전라도 장흥에서 태어난 사람으로 자는 창경이며 옥봉은 그 호이다. 글씨는 魏나라의 鍾繇와 晉나라의 王羲之를 모범으로 삼았으며, 너무 맑고 가난하게 살면서도 과거를 보지 않았고, 그가 죽은 뒤에 친구인 李好閔이 祭文을 지어 울면서 읽기를 “孟郊처럼 가난하면서도 맹교처럼 尉(溧陽尉)도 못 됐고, 賈島처럼 궁핍해도 스님 노릇은 안 했으니, 이것이 그의 실제 일생 기록이다"라고 하였다.

杏村이 海東의 名家와 및 그들의 두 원고를 얻어 보고는 무릎을 치며 감상하고 말하기를 "마땅히 가지고 돌아가 江南에서 발간하여, 귀국의 文物이 훌륭한 것을 자랑하려 한다"라고 하였다.

---

* 朱杏村 : 이 사람이 누구인지는 성인 "주"와 호인 듯한 "杏村"이라는 이 두 가지로만으로는 『中文大辭典』이나 『中國人名辭典』, 또는 『漢語大詞典』이나 『大漢和辭典』 등 어디에서도 찾을 수가 없어서, 그 실제의 인물이 누구인 지를 확인할 수 없으나, 뒤에 있는 朴世采의 이 文集 後敍에 기록된 내용을 보거나, 우리나라와의 관계 그리고 이 글의 필자와 동시대의 인물일 것을 중심으로 추정해 보면, 아무래도 蘭嵎라는 號로만 알려진 朱之蕃의 또 다른 號일 것이 분명하다.

해설 이 글은 필자 李好閔이 崔慶昌과 白光勳의 시적 풍격을 집약하여 평가한 것이다.

祭崔鍾城文

雲谷

禮云朋友之墓 有宿草而不哭焉 嘉運之逝 已逾年矣 嘉運之葬 又逾年矣 而使我淚漣漣而不止 聲嗚嗚而不禁者 豈吾向友之情 有加於古人哉 是乃嘉運之爲人 使友逾久而難忘也 吾思古人 代各出才 如唐詩晉書之類 慕其才而思其人 恨其不同時而散在於歷歷千萬載之異代也 嘉運之生 與我同時也 同國也 同都城也 同一里也 而其爲人也 頎然其長 熏然其和 非學問之功 而不撓志於榮辱 非隱僻之行 而不動心於名利 其畜才也 詩傾唐士之性情 書奪晉人之氣力 射分虱心 御逐禽左 舞飄鸞鶴 歌激金石 援琴 彈 名宰下堂 橫笛二弄 倭奴却步 將此一藝 雖散在千百載之前代 猶且思慕而不忘 其爲人 況具備於一身 而與我竝生而同住者哉 故在家而請見者 嘉運 出遊而願從者 嘉運 酒熟荷葉 須嘉運而共傾 香炷松齋 待嘉運而同宿 我之視嘉運也 如是而嘉運之視我 亦猶是也 故以我多病 不出戶庭 而見嘉運 則或至繼朝夕連時日 雖拘事故 若非遠出 則亦不過數日而相遇 我之半生日月 多是嘉運之伴送也 嗚呼 嘉運遽棄我而長逝 我雖有餘日月 誰與爲日月耶 在室而無可待 出門而無可往 遊無從 坐無對 言無聽 唱無和 禍福榮辱無與弔慰而同甘苦也 然則生者之有知而長惻愴 不如死者之無知而長冥寞也 以若是之親愛 含若是之惻愴 吟其詩而蕭爽之氣味 不可再見於後日 翫其書而峭美之姿態 誰能更續於今時 凡百才藝 想之所及

莫不如是 旣以慕其才思其人之心 加以共金蘭隔幽明之歎 年逾久而情更深者 理所然也 雖然嘉運 則忘擧世返大本也 而余乃不能忘一嘉運而竊竊然連灑丈夫之涙 不亦過乎 眉目之淸明 意氣之豪健 曄然之言 飄然之想 可復見乎 可復見乎 嗚呼哀哉 日日言忘 日日難忘 神不感應 尙饗.

崔鍾城府使 영혼 앞에 드리는 글

禮를 적은 글에 이르기를 "벗의 무덤에 풀이 시들어 죽어 있으면 울지 않는다"라고 하였는데, 嘉運 자네가 굿긴 지 벌써 한 해가 넘었고, 가운 자네를 장사 지낸 지도 한 해가 넘었건만, 나의 눈물을 줄줄 흘러 그치지 않게 하고, 나의 울음소리를 '엉엉' 그치지 못하게 하는 것은, 혹시 내가 벗인 자네를 향한 감정이 옛날 사람들보다 더 많아서인가? 아니지, 이것은 바로 嘉運 자네의 사람 됨됨이가 벗으로 하여금 오래 갈수록 더 잊기 어렵게 하기 때문일세! 내가 생각하는 옛 사람들 중에도 각 시대마다 재능 있는 사람이 唐나라 詩人 중의 누구누구, 晉나라 書藝家 중의 누구누구 등이 있어서, 그 재능을 흠모하고 그 사람들을 사모하지만, 그 시대를 함께 하지 못하고 모두 지나간 역사 각 시대에 흩어져 있을 뿐임을 한스럽게 여길 뿐이었지만, 가운 자네의 태어남과 삶은 나와 시대를 같이 하고, 나라를 같이 하고, 도시를 같이 하고, 마을을 같이 했으며, 그런데다가 그 인상이 헌출하게 키가 크고 훈훈한 듯이 온화하여, 학문적 공부 때문이 아니면서 영화로움이나 욕됨 같은 것들에 뜻을 빼앗기지 않았으며, 숨거나 거부감으로 하는 행동이 아니면서도 명성이나 이익 같은 것에 마음이 동요되지 않은 채, 시는 저 唐나라 시의 그 성향과 정감에 공들여 터득하였고, 글씨는 저 晉나라 글씨의 그 기운과 힘을 다 빼앗아 가졌으며, 활쏘기에 있어서는 이의 심장까지를 분별하여 쏘았고, 말타기에 있어서는 새의 왼 쪽을 따라 잡을 수 있었으며, 춤을 출 때에는 난새와 학이 따라 추게 하였고, 노래를 부를 제는 금속과 암석도 따라 울리게 하였으며, 거문고를 한 번 타자 명재상님이 당 아래로 내려 왔고, 피리를 세 번 가로 불자 왜놈들이 물러갔으니, 이것들 중의 한 가지 재능만으로도 비록 천년 백년 역사상 앞 시대에 각각 산재해 있으면 오히려 사모하여 잊을 수가 없을 텐데, 자네는 더구나 한 몸에다가 이 모든 재능을 다 갖추고서 나와 같은 시기에 함께 태어나 같이 살고 있었다니! 그래서 내가 집에 있을 때에도 청해서 만나보고 싶은 사람은 가운 자네였고, 내가 나가서 노닐게 될 때에도 따라가기를 원했던 사람도 가운 자네였으며, 연잎에 술이 익으면 가운 자네를 기다려 함께 마셨고, 솔숲 서재에서 향을 피울 때에는 가운 자네를 기다려 함께 자면서, 내가 가운 자네를 여기기를 이와 같이 했고, 자네도 나를 여기기를 또한 이와 같이 했었지! 그래서 내가 많은 병을 앓아서 문 밖 · 뜨락도 나가지 못할 때에도 가운을 만나면 때로는 아침에서 저녁까지, 때로는 연일 같이 있기도 하였으며, 비록 무슨 일에 얽매어 있을 때에도 만약 멀리 갈 일이 아닌 경우에는 또한 수일이 안 되어서 서로 만나곤 했으니, 나의 반평생 동안 보낸 달과 날은 대부분 가운과 함께 보낸 것이었네! 아 슬프구려! 가운이 갑자기 나를 버리고 영원히 떠났으니, 나에게 비록 남은 세월이 있지만 그 세월을 누구와 함께 하겠는가? 집안에 있어도 기다릴 것이 없고, 문 밖에 나가도 갈 데가 없으며, 노닐게 돼도 따라갈 사람이 없고, 앉아 있어도 마주할 사람이 없으며, 말을 해도 들어줄 사람이 없고, 불러도 화답할 사람이 없어, 화를 당하거나 행복을 느끼거나 영화롭거나 모욕을 당해도 함께 서러워하거나 위안 받을 데가 없고, 함께 고마워하거나 괴로워 할 수도 없네! 그러하니 (내가) 살아 있어서 무엇이든 알기 때문에 두고두고 슬퍼하는 것은, (자네처럼) 죽어서 아무 것도 모르고 영원히 묻히는 것만 못하네 그려! 우리들이 이와 같이 가깝게 사랑했던 것 때문에, 이와 같은 기막힌 슬픔을 머금고 있으니, 자네의 시를 읊어도 그 숙연하고 시원한 기운과 풍미를 이 다음에는 다시 맛볼 수 없게 됐고, 자네의 글씨를 읽어도 그 날카롭고 산뜻한 솜씨를 누가 능히 이 시대에 다시 이어 쓰겠는가? 자네의 모든 재능과 예술에 대해서 상상이 미치는 것에, 이와 같지 않은 것이 없어서, 애초부터 자네의 재능을 그리워함으로써 자네를 생각하는 내 마음에, 기막힌 우정을 함께 하고서 저승과 이승으로 서로 떨어져 있는 한탄을 함께 하게 됐으니, 세월이 오래 갈수록 슬픈 정이 새삼 깊어질 것은 당연한 이치이겠지! 비록 그렇지만 가운 자네는 온 세상의 일을 다 잊고 큰 근본(아무 것도 없는 본바탕)으로 돌아간 것인데, 나는 이내 한 사람 가운 자네를 능히 잊을 수가 없어서, 삐질삐질 눈물을 연달아 흘리고 뿌리니, 대장부의 눈물 흘림이 너무 과하지 않은가 싶지만, 자네의 맑고 환하던 용모와 호탕하고 굳건하던 의지와 기상, 그리고 분명한 언사와 거침없던 상상력 등을 다시 볼 수가 있겠는가! 다시 볼 수가 있겠는가! 아 슬푸구려! 매일매일 잊자 하나, (오히려) 매일매일 잊기 어려워지니, 자네의 神靈이라도 感應하여 歆饗하지 않을 건가?

* 宿草 : 묵은 뿌리에서 난 풀이나 1년이 지난 자리에서 난 풀을 말하는데, 여기에서는 그냥 1년이 지난 것을 표시하는 말로 쓰였다.
* 漣漣 : 눈물을 줄줄 흘리는 상태를 말한다.
* 嗚嗚 : 엉엉 우는 소리의 상태를 말한다.
* 頎然 : 키가 헌칠한 상태를 말한다.
* 熏然 : 훈훈하고 온화한 상태를 말한다.
* 射分虱心 : 활로 이의 심장까지 구분하여 정확하게 쏜다는 말로, 활쏘기에 뛰어난 솜씨를 추천하는 말일 것으로 추정된다.
* 御逐禽左 : 『曲禮』에 "執禽者左首(새를 잡으려는 사람은 왼쪽 머리를 잡는다)"라고 한 것을 보면, 이것은 말을 잘 타고 잘 달려서 달아나는 새나 날아가는 새를 빨리 달려가서 새의 왼쪽 머리를 쫓아 잡는다는 것으로, 역시 말 타기의 높은 기능을 추천하는 말일 것으로 추정된다.
* 橫笛三弄 : 주인공 崔慶昌이 피리를 불어서 그 처량한 소리를 들은 倭寇들이 모두 고향 생각에 젖어 물러갔다고 알려져 있다.
* 峭美 : 날카롭고 산뜻하면서 아름다운 상태를 말한다.
* 凡百 : 모든 사물 또는 온갖 것을 말한다.
* 共金蘭 : 두 사람이 합심을 하면 그 예리함이 금속을 자르는 것과 같고 그 아름다운 향기가 난초와 같다는 말로, 기막힌 우정을 말하는 것이다. "金蘭"은 『周易』「繫辭」에 나오는 "二人同心 其利斷金 同心之言 其臭如蘭"이라는 것에서 온 말로, "金蘭(금속 용기의 예리함과 난초의 향기)"을 함께 하여 기막힌 우정을 맺었다는 말이다.
* 隔幽明 : "幽(어둡고 깊은 곳, 곧 저승)"와 "明(밝고 환한 이승, 곧 이 인간 세상)"으로 서로 "隔하게(떼어 놓아지게)" 됐다는 말이다.
* 大本 : 글자대로의 뜻은 "큰 근본"인데, 이것은 모든 생명의 존재가 궁극으로 돌아가는 곳인 곳, 곧 "아무 것도 없는 본바탕"이라는 말로 "저승"이라고 풀이될 수 있다.
* 竊竊然 : 삐질삐질 흐르는 상태.

해설 이 글은 필자인 雲谷(宋翰弼) 자신이 굿긴 孤竹을 향한 깊었던 우정과 그로 인한 절절한 슬픔을 너무 과도할 만큼 거침없이 풀어내 혼 앞에 고하는 글이다.

그래서 필자 자신과 고죽 사이의 관계를 "與我同時也 同國也 同都城也 同一里也(나와 시대를 같이 하고, 나라를 같이 하고, 도시를 같이 하고, 마을을 같이 하고)"라며 視·空間的 共同 운명의 벗으로 시작하여, "在家而請見者 嘉運 出遊而願從者 嘉運 酒熟荷葉 須嘉運而共傾 香炷松齋 待嘉運而同宿(집에 있을 때에도 청해서 만나보고 싶은 사람은 가운 자네였으며, 나가서 놀게 될 적에는 따라가기를 원했던 사람도 가운 자네였고, 연잎에 술이 익으면 가운 자네를 기다려 함께 마셨고, 솔숲 서재에서 향을 피울 때에는 가운 자네를 기다려 함께 자면서)"이라며 함께 했던 기막힌 추억들을 반추하고, 그래서 이제는 "在室而無可待 出門而無可往 遊無從 坐無對 言無聽 唱無和(집 안에 있어도 기다릴 것이 없고, 문 밖에 나가도 갈 데가 없으며, 노닐게 돼도 따라갈 사람이 없고, 앉아 있어도 마주할 사람이 없으며, 말을 해도 들어줄 사람이 없고, 불러도 화답할 사람이 없어)"라며 철저하게 고독해진 자아의 신세를 절절하게 푸념하고는, 다시 벗 고죽을 향해 "眉目之淸明 意氣之豪健 曄然之言 飄然之想 可復見乎 可復見乎(자네의 밝고 환하던 용모와 호탕하고 굳건하던 의지와 기상, 그리고 분명하던 언사와 거침없던 상상력 등을 다시 볼 수가 있겠는가! 다시 볼 수가 있겠는가!)"라며 목메어 부르짖다가, 이내 "嗚呼哀哉 日日言忘 日日難忘 神不感應 尙饗(아 슬프구려! 매일매일 잊자 하나, 오히려 매일매일 잊기 어려워지니, 자네의 神靈이라도 感應하여 歆饗하지 않을 건가?)"이라며, 눈물을 삼키며 애소했을 글로 끝을 마치고 있는 것으로 아주 절절한 祭文이다.

玉峯全稿序略

象村

我東以詩聞者 其家非一 而惟崔白二子 以正音鳴 異時諸學士大夫苟用文章自命者 則必顯重而稱說之 而雖以欽之面墻 猶得習誦其遺韻 昔人有云 寧玉而瑕 無石而璠 如其玉也 瑕亦可也 玉而無瑕 其不爲世之瓌寶也乎 有志於詩而欲得其門者 於斯焉徵則幾矣 崔白方駕主盟 而白詩 獨先傳云云.

『옥봉전고』를 요약한 머리글

우리 동방에서 시로 소문난 사람이 한둘이 아니나, 유독 최경창과 백광훈 두 사람이 정통의 시로 알려졌으니, 공부하는 선비나 관리들로서 진실로 글을 잘 짓고 잘 안다고 자신하는 사람들은 반드시 드러내 놓고 존중하며 칭송하여 말할 것이고, 그래서 비록 나 같이 식견이 모자란 사람도 오히려 그 남겨 놓은 운치를 익힐 수 있게 됐다. 옛 사람들이 말하기를 "오히려 구슬이면서도 흠결이 있을 바에는, 석질이 없는 보통의 옥이 낫다"라고 했으나, 만약 구슬이라면 흠결이 좀 있어도 또한 좋은 것인데, 구슬이면서 흠결도 없다면 그것이야 말로 세상에 보배가 되지 않겠는가?

시에 뜻을 두고 그래서 제대로 바른 문을 만나고 싶은 사람은, 이 두 사람의 시에서 찾는다면 거의 맞을 것이다. 이 최경창과 백광훈이 盟主가 되게 됐지만 백광훈의 시가 먼저 알려지게 됐다고들 말한다.

해설 이 글은 백광훈의 시집의 서문 형태로 쓴 것이지만, 두 사람의 시를 함께 "玉而無瑕(구슬이면서 흠결이 없다)"라고 극찬하고 있으며, 그러면서도 나이도 앞서면서 먼저 굿긴 백광훈이라 시의 명성이 먼저 알려졌다고 한 것으로 추정된다.

孤竹詩集後敍

朴世采

世采嘗觀歐陽公所述 蘇子美石曼卿事 每惜其風流才力 不得用於當世 使人往往感歎 想見其人也 及讀程朱二夫子書 以謂曼卿樂意生香語 爲能形容浩氣 又謂其胸次極高 非他人可及 然後益知毆公所以見賞 非偶然者 況有生于偏季 能以才氣詞章 被諸賢所推 仍且上而遇知 明主 遠而聞名中華 如孤竹崔公者 其盛美 曷可少哉 公諱慶昌 字嘉運 文憲公冲 十八世孫也 天資豪爽俊邁 風采聳然 見者悅若神仙中人 少與玉峯白光勳 遊學松川梁公 靑蓮李公之門 未弱冠 同栗谷李先生 龜峯宋翼弼 東皐崔岦諸才子 唱酬于武夷洞 世號八文章 稧同松江鄭澈 萬竹徐益諸名流 遊三淸洞 人又稱二十八宿會 其文藝夙成 交游親附 爲一時艶慕者可知也 二十三歲 登上庠 隆慶戊辰 闡大科 久之歷北評事 禮兵二曺員外郞 司諫院正言 萬曆丙子 贊价朝京師 還出守靈光 公旣才高氣豪 不屑屑於功名 益以廉白蔄貴自厲 與世寡合 其視脂韋躁競者 不啻若浼己也 公素與時宰李山海相驩 後見其秉心不公因絶往還 至是許篈在要地 持論頗僻 然悅公文才 連一旬來候 公深惡之 未嘗有假貸色 許怒甚 累泥瀛館銓郞之選 仍黜補外郡 思庵朴公爲之周旋 不能得 豈亦所謂趍舍大節 無一悖於理者然耶 明年棄官歸復貶爲大同察訪 壬午春 宣廟特授鐘城府使 臺諫論以驟陞 不從 乃赴官 會北帥納讒 馳 啓言戎政不修 臺論復發 始 命改正 授直講 道卒于

鏡城客館 實癸未三月某甲也 年董四十五 葬于坡州某原 初李先生際遇 宣廟 時輩如李潑者多浮 慕尊事之 公知其險巧難信 作養虎詞以寓諷 比公歿而先生果被敲撼 潑又累死逆獄 人服公先見焉 公於詩 天才絶高

必皆軌範于盛唐 操觚家以爲國朝所未有 兼通書射 書法淸遒勁緊 殆與玉峯相埒 其佐北幕 軍帥金禹瑞 亦以射名 約與交藝 各中四十九矢 最後禹瑞中侯 公遽號曰 將軍負矣 遂中鵠 宣廟嘗會文武才 有一善射者 心憚公 公笑曰 無憂 吾今日病矣 乃虛發一矢 善射者卽以魁陞緋 公居其次 受皐比廐馬之 賜焉 又妙琴笛 少時寓居靈巖 値倭寇猝至 乘舟以避 賊圍之急 時月光如晝 海波不動 公取所藏玉簫 朗吹一闋 聲更淸越 賊衆聞之 皆懷思還鄕 瞿然相顧曰 此圍中必有神人 遂解一面 公得脫歸 其才高旁通多此類 第今距公世遠矣 言行實跡 殆無所徵信 惟東皐公之言曰 吾才雋風流 可謂少却盛之白玉堂者也 其或放迹在外 猶得高牙大纛 輕裘緩帶 橫槊賦詩 是氣象也 至李先生嘗以詩贈公曰 俊逸淸新子庶幾 穿楊又道似君稀 金鑾未著詞臣迹 玉帳還伸虎旅威 此實幷世君子 目擊而心揭者 固不減於歐公序表之所賞矣 況公當被物議時 宣廟敎曰 崔某有文武全才 吾將大用 爾等敢爲是耶 斯又可以觀公君臣之際者 其後 皇朝學士 蘭堣朱公 奉 詔東來 得公詩 亟加歆歎曰 當歸布江南 以彰貴國文物之盛 今見於 列朝詩選者是已 然則公雖挫揠 棄外於當時 乃能卒以才氣詞章 獲上而施遠如此 其視蘇石二公 徒得前後諸賢所爲悼惜稱賞者 是將愈信而愈久也 嗚呼盛矣 公之曾孫碩英 以世采粗知慕公 請敍其本末 俾有後考 玆謹不揆而爲之辭 時昭陽大淵獻 八月上浣 潘陽朴世采拜書.

『고죽시집』의 뒤에 쓰는 글

세채가 일찍이, 구양공이 소자미와 석만경의 사적을 기술해 놓으면서, 그들의 풍류와 재능과 역량이 그 당시에 쓰여지지 못한 것을 매번 안타까워 한 것을 읽어 보고서, 왕왕 감탄하면서 그 소자미와 석만경을 상상해 보았었는데, 정자와 주자 두 분의 글에서, 만경이 마음이 평안하고 즐겁게 살아 향기가 감돈다고 한 말은 바로 그의 浩然之氣를 형용한 것이고, 또한 그의 가슴 속의 뜻이 아주 고상하여 다른 사람이 따라갈 수 없는 바라고 한 것을 읽고 난 뒤에는, 더욱 구양공이 기리고 감탄한 것이 결코 우연한 것이 아님을 알게 되었다. 더구나 치우친 한쪽의 나라에다 후대인 시기에 태어나셔서도 능히 재능과 기상, 그리고 시와 문장으로 여러 훌륭한 분들의 추천을 받음으로써, 이내 위로 조정에까지 전해져 현명하신 주상(宣祖大王)전하의 알아주심을 받게 됐고, 멀리로 중국에까지 알려지게 된 孤竹 崔公 같으신 분은 그 훌륭하고 대단하신 행적을 어찌 적게 여길 수가 있겠는가? 공의 諱(돌아가신 분의 이름)는 慶昌이며 字(그냥 불러 읽어도 되는 호칭)는 嘉運이고 문헌공 冲의 18대 손이시다. 천부적 자질이 호탕하고 시원스러우면서 재능과 지혜가 뛰어나셨고, 풍채가 우뚝 솟아나셔서 보는 사람들이 신선들 속의 한 인물로 여기기도 하였다. 소년 시절부터 玉峯 白光勳과 함께 송천 양공과 청련 이공의 門下에 가서 유학하셨으며, 약관(20세)도 채 되지 못한 나이에 율곡 이선생 · 구봉 송익필 · 동고 최립 등 여러 재능 있는 선비들과 무이동에서 시를 주고 받음으로써, 세상에서 "八文章(여덟 사람의 문장가)"이라는 호칭을 받으셨으며, 송강 정철·만죽 서익 등 여러 명사들과 계를 함께 하면서 삼청동에서 노닐게 되면서, 사람들로부터 "二十八宿會(하늘의 중요한 28 개의 별자리 모임)"라는 호칭을 듣기도 함으로써, 그 글의 재능이 일찍 성숙해져서 서로 사귀며 가까이 지내신 분들이, 이 한 시대의 부러움과 칭송을 받는 분들이었을 것임을 가히 알 수 있다. 23세 되시던 해에 上庠(成均館) 시험에 합격하셨고, 隆慶 戊辰(明나라 穆宗 2년. 明宗 22년. 1567)에 大科에 합격하여 조금 있다가 함경도의 北評事를 歷任하신 뒤 禮曺와 兵曹의 員外郎을 거쳐 司諫院의 正言이 되시었다. 萬曆 丙子(明 神宗 4년, 宣祖 9년. 1576)에는 明나라에 가는 使節團의 수행원으로 북경에 다녀와서, 바로 靈光의 군수로 부임하였으나, 재능이 뛰어나고 기상이 호탕하여서 세상의 功名 같은 것에 집착하지 않으셨고, 더욱이 청렴하고 결백하며 간결함으로 자신을 독려함을 귀하게 여기며, 세상과 융합하는 것이 적어 세속에 아첨하고 경쟁하는 것 보기를 내 몸을 더럽히는 것 같이 여기시었다. 공께서 본래는 당시의 재상인 이산해와 서로 잘 지내다가 뒤에 그의 마음가짐이 공정하지 않은 것을 알고는 이내 왕래를 끊으셨으며, 이때에 허봉이 중요한 직위에 있으면서 주장하는 의론이 자못 편파적이었으나, 공의 글 잘하는 재능을 좋아 해서 연이어 한 열흘 동안을 찾아와 기다렸으나, 공이 아주 미워하여 일찍이 한 번도 대면해 주지 않자, 허봉이 심히 성을 내어 弘文館의 校理 선임을 훼방하여, 공이 이내 밀려나 外職인 먼 郡으로 나가시게 되자, 思庵 朴公께서 이것을 막으려 주선하셨으나 불가능하였으니, 일찍이 또한 이른바 나가거나 물러가거나 큰 절도는 한 번도 이치에 어긋남이 없으셔서 그런 것이 아닌가? 그래서 명년에 벼슬을 그만두고 돌아오셨을 제는 다시 낮

춰져 大同察訪으로 임명되셨다. 그러나 壬午(宣祖 15년. 1582) 봄에 선조대왕의 특명으로 함경도의 鍾城府使로 발령되자, 司憲府에서 너무 빠른 승진이라는 이론을 올렸으나 그대로 부임하셨다. 그 뒤 함경도의 군사권을 주로 통솔하는 관찰사가 서울에서 공을 모략 비난하는 주장을 받아들여서, 공의 군사적 통제력이 제대로 수행되지 않는다며 조정에 보고되어, 사헌부의 비판 논의가 다시 일어나 비로소 임금님의 명령으로 直講으로 수정되어 임명되었으나, 歸京 도중 鏡城의 여관에서 곳기시니, 바로 癸未(선조 16년. 1583) 삼월 어느 날이며, 연세는 겨우 45세이셨고, 경기도 파주의 한 곳에 묻히셨다. 애초에 이율곡 선생이 선조대왕과 뜻을 모아 만나실 적에, 때를 틈타서 기를 펴는 무리로 李潑 같은 자가 선생을 너무 사모하듯 존경하듯 하며 거짓으로 섬기자, 공이 그가 음험하고 간교하여 믿을 수 없음을 알고, "범의 새끼를 기르는 꼴"이라는 뜻의 〈養虎詞〉라는 글을 지어서 풍유하셨다. 그런데 곧 이어 공이 곳기시고 선생께서도 과연 공격과 곤란을 겪으셨으며, 이내에는 李潑도 역적 모의 사건에 연루되어 죽자, 사람들은 모두 공의 先見之明에 탄복하였다. 공은 시에 있어서 그 천부적 재능이 높으신 데에다, 저 중국 盛唐의 시인들을 궤범으로 삼아 시를 지음으로써, 당시의 글 잘하는 분들이 "지금 이 시대까지 없었던 시인"이라 하였으며, 겸하여 글씨와 활쏘기에도 통달하여, 글씨의 필법이 깔끔하고 힘차며 꼿꼿하고 치밀하여 자못 玉峯과 서로 수준이 같았고, 그 함경도 군부대에서 장교인 金禹瑞가 활을 잘 쏘기로 이름이 나 있어서, 서로 솜씨를 겨루기로 약속하고 서로 각각 49개의 화살을 맞힌 다음, 최후로 우서가 과녁을 맞히자, 공이 급히 말하기를 "장군이 졌습니다"라고 말하고, 드디어 과녁의 중심을 맞히셨다. 선조대왕께서 일찍이 文과 武의 재능이 있는 사람들을 시험하실 적에,

활을 잘 쏜다는 한 사람이 마음속으로 공을 꺼려하자, 공이 웃으며 말하기를 "걱정 마오, 내가 오늘은 병이 있소"라 하고, 이내 화살 하나를 헛방으로 쏘아, 그 잘 쏘는 사람이 곧 수석으로 붉은 비단에 이름이 오르며 우승을 하고, 공은 차석이 되셔서 虎皮와 말을 하사 받으셨다. 또한 거문고와 피리에 묘수로서 소시에 靈巖에 잠시 머물고 있을 동안 倭寇들이 갑자기 몰려와서, 배를 타고 피하자 그들이 위급하게 포위한 중에 마침 달빛이 대낮 같이 밝고 바닷물도 잔잔해서, 공이 가지고 있는 옥퉁소를 낭낭하게 한 곡 불자 그 소리가 너무도 맑아, 그 왜구들이 모두 듣고서 고향으로 가고 싶은 생각들을 품은 채, 무서워 놀라며 서로 돌아보고 말하기를 "포위가 된 이 가운데에는 반드시 신 같은 사람이 있을 것이다"라고 하며 한 쪽을 풀어 주어 공이 벗어나 돌아오셨다 하니, 그 재능이 높고 두루 통달하신 것이 이와 같으나, 지금부터 공이 사셨을 때까지가 멀어서 그 남기신 언행의 실적을 다 확인할 길이 없다. 오직 東皐公(崔岦)이 말하기를 "나의 벗 嘉運의 빼어난 재능과 풍류로 말하면 조금은 저평가를 한다고 해도 가히 翰林院 같은 곳에 들어갈 수 있는 사람이다. 그가 혹시 지방 관청으로 보내져서 그 외지에 있는 경우라 해도, 오히려 상아로 장식한 높은 깃발과 장식물로 꾸며진 영문 안에서, 가벼운 갖옷을 입고 느슨한 혁대를 갖춘 채, 조용히 창을 옆에 세워 놓고 시를 지으면서 거나한 기상을 보여주고 있을 것이다"라고 하였다. 이선생께서 일찍이 시로 말씀해 주시기를 "맑고 새롬 아주 훌쩍 뛴 건 자네 거의했고, 활쏘기도 자네 같긴 드물다고 말하는데, 翰林院선 文臣으로 자취 펴지 못했지만, 指揮部선 되려 장군 군인 위엄 편 것일세!"라 하셨으니, 이것이야말로 같은 시대와 세상을 함께 하신 율곡 선생 같은 君子께서 직접 눈으로 보고 마음으로 짐작 판단하신 것이라, 진실로 歐陽脩가 序

文과 글로 감탄하고 칭찬한 것보다 못하지 않은 것이다. 더구나 공이 사람들의 비판을 받을 때에도 선조대왕께서는 교시를 내리시기를 "최경창은 文武를 겸한 사람으로 내가 장차 크게 임용하려 하는데, 너희들은 감히 왜 이러느냐?"라고 하셨으니, 여기에서 또한 임금님과 신하 사이에서의 공의 위상을 볼 수 있는 것이다. 그 뒤에 明나라 學士인 蘭嵎 朱公(朱之蕃)이 詔書를 받들고 우리나라에 와서 공의 시를 읽고는 아주 감탄하면서, "마땅히 가지고 돌아가 강남에 배포하여 귀국의 문물(문화)이 아주 훌륭한 것을 알리려 한다"라고 하였다. 지금 『列朝詩選』에 실려 볼 수 있는 작품들이 바로 이것들이다. 그렇다면 공은 비록 당시에는 저지당하고 좌절되어 外職으로 버려졌으나, 마침내 능히 재능과 기개, 그리고 시와 글로 위의 신임을 얻고 멀리까지 혜택으로 베풀어짐이 이와 같이 됐으니, 그 蘇子美와 石曼卿 두 사람을 한갓 앞뒤의 여러 분들이 안타까워 하여 칭송하고 감탄한 것에 비겨 보면, 공이야 말로 장차 더욱 믿어 더욱 오래 전해질 것이니, 아! 훌륭하시도다. 공의 증손인 碩英이, 이 세채가 부족하나마 공을 알고 사모하는 것이라 하여, 공에 대한 처음과 끝을 다 풀어 써서, 후세에 상고할 수 있게 하자 하니, 이에 삼가 능력을 헤아리지 않고 글로 적는다. 때는 바로 癸亥年 8月 上旬에 潘陽 朴世采는 두 번 절 올리고 쓴다.

---

* 歐陽公 : 중국의 宋나라 歐陽脩를 말한다.
* 蘇子美 : 중국 宋나라의 시인인 蘇舜欽을 말하며 子美는 字다.
* 石曼卿 : 역시 宋나라의 시인인 石延年을 말하며 曼卿은 字다.
* 程朱二夫子 : 宋나라의 학자인 程顥와 朱熹를 말하며, 때로는 程顥가 아닌 程頤를 말하기도 한다.

* 偏季 : 가치의 균형이 깨진 후대 말세를 말한다.
* 豪爽俊邁 : 천부적 자질이 호탕하고 시원스러우면서 재능과 지혜가 뛰어난 것을 말한다.
* 風采聳然 : 풍채가 우뚝 솟아난 것을 말한다.
* 怳若 : 황홀하게 매료됨을 말한다.
* 松川 梁公 : 梁應鼎을 말하며 松川은 그의 호이다.
* 上庠 : 옛날 중국의 虞나라 때 대학을 말하며, 여기에서는 당시 우리나라의 成均館을 말한 것으로 판단된다.
* 北評事 : 조선조 때 북쪽 함경도에 있는 兵營에 속한 정6품의 관리로서, 文官이지만 군사적인 업무를 담당하였다.
* 贊价 : "价"는 "중구에 가는 使臣"으로 이 사신을 보좌하기 위하여 수행하는 하급 요원들을 말한다. 知的 文筆의 능력을 구비한 사람들이다.
* 廉白蕑貴自厲 : 청렴하며 결백하고 간결함으로 자신을 독려하는 것을 귀하게 여긴다는 말이다. 그런데 "蕑(난초, 간)"자는 아무래도 "簡"자를 誤記한 것으로 판단되어, 이 "簡"자에 맞추어 풀이하였다.
* 脂韋躁競者 : 아첨하고 경쟁하는 것을 말한다.
* 李山海 : 조선시대 선조 때의 사람으로 호는 鵝溪이며 시를 잘 지었고 나중에 정승이 되었으나, 黨爭에 관여하여 많은 말을 들었다.
* 許篈 : 조선시대 선조 때의 사람으로 草堂 許曄의 아들로 호는 荷谷이며, 시문의 재능이 있어서 형인 許筬, 아우인 許筠과 함께 삼형제가 이름을 드날리기도 하였다.
* 瀛館 : 중국의 唐나라 때 文學館을 지칭하는 말이나, 여기에서는 우리나라의 당시 弘文館을 지칭하는 말로 쓰인 것으로 추정된다.
* 銓郎 : 吏曹의 正郎을 말한다. 이 글에서는 아마도 이 正郎과 같은 급인 弘文館의 校理를 말하는 것으로 판단된다.
* 臺諫 : 우리나라의 司憲府나 司諫院의 관리들을 총칭하는 말이다.
* 納讒 : 꾸며서 헐뜯는 것을 받아들이는 것을 말한다.
* 際遇 : 임금과 신하가 서로 뜻을 모아 만나는 것을 말한다.
* 時輩 : 때를 틈타서 기를 펴는 무리를 말한다.
* 李潑 : 조선시대 선조 때의 사람으로 본관은 光山이다. 金宇顒와 교유하며 趙光祖의 至治主義를 주장하기도 하였으며, 자신의 위치 확보를 위해서 李珥·成渾과 교유를 도모하기도 하였으나, 吏曹의 正郎으로 자기의 파벌

만을 등용하여 비난을 받았고, 東人의 주요 인물로서 西人들을 탄압하여 갈등을 조장하였다. 뒤에 鄭汝立의 반란에 연루되어 처형되었다.

* 敲撼 : 공격을 하며 못 견디게 하는 것을 말한다.
* 操觚家 : 글과 시를 잘 짓는 文人들을 말한다.
* 清遒勁緊 : 깔끔하고 힘차며 꿋꿋하고 치밀한 상태를 말한다.
* 相埒 : 서로 수준이 같은 상태를 말한다.
* 侯와 鵠 : "侯"는 그냥 과녁이며, "鵠"은 이 과녁의 한 가운데인 중심점을 말한다. 따라서 이 중심점이 바로 최종의 목표점이다.
* 皐比 : 虎皮를 말하며, 옛날에는 武藝 競試에서 이것이 시상품으로 많이 쓰였다.
* 瞿然 : 놀라서 얄궂어 하는 상태를 말한다.
* 才雋風流 : 빼어난 재능과 풍류를 말한다.
* 少却盛之白玉堂 : 조금 저평가를 한다 해도 가히 翰林院 같은 곳에 들어갈 수 있다는 말이다.
* 俊逸清新 : 맑고 새롭고 아주 훌쩍 뛰어난 상태를 말한다.
* 穿楊 : 『戰國策』 「楚策」에 나오는 養由基는 활을 잘 쏘아서 百步 밖에 있는 버들잎들을 하나하나 활로 쏘아서 다 뚫어지게 하였다.
* 蘭嵎朱公 : 중국의 明나라의 선비이며 관리로 우리나라에 使臣으로 왔던 朱之蕃을 말하며, 그의 號가 蘭嵎다.
* 『列朝詩選』 : 중국의 明나라 때 朱之蕃이 엮어 만든 詩集으로, 여기에는 崔慶昌을 포함한 우리나라 여러 시인들의 시가 편입되어 있다.
* 挫揠 : 선택이나 발탁에서 방해로 제지를 받는 것을 말한다.

해설 이 글은 비록 필자 박세채가 고죽과 동시대인이 아니라 한 세대를 건넌 후학으로서, 서로의 직접 교분을 가질 수는 없었지만, 이 글에서 밝힌 바대로 선배 동학들과 특히 고죽의 증손과의 친분으로 보아, 누구보다도 고죽에 대한 존경과 함께 이해가 깊었을 것임을 전세로 해 보면, 이 글은 고죽에 대한 일체의 대강을 이해하는 데에 있어서 아주 중요한 자료가 될 것은 말할 필요도 없다.

跋

李敏敍

先君外王考 孤竹崔先生 抱大才負重名 文采冠一時 少壯登第 與群賢彙進 所與遊 皆當世名儒鉅公 且受 人主知獎 見褒以文武全材 是其去大用尺寸間耳 宜達而室 落拓不進 年又不永而歿於邊陲 是果孰使之然哉 夫才與名 不但爲人所畏惡 亦鬼神之所深忌也 自古賢豪奇傑之士 坐此而不振者 不可勝記 若先生淸苦之節 豪俊之才 卓絶之藝 皆間世一覯者而萃於一身 名以是章徹 其阨於人而畸於天 何足怪哉 國朝以詩名家者 雖有鋪張藻麗之稱 而才不逮意 氣局而語卑 罕能自拔於流俗 先生力追先古 深造正始 翛然淸遠 卓爾高蹈 發揚振厲 而不入於狂怪 隱約閒靜 而不病於枯槁 藹然有一唱三歎之遺音 嗚呼盛矣 此乃天機之自動 正色之自美耳 豈郊島之倫 雕琢絺繪 以求知於一世者比哉

顧其遺篇 盡失於兵燹 收拾散亡者 不能其什一 重可惜也 雖然詩不云乎 誠不以富 亦秖以異 又奚以多爲哉 先生孫碩英 懼其寖遠而愈失也 及守淮陽 遂鳩材刊板 而以敏敍 亦在諸孫之列而粗知好斯文者 俾相其役而責一言以示後 敏敍 敢以平昔所概於心者 書諸卷末而歸之

時癸亥仲秋 甥孫正憲大夫行江華留守 兼鎭撫使李敏敍 再拜謹跋.

발문

돌아가신 아버님의 외할아버님이신 고죽 최선생님은 큰 재능을 지니고 높은 명성을 얻으신 채, 문장이 한 시대의 으뜸이라 젊은 연세에 과거에 합격하셔서, 훌륭한 여러 분들과 함께 조정에 나가시게 되었으며, 교유하시는 분들이 모두 당시에 이름이 난 선비와 인품이 훌륭한 분들이었고, 또한 임금님의 인정을 받아 文과 武를 겸비한 완전한 인재로 포상을 받으시기도 하였으니, 불원간 크게 등용되실 것이었기에 마땅히 탁 트여 나갈 텐데, 막혀버리신 채 그 크신 뜻이 오히려 멈춰지셨으며, 연세도 또한 오래 누리지 못하신 채 그 북녘 번경에서 궂기셨으니, 이게 과연 누구 때문인가? 무릇 재능과 명성이 사람들의 두려워하고 미워하는 바가 되었을 뿐만 아니라 귀신들까지도 깊이 꺼리는 바였기 때문이다. 예부터 현명하고 호탕하고 기특하고 뛰어난 선비들이 이런 것들에 걸려서 부진한 삶을 산 것을 다 기록할 수가 없다. 선생님의 그 청렴하면서 고생을 견디신 절개와 호탕하고 뛰어나신 재주와 아주 높게 우뚝하신 예능은 모두가 세상에서 아주 드물게 한 번쯤이나 만나볼 수 있는 것인데, 이런 것들을 모두 한 몸에 지니셔서 이로 인해 환하게 드러나 알려지셨으니, 사람들에게서 방해를 받고 하늘로부터도 시기를 받으시게 된 것이 얄궂을 것이 있겠는가? 우리의 이 나라 조정이 시작된 이후부터 시로 명성을 지니신 분들이 비록 문장을 아름답고 곱게 꾸며낸다는 칭송을 들은 경우에도 그 수사의 재능이 그 의도를 미쳐 다 살려내지 못하였으며, 기상이 국한되고 어조가 비속하여 능히 당시의 유행과 습속을 스스로 뛰어넘는 분이 드물었다. 그런데 선생님께서는 힘껏 저 선대의 옛분들을 찾아 뒤따르셔서 飄逸한 詩風에다 清遠한 詩趣의 정통인 경지까지 깊이 도달하셔서, 어디에도 얽매임이 없이 자유자재로 맑고 먼 인상에다 아주 높게 뛰어난 격조라서, 한껏 풀어떨쳐내도 광기와 괴상한 길에 들어가진 않고, 말이 간결하고 뜻이 깊어 아주 편안하고 조용해도, 매마르고 야위어서 병든 듯한 인상이 아니라, 안개가 곱게 낀 듯이 한 사람이 부르면 세 사람이 따라서 부를 정도의 기막힌 감탄의 가락을 지닌 것이니, 아하! 참으로 훌륭하도다. 이것은 바로 天賦의 신비한 心靈的 機密이 절로 움직여서 읊어진 것이며 순수한 씨앗 그대로의 아름다움이니, 어찌 저 중국 唐나라의 孟郊와 賈島 같은 사람들이 말과 글을 쪼고 새겨서 葛布에 수로 놓은 듯이 하여 세상에 알려지기를 원한 것과 비길 수가 있겠는가? 그런데 그 남기신 글들이 모두 전쟁의 불길에 타고 유실된 채, 흩어져 잃은 것을 수습한 것이 능히 그 열의 하나도 못 되니 거듭거듭 안타까운 노릇이다. 비록 그렇지만 『詩經』에서 말하지 않았는가. "진실로 많지는 않더라도, 또한 다만 다른(참신한) 것이기 때문이니"라고 했으니, 어찌 또 많은 것만 가지고 문제를 삼을 거야 있겠는가? 선생의 증손자인 碩英이 그 남은 글들이 점점 멀어지면 더욱 유실될 것을 두려워하여, 淮陽에 郡守로 가게 되자 드디어 그 글들을 모아 板刻으로 새기려 준비하면서, 이 敏敍도 또한 여러 손자들의 열에 있는 사람으로 거칠게나마 도리 할 줄을 안다고 여겨 책을 출간하는 일을 돕게 하면서, 한 마디나마 글을 남겨 뒤의 시대에 알게 하라며 책임을 지워서, 이 敏敍는 감히 이제까지 마음에 챙겨두었던 것들을 적어

이 책의 끝에 써 넣어 놓으라고 하며 돌려보낸다. 때는 계해년 중추인데 외증손으로서 정헌대부이며 강화유수에다 겸하여 진무사를 맡고 있는 李敏敍는 두 번 절을 올리고 삼가 발문을 쓰다.

---

* 彙進 : 같은 동료로서 함께 官界나 조정에 나가는 것을 말한다.
* 鉅公 : 임금 · 인품이 훌륭한 분을 말하는데, 여기에서는 인품이 훌륭한 분으로 쓰였다.
* 章徹 : 환하게 드러나 알려지는 것을 말한다.
* 鋪張藻麗 : 문장을 아름답고 곱게 꾸며냄을 말한다.
* 正始 : 중국의 魏나라 임금인 齊王의 年號인데, 이 시기에 嵇康과 阮籍의 詩風이 飄逸하고 詩趣가 淸遠하여 뒤 사람들의 追求하는 모형이 되었다.
* 翛然 : 어디에도 얽매임이 없이 자유자재로운 상태나 시원하고 빠른 상태를 말한다.
* 振厲 : 능가하여 끝내는 상태 · 振作과 같은 상태를 말하는데, 여기에서는 떨치어 내는 상태로 쓰였다.
* 隱約 : 말이 간단하고 뜻이 깊은 상태 · 분명히 알지 못하는 상태를 말하는데, 여기에서는 말이 간결하고 뜻이 깊은 상태로 쓰였다.
* 靄然 : 구름이 피어오르는 상태 · 안개가 곱게 낀 상태를 말하는데, 여기에서는 안개가 곱게 낀 상태와 같이 쓰였다.
* 一唱三歎 : "一倡三歎"과 같은 말로, 어떤 문학작품이나 노래가 좋아서 한 사람이 읊거나 부르면 세 사람이 따라서 읊거나 부른다는 말이다. 문학작품을 찬양할 때 쓰는 말이며, 이것보다 못하지만 서로 통한다는 말로 쓰이는 "一倡一和"와 수많은 사람이 공감하고 동참한다는 말로 쓰이는 "一倡百和"가 있다.
* 天機 : 天賦의 神秘한 心靈的 機密 · 하늘의 機密 또는 하늘을 말하는데, 여기에서는 "천부의 신비한 심령적 기밀"이라는 뜻으로 쓰였다.
* 正色 : 正宗의 品種을 말하며, 바로 "純種"을 말하기도 하고, 그냥 "美色"을 말하기도 하는데, 여기에서는 바로 이 "純種"을 말하는 것으로 추정된다.
* 誠不以富 亦祇以異 : 『詩經』「小雅」〈我行其野〉에 나오는 것으로, 跋文에

있는 이 "祗"라는 글자는 실제로 "禾"변에 있지도 않은 글자이며, "秖(다만, 지)"자만 있고 『詩經』에도 "秖"자로 되어 있다. 또 『論語』「顔淵」에 있는 "誠"자는 『詩經』에는 "成"자로 되어 있다. 그러나 뜻으로는 역시 서로 같이 "진실로"로 풀어 읽는다. 그래서 이 글에서는 인용 시구들을 〈我行其野〉의 주제적 의미 본질과 상관없이 그 문맥상 표현 구조를 따라 비유적으로 인용하고 있을 뿐이다.

* 寖遠 : 점점 멀어지다는 말이다. 그런데 이 어휘가 실제로 이 글에서는 "寖"자가, 실제로 있지도 않은 글자인 "穴"변의 밑 왼쪽에 "爿(조각널, 장)"변인 글자, 오른쪽에 "侵"자에서 윈 쪽 "亻"을 빼고 남은 오른 쪽을 "爿"과 합쳐서 된 글자로 잘못 기록되어 있다. 그러나 이 어휘는 당연히 이 "寖遠"이라야 맞는 것이다. 따라서 이 글에서는 筆寫者나 刻字手의 실수로 인하여 誤記로 남은 것이 분명하다.

....

해설 이 글도 박세채의 발문과 함께 최경창의 시를 연구함에 있어서 아주 중요한 참고의 자료임은 물론이다. 더구나 박세채의 발문보다도 이 글에서는 최경창의 인성적 측면이나 시의 문예적 자질과 그 특질에 대해서 나름대로 더욱 자세하고 적극적으로 논급하고 있어서, 비록 필자 이민서가 외증손이라는 혈연적 인간관계로 인하여 조금은 稱譽에 지우친 측면이 있을 것이라는 선입견은 있을 수 있으나, 율곡의 "淸新俊逸"이라는 평가나, 崔岦의 "警絶流麗"라는 평가의 범주에서 별로 벗어나지 않은 것들이라, 오히려 이글에서 언급된 "淸苦之節"과 "豪雋之才", 그리고 "翛然淸遠"과 "卓爾高蹈"와 "發揚振厲"와 "隱約閑靜" 등의 평가에 相應하는 작품들을 實例로 찾아 분석하고 확인하는 작업이 연구자와 學人들이 반드시 수행해야 할 중요한 책무요 작업인 것이다.

송준호 宋寯鎬

충북 영동 출생. 연세대학교 국어국문학과 졸.
연세대학교 대학원 졸(석사). 동국대학교 대학원 졸(박사).
성신여자대학교 한문교육과 부교수. 연세대학교 국어국문학과 교수 퇴임.
『韓國名家漢詩選』. 『우리漢詩살려읽기』. 『韓中日女流漢詩選』. 『分類杜工部詩(16卷)諺解新譯』. 『周易諺解新譯』 등.

孤竹 崔慶昌 詩 譯解

2019년 11월 5일 초판 1쇄 발행

지은이 송준호
펴낸이 김병환
펴낸곳 학자원
주 소 134-814 서울시 강동구 천호대로 1121
전 화 02) 6403-1000
팩 스 02) 6338-1001
E-mail hakjaone@daum.net
등 록 2011년 3월 24일 제2011-14호

HAKJAONE Publishing Co.
1121 Cheonho-Daero Kangdong-Gu Seoul

ISBN : 979-11-6247-139-5 93810

값 32,000원